Michael Janke

Leicht- und Zimmer-Bumerangs

**Bauen, Werfen, Fangen.
Ein Ausflug in die phantastische Welt der Fliegerei.**

Ruth und Wilhelm Bretfeld gewidmet.

Michael Janke

Diplom-Physiker

Leicht- und Zimmer-
Bumerangs

Bauen, Werfen, Fangen.
Ein Ausflug in die phantastische Welt der Fliegerei.

Bibliografische Information der Deutschen Nationalbibliothek:

Die Deutsche Nationalbibliothek verzeichnet diese Publikation in der Deutschen Nationalbibliografie; detaillierte bibliografische Daten sind im Internet über http://dnb.dnb.de abrufbar.

© 2017 Michael Janke

Alle vorgestellten Bumerang-Modelle sind Kreationen von Michael Janke und freigeben für jede Form der Nutzung, sei es privat oder kommerziell.

Erstauflage 2017, Norderstedt

Layout, Satz, Fotos, Zeichnungen und Cover: Michael Janke

Herstellung und Verlag: BoD – Books on Demand, Norderstedt

ISBN 978-3-7431-3323-5

Inhaltsverzeichnis

1	**Einleitung**	**11**
	1.1 Vorwort	11
	1.2 Ein ganz normaler Tag	13
	1.3 Zur Benutzung des Buches	14
	1.4 Mögen Sie Pizza?	16
	1.5 Copyright	16
2	**Bumerangs**	**17**
	2.1 Wunderwerke für den Himmel	17
	2.2 Geschichtliches	18
	2.3 Typen und Formen	21
3	**Leicht- und Zimmer-Bumerangs**	**25**
	3.1 Abgrenzung zu 'richtigen' Bumerangs	25
	3.2 Eigenschaften	25
	3.3 Einsatzgebiete	27
	3.4 Das Werbegeschenk zum Wegwerfen	29
	3.5 Typen und Formen	30
4	**Der Rückkehr-Flug des Bumerangs**	**32**
	4.1 Allgemeines	33
	4.2 Der Dynamische Auftrieb	34
	4.3 Die Physik der Bewegungen	45
	4.4 Die Translations-Bewegung	47
	4.5 Die Rotations-Bewegung	49

4.6	Der Drehimpuls-Erhaltungssatz	55
4.7	Die Physik des Kreisels	57
4.8	Das Flugverhalten	60
4.9	Die Flug-Weite	64
4.10	Die Flug-Höhe und das Flachlegen	68
4.11	Geschwindigkeits-Messungen	73
4.12	Anpassungen	77

5 Das Werfen von Bumerangs 78

5.1	Allgemeine Wurfanleitung	78
5.2	Kurzanleitungen	84
5.3	Abwurf-Fehler und deren Korrektur	85

6 Das Bauen von Bumerangs 89

6.1	Allgemeines	89
6.2	Materialien	91
6.3	Flug-Weiten	99
6.4	Werkzeuge	101
6.5	Das Bauen	102
6.6	Bumerangs mit flachen Flügeln	103
6.7	Bumerangs mit profilierten Flügeln	105
6.8	Verbund-Bumerangs	106
6.9	Gewichte	108

7 Das Konstruieren von Bumerangs 111

7.1	Allgemeines	111
7.2	Die Form	112

7.3	Die Flügel	115
7.4	Material, Masse und Trägheitsmoment	118
7.5	Verbund-Bumerangs	120
7.6	Kuriositäten	121
7.7	Was mache ich, wenn...?	126

8 Das Manipulieren von Bumerangs 127

8.1	Allgemeines	127
8.2	Die Auswirkungen von Manipulationen	127
8.3	Was mache ich, wenn...?	131

9 Die Beleuchtung von Bumerangs 132

9.1	Allgemeines	132
9.2	Licht und Leucht-Mittel	133
9.3	Das Masse-Problem	138
9.4	Wunderkerzen	140
9.5	Knicklichter	140
9.6	Leucht-Folien	142
9.7	LEDs	143
9.8	Fotos	148

10 Aktionen und Einzel-Themen 149

10.1	Die sportlichen Bumerang-Disziplinen	149
10.2	Die Deutsche Meisterschaft 1989 in Berlin	151
10.3	Die Berliner Mauer	157
10.4	Die Wende-Jahre 1989/1990	158
10.5	Der Tell-Schuss	164

10.6 Der Trabbi-Bumerang 165
10.7 Bumerangs und MRT Kernspin-Tomographie 166
10.8 Workshops 167

11 Solaris - der Universal-Bumerang 168
11.1 Das Copyright hat die Natur 168
11.2 Die Idee 169
11.3 Eigenschaften 173
11.4 Modell-Gruppen 174

12 Bauanleitungen, Modelle 176
12.1 Allgemeines 176
12.2 Übersicht nach Materialien 179
12.3 Übersicht nach Modellen 180
12.4 Zimmer-Bumerangs 181
12.5 Leicht-Bumerangs 182
12.6 Verbund-Bumerangs 182

13 Bauanleitungen Zimmer-Bumerangs 183
13.1 Allgemeines 183
13.2 Bauen / Material 183
13.3 Modelle Übersicht 187
13.4 Solaris 189
13.5 Libra 191
13.6 Libra-Mittel 192
13.7 Libra-Groß 194
13.8 Helios 196

13.9 Pizza 198
13.10 Kreuz 200
13.11 Drei-Flügel 204
13.12 Postkarte 206
13.13 Andromeda 208
13.14 Männchen 209
13.15 Kaktus 211
13.16 Libelle 213

14 Bauanleitungen Leicht-Bumerangs 215
14.1 Allgemeines 215
14.2 Bauen / Material 215
14.3 Modelle Übersicht 217
14.4 Solaris 218
14.5 Solaris-H 220
14.6 Libra-Mittel 222
14.7 Libra-Groß 223
14.8 Polaris 225

15 Bauanleitungen Verbund-Bumerangs 227
15.1 Allgemeines / die Idee 227
15.2 Bauen / Material 227
15.3 Modelle Übersicht 229
15.4 Solaris-U 231
15.5 Großer-Ring 233
15.6 Langer-Ring 235
15.7 Bierdeckel 237

16 Nachwort und Ausblick 239

17 Danksagung 241

18 Stichwort-Verzeichnis 243

19 Abbildungs-Verzeichnis 253

20 Tabellen-Verzeichnis 257

21 Literatur- und Quellen-Verzeichnis 258

1 Einleitung

Bumerangs? Klare Sache. Das sind die Dinger, die in Australien erfunden worden sind. Die Ureinwohner haben sie dort zur Jagd benutzt.

Es ist auch klar, wie man mit einem Bumerang jagt. Man wirft ihn, schnell rotierend, in einen Vogel-Schwarm. Dort trifft er einen Vogel, sagen wir, ein Hühnchen. Dasselbe wird augenblicklich getötet. Der Bumerang schneidet sich tief in das Fleisch ein, kehrt also mit samt dem Hühnchen zum Jäger zurück. Nun ist klar, dass durch die gemeinsame Rotation von Bumerang und Hühnchen eine enorme Luftreibung entsteht, die in Wärme umgewandelt wird. Man kennt das von den Sternschnuppen, die durch die Luftreibung am Himmel verglühen. Also wird das Hühnchen während des Fluges gegrillt und kann anschließend als 'Broiler am Bumerang-Spieß' verspeist werden.

Das und vieles mehr sind die unglaublichen Geschichten, die um den Bumerang kreisen. Ein wenig zu der Frage nach Märchen und Wahrheit erfahren Sie in diesem Buch.

1.1 Vorwort

Bumerangs sind eine faszinierende Sache, jeder weiß das, der einmal ein solches Fluggerät hat zum Werfer zurückkommen sehen. Die exakte Rückkehr des Bumerangs ist kein Märchen aus '1001 Nacht', wie einige Leser vielleicht - noch - glauben. Sie ist die Folge mehrerer physikalischer Eigenschaften des Bumerangs.

Ein vielseitiger Sport ist das Bumerang-Werfen allemal. Es erfordert Geschicklichkeit und Gefühl beim Werfen, Reaktionsvermögen beim Fangen des rückkehrenden Bumerangs und oft auch Kondition beim Laufen, um das verirrte Fluggerät zurückzuholen.

Das Bumerang-Werfen ist ein Hobby, eine Freizeit-Beschäftigung, ein Spaß. Ein Spaß an der Physik, ohne es zu wissen, ein Spaß an der sportlichen Betätigung, ein Spaß an dem Unglaublichen, an dem Unverstandenen.

Das Bauen von Bumerangs wird den Heimwerker erfreuen und der Künstler kann das Fluggerät nach Belieben bemalen und verzieren. Selbst bei der Form des

Bumerangs sind der Phantasie kaum Grenzen gesetzt. Drei Flügel, vier Flügel, Bumerangs in Form einer Libelle, eines Kaktus oder eines Männchens sind ebenso möglich wie Bumerangs aus Verbund-Materialien wie einem Bierdeckel mit angeklebten Flügeln.

Die sogenannten 'richtigen' Bumerangs, meistens aus Holz oder Kunststoff von mehreren Millimetern Stärke gefertigt, haben mit einer Masse von deutlich über 30 Gramm Flug-Weiten von 20 Metern und mehr. Mit dem nötigen Sicherheitsabstand brauchen Sie also freie Flächen von mindestens 50 mal 50 Metern, besser mehr. So etwas ist nicht immer leicht zu finden.

Daher sind Leicht- und insbesondere Zimmer-Bumerangs eine gute Alternative, gerade auch für Kinder, Anfänger und alle, die sich als Kinder fühlen und Spaß haben wollen. Diese Bumerangs sind leicht zu werfen, wiegen nur einige Gramm[1] und können somit keinen Schaden anrichten. Wegen ihrer kleinen Flug-Weite ab einem Meter brauchen sie nicht viel Platz, es reicht das Kinder-Zimmer. Tun sie nicht, was sie sollen, muss man schlimmstenfalls unter dem Tisch oder hinter dem Schrank suchen, aber nicht auf Bäume klettern, im Gras wühlen oder einen Hundertmeter-Lauf hinlegen. Sie können jederzeit und überall geworfen werden, es stören weder Wind noch Regen. Und: Einen Zimmer-Bumerang zu bauen dauert keine zwei Minuten, Material und Werkzeug finden sich in jedem Haushalt. Richtig gebaut, richtig geworfen, richtiges Zurückkommen. Versuchen Sie es einfach einmal! Hier finden Sie die Anleitungen und Regeln, die Sie beachten sollten.

Auch zum Erlernen des Werfens von 'richtigen' großen Bumerangs sind die Zimmer-Varianten hervorragend geeignet. Die Wurf-Technik ist bei allen Bumerangs gleich, ob für das Zimmer oder für den Außen-Bereich, ob groß oder klein. Der

---

[1] Der Korrektheit wegen sei hier auf ein Sprachproblem hingewiesen. 'Gewicht' und 'wiegen' beziehen sich auf die Anziehungs-Kraft der Erde auf einen Körper. Die Einheit der Kraft ist aber das Newton, früher einmal das Pond. Gramm bzw. Kilogramm hingegen sind die Einheiten der Masse. Dass irgendetwas 'so und so viel' Gramm wiegt, ist also streng genommen physikalisch falsch. Es müsste heißen: Die Masse beträgt 'so und so viel' Gramm oder das Gewicht beträgt 'so und so viel' Newton. Trotzdem werde ich diese unschöne Formulierung zuweilen benutzen, da sie allgemein üblich ist und ggfs. sogar verständlicher wirkt. Man bedenke aber die Unkorrektheit.

Werfer braucht nur wenig Kraft und kann sich vollständig auf die richtige Wurf-Technik konzentrieren.

Nicht zu unterschätzen ist der Aufmerksamkeits-Effekt, wenn Sie einen Zimmer-Bumerang werfen, wo auch immer. Auf dem Amt wird man sich noch nach Jahren an Sie erinnern, ebenso im Restaurant, wenn Sie den Bumerang um den Kellner herumgeworfen haben und der dann vor Schreck das Tablett hat fallen lassen. Es geht natürlich auch harmloser, z.B. mit einem Zimmer-Bumerang-Turnier während eines Krankenhaus-Aufenthaltes oder auf einem Sommerfest. In jedem Falle ist es immer ein Riesen-Spaß!

Vielleicht denken Sie, Spielen sei nur etwas für Kinder. Das stimmt aber nicht. Ohne den Spieltrieb des Menschen gäbe es keine Erfindungen und keinen Fortschritt. Also bewahren Sie sich in jedem Alter ein wenig vom Spieltrieb, der Neugier und der Unbefangenheit eines Kindes!

1.2 Ein ganz normaler Tag

Es geht um Bumerangs, um Irrtum und Wahrheit, es geht um dieses Buch. Ich bin in Lübeck mit Eckhard Mawick verabredet, dem Vorsitzenden des Deutschen Bumerang-Clubs, das ist übrigens der größte der Welt. Auch er hat ein Buch[1] über Zimmer-Bumerangs geschrieben, allerdings für eine etwas andere Leser-Zielgruppe als ich.

Nach intensiven Diskussionen geht es ab in den Bus nach Berlin. Derselbe hat aber leider eine Panne und wir alle sitzen fest, mitten in der Walachei. Der Busfahrer ist entnervt, die Mitreisenden verbindet eine Mischung aus Hoffnung, Verzweiflung und Ärger.

Da dachte ich mir, prima, toll, eine Super-Konstellation! Ich habe also alle Bumerangs, die man natürlich immer so dabei hat, ausgepackt und vorgeführt. Am Ende hat die halbe Mannschaft Bumerang geworfen, die andere halbe hat interessiert zu-

---

[1] Eckhard Mawick, Zimmer-Bumerangs, Books on Demand, Norderstedt 2013.

geschaut und mir danach viele Fragen dazu gestellt. Schlechte Gedanken hatte jedenfalls niemand mehr. Irgendwann ist dann Hilfe gekommen, die hat aber kaum noch jemanden interessiert. Denn alle waren fasziniert von den Bumerangs.

Ähnliche Erfahrungen habe ich kürzlich über Weihnachten im Krankenhaus gemacht. Dort ist dann nicht viel los, also eher Frust und Langeweile. Da dachte ich mir, prima, ein Zimmer-Bumerang-Turnier für Patienten und Personal ist genau das Richtige. War es auch. Viele haben mitgemacht, alle waren begeistert.

Aussichtlose Situationen sind nicht deshalb aussichtslos, weil sie aussichtslos sind, sondern deshalb, weil wir denken, dass sie aussichtslos seien. Egal, wie beschissen die Situation auch scheinbar sein mag, es gibt immer einen Ausweg. Wir müssen ihn nur erkennen und den Mut haben, ihn zu gehen.

Den Entschluss, dieses Buch zu schreiben, habe ich übrigens im Krankenhaus gefasst, kurz vor der Krebs-OP mit ungewissem Ausgang.

1.3 Zur Benutzung des Buches

Mein Ziel war es immer, Bumerangs einem großen Publikum nahezubringen. Daher richtet sich das vorliegende Buch im Wesentlichen an Leute wie 'Dich und mich'. Alle vorgestellten Modelle sind ausgiebig getestet und auch vom Anfänger gut zu handhaben.

Teilweise habe ich vielleicht etwas zu viel Physik angesprochen. Ich finde das aber wichtig, um die Dinge zu verstehen. Zum 'Rückkehr-Flug' stelle ich einige neue Ideen vor. Außerdem möchte ich das Thema Bumerang auch Lehrern nahebringen, um es ggf. im Unterricht verwenden zu können. Wer an noch mehr fachspezifischen Informationen interessiert ist, der sei auf meine Website 'www.leicht-bumerangs.de' verwiesen.

Der Allgemeine Teil informiert nicht nur über das richtige Werfen und die Bautechniken, sondern auch über einige interessante Aspekte und Hintergrund-Informationen zum Thema Bumerang. Dazu gehören die Möglichkeiten der Beleuchtung beim Nacht-Werfen ebenso wie publikumswirksame Vorführungen, z.B. der Tell-Schuss, bei dem sich der Werfer mit seinem Bumerang selbst einen Apfel vom Kopf schießt.

Besonders wichtig ist es mir, den Leser nicht nur zum Werfen, sondern auch zum Bauen von Bumerangs anzuregen und ihm dabei einige Tipps zu geben. Es gibt daher fünf recht ausführliche Kapitel zu den Themen 'Rückkehr-Flug', 'Werfen', 'Bauen', 'Konstruieren' und 'Manipulieren' von Bumerangs, die eine Einheit bilden und sich aufeinander beziehen. Teilweise auftretende Wiederholungen bitte ich zu entschuldigen, sie sollen die einzelnen Kapitel auch unabhängig voneinander verständlich machen.

Im Teil mit den Bauanleitungen habe ich zwischen Zimmer-Bumerangs für den Gebrauch im Zimmer und Leicht-Bumerangs für den Gebrauch in Hallen oder im Freien unterschieden. Ein eigenes Kapitel nehmen die Verbund-Bumerangs ein, auch deshalb, weil ich mir diesen neuen Bumerang-Typ erst während des Schreibens des Buches überlegt habe. Er macht vieles möglich, was vorher fast undenkbar erschien. Der kombinierte Einsatz von Spezial-Materialen wie Aluminium oder der Bau eines Bumerangs aus einem Haushaltsgegenstand wie einem Bierdeckel machen den Verbund-Bumerang zu einem Alleskönner, der sich optimal den Wünschen des Werfers und den Gegebenheiten der Umgebung anpasst.

Ich habe versucht, dieses Buch nach bestem Wissen und Gewissen zu schreiben. Ich bin Physiker und Mathematiker, ein sogenannter Wissenschaftler also. Trotzdem gibt es so viele Fehler und Irrtümer, vor denen ich genauso wenig sicher bin wie jeder Kanalarbeiter. Wir sind auch heute der letzten Erkenntnis nicht viel näher als der erste Höhlenmensch. Bleiben Sie bitte immer kritisch, hinterfragen Sie alles, probieren Sie es aus und vertrauen Sie am Ende immer nur Ihrer eigenen Erfahrung, denn nur von ihr wissen Sie wirklich, dass sie stimmt! Und genau genommen wissen Sie nicht einmal das.

Ich wünsche mir, dass Sie Denkanstöße bekommen, die Ihre eigenen Gedanken beflügeln. Ich wünsche mir, dass Sie ungewohnte Ideen, Menschen und Kulturen achten. Ich wünsche mir, dass Sie gegenüber allen Erkenntnissen offen, aber auch kritisch sind, im End-Effekt aber nur sich selbst vertrauen.

1.4 Mögen Sie Pizza?

Prima, dann bestellen Sie sich am besten gleich eine nach Hause und achten insbesondere auf das Verpackungs-Material. Wenn nicht, auch nicht schlimm, eine Postkarte oder ein Tetra-Pack tun es ebenso gut. Als Werkzeug brauchen Sie nicht mehr als eine Schere und ggfs. einen Büro-Hefter.

Dann bauen Sie sich daraus einen Zimmer-Bumerang, in weniger als 2 Minuten! Die entsprechenden Anleitungen finden Sie in Kapitel 13.

1.5 Copyright

Es ging mir immer darum, den Bumerang-Sport zu fördern und zu verbreiten, dem Publikum die Freude zu vermitteln, wie es sich anfühlt, wenn man etwas wegwirft, das dann zurückkehrt. Alle in diesem Buch vorgestellten Bumerang-Modelle sind meine Kreationen, ich alleine habe alle Rechte daran. Daher kann ich sie freigeben für jede Form der Nutzung, sei es privat oder kommerziell. Es geht mir nicht um den Profit, sondern um den Bumerang-Sport. Mein Verständnis von Forschung und Entwicklung ist es, dass sie dem Nutzen aller dienen sollen, ohne von Lizenz-Rechten behindert zu werden.

Alle hier vorgestellten Bumerang-Modelle sind auf meiner Website 'www.leicht-bumerangs.de' abgelegt und können zur freien Nutzung heruntergeladen werden.

2 Bumerangs

2.1 Wunderwerke für den Himmel

Bumerangs sind eine faszinierende Sache, jeder weiß das, der einmal ein solches Fluggerät hat zum Werfer zurückkommen sehen. Die exakte Rückkehr ist kein Märchen aus '1001 Nacht', wie viele unserer Leser vielleicht - noch - glauben. Sie ist die Folge mehrerer physikalischer Eigenschaften des Bumerangs.

Das Bumerang-Werfen ist ein Hobby, eine Freizeit-Beschäftigung, ein Sport, ein Spaß. Ein Spaß an der Physik, ohne es zu wissen, ein Spaß an der sportlichen Betätigung, ein Spaß an dem fast Unglaublichen, an dem vielleicht Unverstandenen.

Es erscheint uns unlogisch, dass ein fortgeworfener Gegenstand zu uns zurückkehrt. Das liegt auch daran, dass die Effekte, die ihn zurückkehren lassen, uns aus dem täglichen Leben nicht so vertraut sind. Es handelt sich einerseits um die Aerodynamik, anderseits um die Kreisel-Physik (Kapitel 4).

Dass ein großes, schweres Transport-Flugzeug plötzlich vom Boden abhebt, ist immer wieder erstaunlich. Wir merken bei unseren üblichen Geschwindigkeiten nicht, wie 'hart' Luft sein kann. Das ist schon anders, wenn Sie auf der Autobahn bei Tempo 150 die Hand aus dem Fenster halten. Bei Tempo 300 würden Sie ohne Spoiler unkontrolliert durch die Luft fliegen.

Auch Dreh-Bewegungen, also z.B. einen Kreisel, können wir nicht so leicht verstehen. Denken Sie an den Brumm-Kreisel aus Ihrer Kindheit, der nicht umfällt, selbst wenn man ihn kräftig anstößt. Werfen Sie eine Münze nach 'Kopf' oder 'Zahl', wissen Sie nicht, wie es ausgeht. Versetzen Sie die Münze beim Abwurf aber in Drehung, fliegt sie stabil in der Luft und sie wissen vorher genau, was herauskommt.

Mehr brauchen Sie nicht zu wissen, um zu verstehen, warum ein Bumerang gar nicht anders kann, als zurückzukehren.

Ein vielseitiger Sport ist das Bumerang-Werfen allemal. Es erfordert Geschicklichkeit und Gefühl beim Werfen, Reaktionsvermögen beim Fangen des rückkehrenden Bumerangs und oft auch Kondition beim Laufen, um das verirrte Fluggerät zu finden.

Das Bauen von Bumerangs wird den Heimwerker erfreuen und der Künstler kann das Fluggerät nach Belieben bemalen und verzieren. Selbst bei der Form des Bumerangs sind der Phantasie kaum Grenzen gesetzt. Drei Flügel, vier Flügel, Bumerangs in Form einer Libelle, eines Kaktus oder eines Männchens sind genauso möglich wie Bumerangs aus Verbund-Materialien wie einem Bierdeckel mit angeklebten Flügeln.

2.2 Geschichtliches

James Cook landete 1770 in der Botany Bay in Australien. Er brachte den ersten Bumerang nach Europa, ein Riesenteil mit einer Spannweite von 70 cm und einem Gewicht von 300 Gramm. Heute liegt er in einem Museum in Sydney. Es dauerte dann aber noch 60 Jahre, bis sich ab 1830 die ersten Informationen über Bumerangs in Europa verbreiteten. Dass Cook auf Wurfhölzer in Australien stieß, war aber eher ein Zufall. Er hätte sie auch in Nord- oder Südamerika, in Russland oder in Polen (s.u.) finden können. Bumerangs waren schon vor gut 20.000 Jahren auf dem gesamten Erdball verbreitet.

Anfang des 20. Jahrhundert schrieb der Völkerkundler Max Buchner das wohl erste Buch über Bumerangs, 'Das Bumerangwerfen'. Es war die gleiche Zeit, in der die ersten Flugversuche unternommen wurden und sich somit die Aerodynamik als Wissenschaft entwickelte. Damit war die Zeit gekommen, den Bumerang-Flug zu verstehen.

Aus dem Jahre 1949 stammt eine völkerkundliche Dissertation von Johannes Lenoch, Wien, 'Wurfholz und Bumerang', 1975 folgte eine technisch-physikalische Dissertation von Felix Hess, Groningen, 'Boomerangs, Aerodynamics and Motion'. Ein allgemein verständliches Buch schrieb Willi Urban 1966 im Selbstverlag, Leutershausen, 'Geheimnisvoller Bumerang'.

Die australische 'Boomerang Association of Australia' (B.A.A.) wurde 1969 gegründet, in Deutschland entwickele sich der Bumerang-Sport in den 70-ziger Jahren des 20. Jahrhunderts. Der Deutsche Bumerang Club, übrigens der größte der Welt, wurde 1978 gegründet und richtete 1980 die erste Deutsche Meisterschaft im

Bumerang-Werfen aus (Kapitel 10). Im Jahre 2004 gründete sich der erste internationale Dachverband IFBA (International Federation of Boomerang Association), dem viele nationale Bumerang-Clubs, darunter auch der deutsche, angehören.

Wilhelm Bretfeld, der wie kein anderer den deutschen Bumerang-Sport gefördert hat, veröffentlichte im Jahre 1985 sein Buch[1] 'Das Bumerang-Buch', einen Klassiker, der wohl für alle späteren Bumerang-Bücher Maßstäbe gesetzt hat. Es war auch das erste Buch, das ich zum Thema Bumerang in der Hand hatte und das mich begeistert hat. Auch deshalb habe ich dieses, mein erstes Buch, Wilhelm Bretfeld und seiner Ehefrau Ruth gewidmet.

Der derzeit älteste bekannte Bumerang-Fund stammt aus der Oblazowa-Höhle aus dem Gebiet des heutigen Polen und ist ca. 24.000 Jahre alt. Er besteht aus dem Material eines Mammut-Stoßzahnes. Aber eigentlich beginnt die Geschichte des Bumerangs mit den Wurfhölzern und den Bolas, die seit der Steinzeit, also seit mehreren hunderttausend Jahren, bekannt sind.

Die Bola (Abb. 2.1) ist ein Jagdinstrument, das aus drei zusammen gebundenen Leinen mit jeweils einem Stein am Ende besteht. Sie wird so geworfen, dass sie schnell rotiert und geradeaus dicht über dem Boden fliegt. Trifft sie ein Tier in einer Herde, so winden sich die Leinen um dessen Beine und 'fesseln' es. Der Jäger kann es dann leicht erlegen.

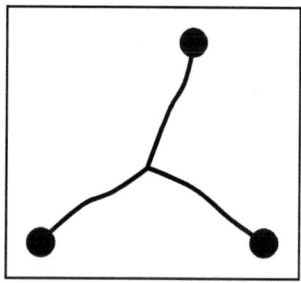

Abb. 2.1: Die Bola

Ähnlich wurden leicht gebogene Wurfhölzer (Abb. 2.2) benutzt, teilweise über einen Meter lang und bis zu zwei Kilogramm schwer. Auch sie wurden schnell rotierend dicht über dem Boden geradeaus geworfen, um einem Tier in der Herde die Beine zu zerbrechen, um es dann erlegen zu können.

Damit die Wurfhölzer möglichst weit fliegen, sollen sie, ähnlich wie ein Frisbee, gerade so viel Auftrieb erzeugen, dass sie sich dicht über dem Boden halten und nicht herunterfallen. Zurückkommen sollen sie jedenfalls nicht.

---

[1] [2] Wilhelm Bretfeld, Das Bumerang-Buch, Franckh'sche Verlagshandlung W. Keller & Co., Stuttgart 1985.

Man nennt diese Wurfhölzer auch 'Kylie' oder 'nicht rückkehrenden Bumerang'. Das hat freilich bis heute zu dem Irrtum geführt, dass der 'rückkehrende Bumerang', wie wir ihn heute kennen, einmal eine Jagd-Waffe war. Das war er niemals. Trotzdem mag 'unser' Bumerang einmal aus dem Wurfholz entstanden sein. Verringert man nämlich dessen Größe und Gewicht, verringert den Winkel zwischen den Flügeln, macht es also 'spitzer' und vergrößert den Auftrieb durch eine stärkere Profilierung, so bekommt es plötzlich die Rückkehr-Eigenschaft. Dieser 'rückkehrende Bumerang' war aber immer das, was er noch heute ist, ein Spiel- und Sport-Gerät.

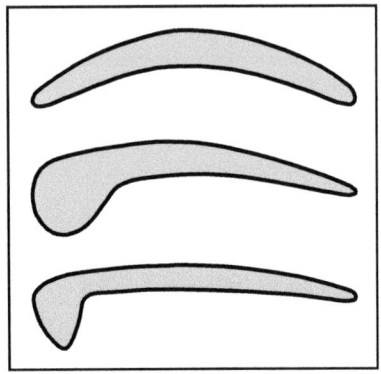

Abb. 2.2: Verschiedene Wurf-Hölzer

Auch diese Bumerangs waren niemals auf Australien beschränkt, man findet sie aus ähnlichen Zeiten rund um die Erde. Die Biologen nennen das 'Konvergente Evolution'. Unter ähnlichen Bedingungen entwickeln sich ähnliche Lebens-Formen, ähnliche Anforderungen führen zu ähnlichen Problem-Lösungen und Geräten.

2.3 Typen und Formen

Dieses Foto zeigt eine kleine Auswahl heutiger, rückkehrender Bumerangs.

Abb. 2.3: Verschiedene Bumerangs

Bumerangs lassen sich unter verschiedenen Gesichtspunkten klassifizieren, dazu einige Beispiele.

- Nach der Flug-Weite und damit dem Einsatz-Ort (Zimmer, Hallen, Außen-Bereich).
- Nach der Anzahl der Flügel (2, 3, 4 und mehr Flügel).
- Nach der Form (Kreuz, Ring, Kuriosität wie Kaktus, Winkel zwischen den Flügeln).

- Nach der Funktion und damit dem Einsatz-Gebiet (Spiel, Sport, Wettkampf).
- Nach dem Material (Holz, Kunststoff, Karton, Sonder-Materialien).

Die Flug-Weite

Die meisten Holz- und Kunststoff-Bumerangs, die es im Handel gibt, fliegen 20 - 40 Meter weit, einige deutlich weiter. Mit dem nötigen Sicherheitsabstand brauchen Sie also freie Flächen von mindestens 50 mal 50 Metern, besser mehr. So etwas ist nicht immer leicht zu finden.

Daher sind Leicht- und insbesondere Zimmer-Bumerangs eine gute Alternative, gerade auch für Kinder, Anfänger und alle, die sich als Kinder fühlen und Spaß haben wollen.

Unter 'Zimmer-Bumerang' verstehe ich einen Bumerang, der nicht weiter als 4 Meter fliegt, unter 'Leicht-Bumerang' einen, der nicht weiter als 10 Meter fliegt.

Die Flug-Weite hängt neben dem Gewicht auch von der Form des Bumerangs und von der Anzahl und Profilierung der Flügel ab. Interessanterweise ist sie aber unabhängig davon, wie groß der Bumerang ist und wie kräftig Sie ihn abwerfen (Kapitel 4).

Die Anzahl der Flügel

Ein Bumerang kann zwei oder auch mehr Flügel bzw. Arme (beide Begriffe werden in der Literatur synonym gebraucht, ich benutze hier stets 'Flügel') haben. Drei oder vier Flügel sind häufig, es können aber auch einmal fünf, sechs oder sogar mehr sein.

Mehr-flüglige Bumerangs sind leichter zu werfen als die Standard-Form mit zwei Flügeln. Sie kehren exakter zurück, haben einen regelmäßigeren Flug und verhalten sich toleranter gegenüber leichten Abwurf-Fehlern (Kapitel 6, 7). Zudem haben sie meistens eine kleinere Flug-Weite.

Leicht- und Zimmer-Bumerangs haben aus verschiedenen Gründen (Kapitel 3) fast immer mehr als 2 Flügel.

Die Form

Unabhängig von der Anzahl der Flügel können Bumerangs die verschiedensten Formen annehmen. Für den Rückkehr-Flug ist es nur wichtig, dass die Flügel einen Auftrieb erzeugen und der Bumerang im Flug rotiert und damit zu einem Kreisel wird.

Bei Mehr-Flüglern ist die Vielfalt besonders groß. Oft sind sie als Kreuz ausgebildet oder als Ring mit Flügeln daran. Man findet aber auch Kuriositäten mit den Formen eines Kaktus, einer Libelle, einer Katze, eines Regenschirmes, und vieles, vieles mehr. Der Phantasie sind kaum Grenzen gesetzt. Fast jede Form aus dem Alltag kann zu einem Bumerang gemacht werden.

Bei den Zwei-Flüglern finden sind aber auch durchaus viele kuriose Formen wie beispielsweise eine Möwe, eine Fledermaus oder ein Kleiderbügel.

Darüber hinaus gibt es auch bei den 'normalen', zweiflügligen Bumerangs unzählige Variations-Möglichkeiten, z.B. durch Veränderung des Winkels zwischen den Flügeln oder der Größe der Rundung am sogenannten 'Ellenbogen', wo die beiden Flügel aneinander treffen (V-Form oder U-Form, auch 'Hook' genannt).

Die Funktion

Für jeden Werfer und jede Anwendung gibt es den speziellen Bumerang. Der Anfänger oder ein Kind braucht einen leicht zu werfenden, eher leichten Mehr-Flügler.

Der Sportler wird im Wettkampf für jede Disziplin (Kapitel 10.1) einen anderen Bumerang einsetzen. Ein Weitwurf-Modell sieht völlig anders aus als ein Langzeit-Flieger, der wiederum anders als ein Bumerang für einen möglichst schnellen Flug (Fast Catch).

Das Material

Das klassische Material für einen Bumerang ist das Holz, insbesondere das Sperrholz. Gebräuchlich sind weiterhin Kunststoffe, Karton und viele Sonder-Materialien wie beispielsweise Hartpapier (Pertinax) oder sogar Aluminium (Kapitel 6.2).

Auch hier entscheidet häufig der Anwendungs-Fall über das richtige Material, das entscheidend für das Gewicht des Bumerangs ist. Aber auch Festigkeit, Biegsamkeit, Bearbeitbarkeit oder einfach der Preis können wichtige Kriterien sein.

Schließlich sollten wir auch die Schönheit eines Bumerangs bedenken, der vielleicht nur an der Wand hängen und ab und zu in die Hand genommen werden soll. Ich sage hier nur einmal die Stichworte 'Laminat' oder 'Natur-Holz' ('Natural Elbow', 'Eckhard Mawick').

3 Leicht- und Zimmer-Bumerangs

3.1 Abgrenzung zu 'richtigen' Bumerangs

Die sogenannten 'richtigen', schweren Bumerangs (ab 30 g) brauchen einen großen, freien Platz, um sicher geworfen zu werden. Die meisten Holz- und Kunststoff-Bumerangs, die es im Handel gibt, fliegen 20 - 40 Meter weit, einige deutlich weiter. Mit dem nötigen Sicherheitsabstand brauchen Sie also freie Flächen von mindestens 50 mal 50 Metern, besser mehr. So etwas ist nicht immer leicht zu finden.

Daher sind Leicht- und insbesondere Zimmer-Bumerangs eine gute Alternative, gerade auch für Kinder, Anfänger und alle, die sich als Kinder fühlen und Spaß haben wollen.

Unter 'Zimmer-Bumerang' verstehe ich einen Bumerang, der nicht weiter als 4 Meter fliegt, unter 'Leicht-Bumerang' einen, der nicht weiter als 10 Meter fliegt.

3.2 Eigenschaften

Ein Leicht- oder Zimmer-Bumerang sieht nur selten so aus, wie sich die meisten Menschen einen Bumerang vorstellen. Er sieht eher aus wie ein Propeller mit 3 oder 4 Flügeln (Abb. 3.1) oder hat eine völlig andere Form wie beispielsweise der Kaktus- oder der Libellen-Bumerang (Kuriositäten).

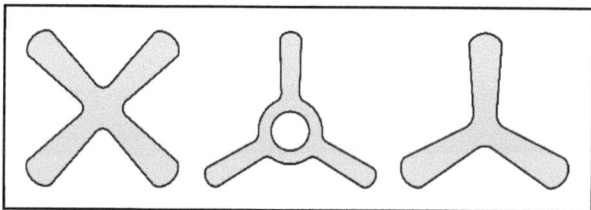

Abb. 3.1: Typische Mehr-Flügler

Mehr-flüglige, symmetrische Bumerangs sind leichter zu werfen als die Standard-Form mit 2 Flügeln. Sie kehren exakter zurück, haben einen regelmäßigeren Flug und verhalten sich toleranter gegenüber leichten Abwurf-Fehlern. Zudem führen mehr Flügel auch zu einem größeren Gesamt-Auftrieb und damit zu einer kleineren Flug-Weite.

Auch die im allgemeinen dünnen Flügel mit einer Material-Stärke von meistens unter einem Millimeter machen es sinnvoll, die Bumerangs symmetrisch und damit zwingend mehr-flüglig zu bauen. Das erhöht die Stabilität. Ein zwei-flügliger Bumerang mit derart dünnen Flügeln wäre von vornherein nicht formstabil genug und zu 'wabbelig'. Eine Ausnahme ist das Modell 'Andromeda' (Kapitel 13.13), beim dem ein schmaler Steg zwischen den Flügeln diesem Problem entgegenwirkt.

Nach meiner Erfahrung ist für einen Vier-Flügler eher Karton, für einen Drei-Flügler eher Kunststoff geeignet. Für Kuriositäten hat sich ungeschäumtes Polystyrol in den Material-Stärken von 0,5 bis 1,0 mm bewährt.

Die Flügel sind meistens flach, anders als bei den schwereren Holz-Bumerangs. Um trotzdem einen Auftrieb zu erzeugen, so wie bei einem Flugzeug, müssen sie entsprechend gebogen werden.

Durch dieses Verbiegen kann die Flug-Weite nicht nur der Zimmer-Größe angepasst werden, sondern durch Hoch- oder Herunterbiegen auch der Zimmer-Höhe. Darüber hinaus gibt es eine Reihe weiterer Manipulations-Möglichkeiten (Kapitel 8), die das Flugverhalten verändern und sehr schnell und einfach durchgeführt werden können. Auch das ist ein Vorteil von Zimmer-Bumerangs. Dieses Anpassen ist bei großen 'richtigen' Holz-Bumerangs kaum möglich, denn sie sind, wie sie gebaut worden sind.

Leicht- und Zimmer-Bumerangs sind leicht zu werfen, wiegen nur einige Gramm und können somit keinen Schaden anrichten. Wegen ihres kleinen Flugkreises ab einem Meter brauchen sie nicht viel Platz, es reicht das Kinder-Zimmer. Tun sie nicht, was sie sollen, muss man schlimmstenfalls unter dem Tisch oder hinter dem Schrank suchen, aber nicht auf Bäume klettern, im Gras wühlen oder einen Hundertmeter-Lauf hinlegen. Sie können jederzeit und überall geworfen werden, es stören weder Wind noch Regen. Einen Leicht-Bumerang zu bauen, dauert keine zwei Minuten, Material und Werkzeug finden sich in jedem Haushalt. Richtig gebaut, richtig geworfen, richtiges Zurückkommen. Versuchen Sie es einfach einmal! In diesem Buch finden Sie die Anleitungen und Regeln, die Sie beachten sollten (Kapitel 6, 7).

Auch zum Erlernen des Werfens von 'richtigen', großen Bumerangs sind die Zimmer-Varianten hervorragend geeignet. Die Wurf-Technik ist bei allen Bumerangs gleich, ob für das Zimmer oder für den Außen-Bereich, ob groß oder klein. Der

Werfer braucht bei Zimmer-Bumerangs nur wenig Kraft und kann sich vollständig auf die richtige Wurf-Technik konzentrieren.

Nicht zu unterschätzen ist der Aufmerksamkeits-Effekt, wenn Sie einen Zimmer-Bumerang werfen, wo auch immer. Auf dem Amt wird man sich noch nach Jahren an Sie erinnern, ebenso im Restaurant, wenn Sie den Bumerang um den Kellner herumgeworfen haben und der dann vor Schreck das Tablett hat fallen lassen. Es geht natürlich auch harmloser, z.B. mit einem Zimmer-Bumerang-Turnier während eines Krankenhaus-Aufenthaltes oder auf einem Sommerfest. In jedem Falle ist es immer ein Riesen-Spaß!

Wer gerade krank ist, im Bett liegt oder gar an einen Rollstuhl gefesselt ist, für den kann ein Zimmer-Bumerang eine gute Abwechslung bieten.

Aufgrund des geringen Gewichtes sind diese Bumerangs sehr windempfindlich. Trotzdem können sie bei Windstille oder im Falle von Leicht-Bumerangs bei sehr schwachem Wind auch im Außen-Bereich benutzt werden.

Das Bauen von Bumerangs wird den Heimwerker erfreuen und der Künstler kann das Fluggerät nach Belieben bemalen und verzieren. Selbst bei der Form des Bumerangs sind der Phantasie kaum Grenzen gesetzt. Drei Flügel, vier Flügel, Bumerangs in Form einer Libelle, eines Kaktus oder eines Männchens sind genauso möglich wie Bumerangs aus Verbund-Materialien wie einem Bierdeckel mit angeklebten Flügeln.

3.3 Einsatzgebiete

Hier einige Einsatzgebiete von Leicht- und Zimmer-Bumerangs.

- Einfach der Spaß am Bauen und Werfen.
- Erlernen der richtigen Wurf-Technik auch für 'richtige' Bumerangs.
- Ein interessanter Werbe-Artikel.
- Ein physikalisches Lehrmittel für alle Arten von Schulen.
- Ein beliebter Artikel für Workshops, z.B. auf Volksfesten.

Zu einigen dieser Punkte möchte ich etwas mehr sagen.

Ein interessanter Werbe-Artikel

Ein Bumerang mit profilierten Flügeln ist als Werbe-Artikel kaum verwendbar, da die Massen-Produktion teuer ist und das Bedrucken ein Problem darstellt. Das habe ich mit meinem ersten Werbe-Bumerang (Abb. 3.2) am eigenen Leib erfahren, an den 100 Bumerangs habe ich zwei Wochen lang gearbeitet. Bei den Zimmer-Bumerangs mit ihren flachen Flügeln ist das aber völlig anders. Große Auflagen sind im preisgünstigen Bandstahl-Schnitt-Verfahren leicht zu produzieren und im Falle von Karton im Offset-Druck-Verfahren ebenso preisgünstig zu bedrucken. Das Bedrucken von Kunststoff wie Polystyrol ist leider etwas aufwendiger, es bieten sich der klassische Siebdruck und der inzwischen auch für Kleinstauflagen halbwegs kostengünstige Digital-Direkt-Druck an. Trotzdem machen Werbe-Bumerangs schon wegen der Stanz-Vorlauf-Kosten von mehreren hundert Euro erst ab Stückzahlen ab mindestens 5.000 einen Sinn. Eine Alternative ist es, auf die Stanzung zu verzichten und den Bumerang zum Selbst-Ausschneiden anzubieten, wie ich das im Falle des Postkarten-Bumerangs (Kapitel 13.12) getan habe.

Anders ist es bei 'privaten' Werbe-Bumerangs in Kleinst-Auflagen, die individuell per Hand beschriftet und bemalt werden können. Sie sind bei Anlässen wie Firmen- oder Familien-Feiern, bei Sommerfesten oder auf Jahrmärkten ein Werbe-Artikel, der auffällt und lange in Erinnerung bleibt. Dazu tragen auch die vielen Wortspiele bei, die man mit dem Begriff 'Bumerang' machen kann, beispielsweise 'Wir kommen auf Sie zurück'.

Ein physikalisches Lehrmittel

Ich habe Bumerangs schon sehr oft im Physik-Unterricht und in Vorlesungen eingesetzt, sie sind immer auf anfängliche Verwunderung und anschließend auf großes Interesse gestoßen. Alles zum Thema 'Statik und Kinetik starrer Körper' (Drehmoment, Trägheitsmoment, Drehimpuls, Kreisel-Physik, etc.) lässt sich mit ihnen spielerisch und damit nachhaltig demonstrieren.

Aufgrund des dynamischen Auftriebs ihrer Flügel lassen sich zum Bereich 'Mechanik der Flüssigkeiten und Gase' (Aerodynamik, Flugphysik, etc.) viele Parallelen finden.

Ein beliebter Artikel für Workshops

Bumerang-Workshops bei Kinder- oder Sommer-Festen sind immer etwas Besonderes, an das sich alle Beteiligten gerne zurückerinnern. Für viele ist es der erste Kontakt mit Bumerangs, der zu Verwunderung und Begeisterung führt. Das Bemalen stellt oft eine besondere Herausforderung dar, die gerne angenommen wird. Vorführungen und kleinere Turniere bringen den Menschen den Bumerang näher, erste Erfolge beim Werfen haben den Wunsch zur Folge, sich intensiver mit diesem Spiel- und Sportgerät zu beschäftigen.

Entsprechende Exposees zur Durchführung von Workshops finden sich auf meiner Website 'www.leicht-bumerangs.de' und können zur freien Nutzung heruntergeladen werden.

3.4 Das Werbegeschenk zum Wegwerfen

Hier die Geschichte, wie ich zum Bumerang-Sport gekommen bin. Zwar hatte ich schon als Kind zusammen mit meinem Großvater Bumerangs geworfen und mich mit wenig Erfolg auch an Zimmer-Bumerangs versucht. Das war in Berlin-Pankow, also in Ost-Berlin, obwohl ich eigentlich in West-Berlin gewohnt hatte. Dieser Umstand wird 30 Jahre später noch einmal sehr wichtig werden (Kapitel 10). Ich war auf der Suche nach einem witzigen Werbegeschenk für die Kunden meiner kleinen Elektronik-Firma.

Das meiste, was man so an Unnützem als Werbegeschenk bekommt, ist ja eher etwas zum Wegwerfen. Na gut, dachte ich mir, also gab es dann von mir zu Weihnachten 1987 einen Bumerang mit der Aufschrift 'Ein Werbegeschenk zum Wegwerfen, doch Vorsicht, es kommt zurück...' (Abb. 3.2). In den folgenden Wochen hatte ich dann viele, viele Anrufe meiner Kunden, die zwar keine elektronischen Entwicklungen von mir haben wollten, dafür aber Bumerangs.

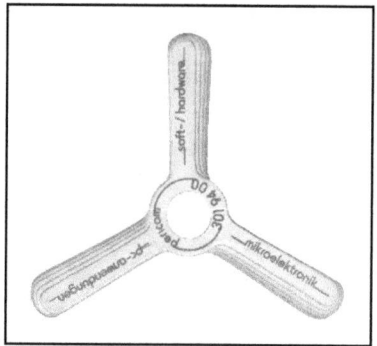

Abb. 3.2: Werbe-Bumerang

So habe ich dann die größte Bumerang-Produktion Deutschlands aufgebaut und mit 'Solaris' einen der weltweit bekanntesten Bumerangs konstruiert.

Inzwischen bin ich etwas älter und bescheidener geworden und möchte einfach nur ein informatives Buch über Leicht- und Zimmer-Bumerangs schreiben.

3.5 Typen und Formen

Die Bumerangs lassen sich unter verschiedenen Gesichtspunkten klassifizieren, dazu einige Beispiele.

- Nach der Flug-Weite und damit dem Einsatz-Ort (Zimmer, Hallen, Außen-Bereich).
- Nach dem Material (Karton, Kunststoff geschäumt / ungeschäumt, Holz, Verbund).
- Nach der Anzahl der Flügel (2, 3, 4 und mehr Flügel).
- Nach der Form (Kreuz, Ring, Kuriosität wie Kaktus).
- Nach der Funktion und damit dem Einsatz-Gebiet (Spiel / Sport, Werbung).

Bei der Vorstellung der Modelle habe ich mich für eine Kombination zwischen der Flug-Weite (Zimmer- bzw. Leicht-Bumerangs) und dem Sonderfall Verbund-Bumerangs entschieden. Die Verbund-Materialien machen eine neue und bislang unvorstellbare Menge an Kombinationen und damit Bumerangs der verschiedensten Eigenschaften möglich, die sich nicht in anderen Klassifizierungen einordnen lassen und daher separat behandelt werden müssen.

- Zimmer-Bumerangs.
- Leicht-Bumerangs.
- Verbund-Bumerangs.

Innerhalb dieser Klassifizierung werden die Modelle nach ihrer Form (Bumerang-Name) eingeordnet.

Unabhängig davon gibt es ein eigenes Kapitel über den Bumerang 'Solaris'. Das hat mehrere Gründe. Er gehört zu den weltweit bekanntesten Modellen und hat mich bei dessen Vorstellung 1988 bei der 9. Deutschen Bumerang-Meisterschaft über Nacht in der Bumerang-Szene als Konstrukteur bekannt gemacht. In der Folge wurde ich dann mit der Ausrichtung der 10. Deutschen Meisterschaft 1989 in Berlin betraut (Kapitel 10.2). Ich habe keinen zweiten Bumerang mit annähernd so viel Aufwand entwickelt wie ihn.

Solaris hat ein hervorragendes Flugverhalten und ist unglaublich universell. Er kann aus den verschiedensten Materialien in den verschiedensten Stärken gebaut werden und zeigt trotzdem stets einen exakten und stabilen Kreis-Flug. Auch als Verbund-Bumerang ist er universell verwendbar, ich habe ihn in dieser Ausführung daher 'Solaris-U' genannt (Kapitel 15.4).

Da er eine Vielzahl an Manipulationen zulässt, ist er wie kaum ein anderer geeignet, den Bumerang-Flug mit verschiedenen Parametern zu untersuchen, zu verändern und somit den äußeren Gegebenheiten individuell anzupassen. Aus diesem Grunde habe ich seine Beschreibung (Kapitel 11) den Kapiteln über die Bauanleitungen der anderen Bumerangs vorangestellt, auch, weil er in diesen Kapiteln immer wieder in verschiedenen Ausführungen angesprochen wird.

Mir ist die Einordnung der Modelle nicht leichtgefallen, da sich sehr viele Möglichkeiten anbieten, die jeweils zu Überschneidungen und Konflikten führen. Ich hoffe, mir ist eine halbwegs übersichtliche Ordnung gelungen.

4 Der Rückkehr-Flug des Bumerangs

Bumerangs sind eine faszinierende Sache, jeder weiß das, der einmal ein solches Fluggerät hat zum Werfer zurückkommen sehen. Die exakte Rückkehr ist kein Märchen aus 1001 Nacht, sondern die Folge mehrerer physikalischer Eigenschaften des Bumerangs.

Es erscheint uns unlogisch, dass ein fortgeworfener Gegenstand zu uns zurückkehrt. Das liegt auch daran, dass die Effekte, die ihn zurückkehren lassen, uns aus dem täglichen Leben nicht so vertraut sind.

Der Rückkehr-Flug des Bumerangs beruht auf zwei grundlegenden physikalischen Effekten. Einerseits stellt der rotierende Bumerang einen Kreisel dar und unterliegt somit den entsprechenden Kreisel-Gesetzen (Kapitel 4.7). Anderseits erfährt er durch seine Bewegung durch die Luft wie beispielsweise auch ein Flugzeug verschiedene Aerodynamische Kräfte, die auf den rotierenden Bumerang aufgrund seiner Kreisel-Eigenschaft in besonderer Weise wirken. Beide Effekte zusammen führen zum Rückkehr-Flug des Bumerangs.

Dreh-Bewegungen, z.B. eines Kreisels, können wir nicht so leicht nachvollziehen. Denken Sie an den Brumm-Kreisel aus Ihrer Kindheit, der nicht umfällt, selbst wenn man ihn kräftig anstößt. Werfen Sie eine Münze nach 'Kopf' oder 'Zahl', wissen Sie nicht, wie es ausgeht. Versetzen Sie die Münze beim Abwurf aber in Drehung, fliegt sie stabil in der Luft und sie wissen vorher genau, was herauskommt.

Auch die Aerodynamischen Kräfte sind uns nicht so vertraut, weil wir es meistens mit eher kleinen Geschwindigkeiten zu tun haben. Dass ein großes, schweres Transport-Flugzeug plötzlich vom Boden abhebt, ist immer wieder erstaunlich. Wir merken bei den uns vertrauten Geschwindigkeiten nicht, wie 'hart' Luft sein kann. Das sieht schon anders aus, wenn Sie auf der Autobahn bei Tempo 150 die Hand aus dem Fenster halten. Bei Tempo 300 würden Sie ohne Spoiler unkontrolliert durch die Luft fliegen.

Ich möchte Ihnen in diesem Kapitel den Rückkehr-Flug des Bumerangs verständlich machen. Das erfordert einen gewissen Einstieg in die Physik, es ist eine Gratwanderung zwischen Fachwissen und Verständlichkeit. Sollten Ihnen einige Passagen zu kompliziert erscheinen, verzagen Sie bitte nicht, sondern überlesen Sie einfach die entsprechenden Texte.

4.1 Allgemeines

Ein Bumerang ist ein mehr oder weniger flacher Körper. 'Richtige' Holz-Bumerangs haben Stärken (Dicken) von bis zu 10 Millimetern, bei Leicht- und Zimmer-Bumerangs sind es in Sonderfällen bis zu 5 mm (Balsa, Styrofoam, mit Profil), meistens liegt die Stärke aber unter 1 mm (Karton, Kunststoff, ohne Profil).

Daher macht es Sinn, bei den Betrachtung der Bewegungen, wo die Masse eine wichtige Rolle spielt, nicht mit der ansonsten üblichen Dichte ϱ eines Körpers, also der Masse pro Volumen, sondern stattdessen mit der Masse pro Fläche zu arbeiten. Ich nenne diese Größe 'Flächen-Masse'[1] ϱ_F.

Bumerangs können zwei oder auch mehr Flügel besitzen. Leicht- und Zimmer-Bumerangs haben fast immer mehr als 2 Flügel, da sie dadurch einen stabileren Flug und auch eine stabilere Form bekommen. Zudem führen mehr Flügel zu einem größeren Gesamt-Auftrieb und damit zu einer kleineren Flug-Weite (Kapitel 4.9).

Da ein Bumerang im Flug frei um seinen Schwerpunkt rotiert, tragen die Bereiche in der Nähe des Schwerpunktes (das 'Mittel-Teil') nichts oder nur wenig sowohl zum Auftrieb (wegen der kleineren Geschwindigkeit relativ zur umgebenden Luft) als auch zum Trägheitsmoment (Kapitel 4.5) und damit zum Rückkehr-Flug bei. Daher nenne ich diese Bereiche 'neutrale Bereiche', im Gegensatz zur den 'effektiven Bereichen' in größerem Abstand vom Schwerpunkt (im Wesentlichen die Flügel, Abb. 4.1), die zum Rückkehr-Flug beitragen.

Abb. 4.1: Neutrale (grau) und effektive (schwarz) Bereiche an Bumerangs

---

[1] Die Flächen-Masse wird in der Physik 'Massenbelegung' ('Massenbelag'), umgangssprachlich häufig 'Flächengewicht' (nicht normgerecht), in der Papier- und Druckbranche 'Grammatur' genannt. Aus letzterer stammt die Einheit g/m².

Entsprechend unterscheide ich zwischen der 'neutralen Fläche' A_N (A ist in der Mathematik das Zeichen für Fläche, englisch 'Area') und der 'neutralen Masse' m_N der 'neutralen Bereiche' einerseits und der 'effektiven Fläche' A_E und der 'effektiven Masse' m_E der 'effektiven Bereiche' anderseits. Die neutralen Bereiche haben mehrere, im Allgemeinen negative Nebenwirkungen.

Die neutrale Fläche trägt zwar nichts zum Auftrieb bei, führt aber durch den Flächen-Effekt (Kapitel 4.2) zu einem verstärkten Flachlegen des Bumerangs und damit zu einem höheren Flug, manchmal sogar mit vorzeitigem Absturz. Allerdings ist ein gewisses Flachlegen notwendig, die effektive Fläche (der Flügel) reicht dafür aber meistens aus. Bei Bumerangs für den Außen-Bereich ist noch zu bedenken, dass mit der Fläche auch immer die Windempfindlichkeit zunimmt.

Die neutrale Masse erhöht kaum das Trägheitsmoment, bewirkt also nur einen größeren schädlichen Impuls, ohne den nützlichen Drehimpuls zu vergrößern. Das führt zu einem stärkeren Geradeausflug mit Flachlegen, sodass der Bumerang häufig stark aufsteigt und dann vor dem Werfer abstürzt. Daher sollten sich die Massen eines Bumerangs möglichst in den Flügeln befinden.

Es wird in diesem Kapitel sehr viel um Kräfte gehen, die an verschiedenen Stellen des Bumerangs angreifen. Zur Orientierung benutze ich das auch in der Fliegerei übliche 'Uhren-Modell', um Positionen und Richtungen anzugeben. Stellen Sie sich den Bumerang an der Wang hängend vor, mit der Vorderseite nach vorne (Die Vorderseite ist die Seite, die beim Abwurf zum Kopf hin zeigt, Kapitel 5.1, 6.5). Denken Sie sich den Bumerang dann als Uhr, kann man jede Position auf ihm leicht als Uhr-Zeit angeben. Oben ist beispielsweise '12:00 Uhr', rechts '3:00 Uhr', oben links '11:00 Uhr' oder unten links '7:00 Uhr'.

4.2 Der Dynamische Auftrieb

In diesem Kapitel geht es um die Auftriebs-Kraft, die durch die Bewegung eines Körpers durch die Luft verursacht wird, auch 'Dynamischer Auftrieb' genannt. Der Zusatz 'dynamisch' weist auf den Unterschied zum 'Statischen Auftrieb' hin, der beispielsweise dafür sorgt, dass ein schweres Schiff nicht untergeht, auch wenn es sich nicht bewegt, also 'statisch' im Wasser liegt. Ich lasse hier den Zusatz 'dynamisch' weg und nenne sie der Einfachheit halber nur 'Auftriebs-Kraft' oder 'Auftrieb'.

Die Auftriebs-Kraft F_A (F ist in der Physik das Zeichen für Kraft, englisch 'Force') ist lediglich eine von drei für den Bumerang relevanten Kräften, die an einem Flügel bzw. allgemein an einem Körper auftreten, der sich relativ zur umgebenden Luft bewegt. Die beiden anderen sind der Strömungs-Widerstand (Luft-Widerstand) F_W und das Drehmoment M_F, die auf diesen Körper wirken (M_F wirkt auf den einzelnen Flügel und ist vom Drehmoment M zu unterscheiden, das auf die Drehachse des Bumerangs wirkt, s.u.). Diese drei Kräfte lassen sich unter dem Begriff 'Aerodynamische Kräfte' zusammenfassen. Sie treten stets zusammen auf und lassen sich nicht voneinander trennen. Das macht das Polar-Diagramm (Abb. 4.4) deutlich.

Im Gegensatz zur Masse (und damit zum Impuls) und zum Trägheitsmoment (und damit zum Drehimpuls) hängen diese Kräfte nicht von der Dichte bzw. Flächen-Masse des Materials, sondern ausschließlich von der Form des Körpers, seiner Position relativ zur Bewegungsrichtung und von seiner Geschwindigkeit ab.

Ein Bumerang ist im Wesentlichen ein flächenhafter Körper und besteht grundsätzlich aus der effektiven Fläche (Flügel) und der neutralen Fläche (Mittel-Teil) (s.o.). Erstere ist für das Eindrehen, letztere für das Flachlegen des Bumerangs verantwortlich. Beide zusammen führen zum Rückkehr-Flug (Kapitel 4.8).

Hier sollen diese Kräfte im Einzelnen besprochen werden.

- Die Aerodynamischen Kräfte an den Flügeln (effektive Fläche).
- Die Aerodynamischen Kräfte an der neutralen Fläche.
- Erklärungs-Modelle für die Aerodynamischen Kräfte.
- Die Auswirkungen der Aerodynamischen Kräfte.

Die Aerodynamischen Kräfte an den Flügeln (effektive Fläche)

Es gibt bei Bumerangs prinzipiell zwei Arten von Flügeln.

Sie können einerseits eine relevante Stärke (Dicke) von mehreren Millimetern haben. Dann verfügen sie meistens über ein angeschliffenes Profil, ähnlich dem Profil eines Flugzeug-Flügels. Häufig sind auch die Unterseiten schräg angeschliffen, um den Auftrieb zu erhöhen. Dieser Anschliff wird 'Bevel' genannt. Solche Flügel haben fast alle 'richtigen' Bumerangs, aber auch viele Leicht-Bumerangs und einige Zimmer-Bumerangs.

Anderseits können die Flügel aber auch flach sein (eine Stärke von bis zu einem Millimeter). Dann verfügen sie im Allgemeinen über kein Profil. Um trotzdem einen Auftrieb zu erzeugen, werden sie verdreht oder angeknickt, um einen Anstell-Winkel relativ zur Flugrichtung zu bekommen (s.u.). Das Anknicken erhöht zudem die Stabilität. Solche flachen Flügel haben die meisten Zimmer-Bumerangs, schon deshalb, weil für eine kleine Flug-Weite die Masse gering gehalten werden muss. Ausnahmen bilden Bumerangs aus sehr leichten Materialien wie beispielsweise Balsa-Holz oder Styrofoam.

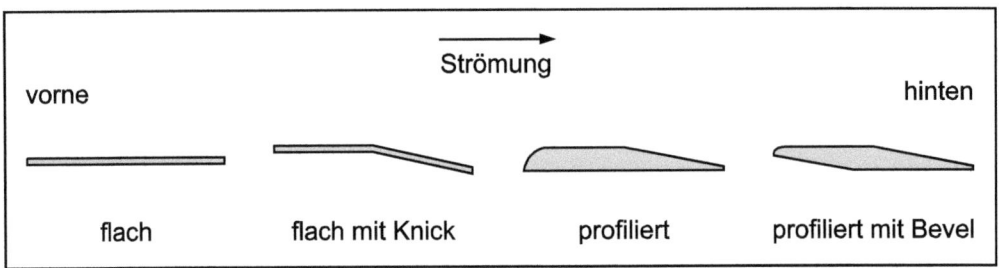

Abb. 4.2: Typische Bumerang-Flügel

In Abbildung 4.2 sehen Sie typische Bumerang-Flügel. Die beiden linken sind flache Flügel ohne und mit Knick, die beiden rechten sind dicke, profilierte Flügel ohne und mit Bevel.

Unabhängig von der Form eines Flügels ist sein Winkel relativ zur Flugrichtung von großer Bedeutung. Dieser Winkel wird 'Anstell-Winkel' genannt. Bei Flachen Flügeln entsteht er durch das Verdrehen oder Anknicken. Bei profilierten Flügeln kann er fest eingebaut sein. Auch ein Bevel hat den Effekt, einen Anstell-Winkel zu erzeugen (Kapitel 6.5, Abb. 6.1).

Bei flachen Flügeln kann nur der Anstell-Winkel einen Auftrieb erzeugen.

Doch entgegen vielen Annahmen bewirkt auch bei profilierten Flügeln der Anstell-Winkel den entscheidenden Anteil des Auftriebes (Abb. 4.4). Bei einem typischen Zimmer-Bumerang mit profilierten Flügeln und einem Anstell-Winkel von 10° beträgt dieser Anteil ca. 80%, auf das Profil entfallen nur ca. 20%.

Das zeigt, wie wichtig gerade bei Bumerangs, die nicht allzu weit fliegen sollen, der Anstell-Winkel (bzw. das 'Bevel') ist. Ein Zimmer-Bumerang nur mit Profil, aber ohne Anstell-Winkel und ohne Bevel ist fast undenkbar.

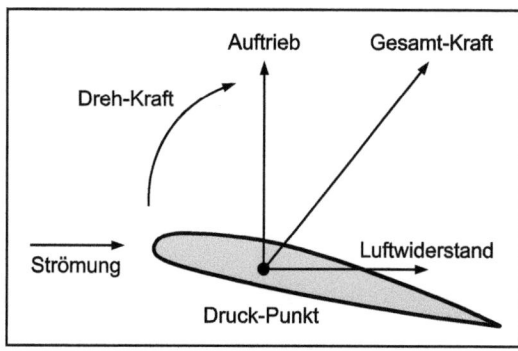

Abb. 4.3: Die Kräfte am Flügel

In jedem Falle wirken an einem Flügel stets drei aerodynamische Kräfte bzw. Momente. Diese sind der Auftrieb F_A, der Strömungs-Widerstand (Luft-Widerstand) F_W und die Dreh-Kraft F_D, die das Drehmoment M_F erzeugt. Abb. 4.3 zeigt diese Kräfte an einem profilierten Flügel mit einem gewissen Anstell-Winkel α.

Der Auftrieb wirkt senkrecht relativ zur Flugrichtung nach oben und sorgt z.B. beim Flugzeug dafür, dass es nicht herunterfällt. Beim Bumerang ist er maßgeblich für das Eindrehen auf eine Kreisbahn verantwortlich. Der Luft-Widerstand wirkt entgegengesetzt der Flugrichtung nach hinten und bewirkt somit eine Abbremsung. Auftrieb und Luft-Widerstand ergeben zusammen die Gesamt-Kraft. Beide Kräfte greifen am sogenannten Druckpunkt des Flügels an. Der Druckpunkt liegt im vorderen Teil des Flügels (auch das führt zum Auftreten der Dreh-Kraft).

Die Dreh-Kraft F_D versucht, den Flügel relativ zur Flugrichtung querzustellen (Abb. 4.3). Beim Flugzeug bewirkt sie, dass es mit der 'Nase' nach oben kippt. Beim Bumerang trägt sie zum Flachlegen bei (Kapitel 4.8). Die Dreh-Kraft hat ein entsprechendes Drehmoment M_F zur Folge. Es ist zu beachten, dass dieses Drehmoment, das wie die Dreh-Kraft ein Vektor ist, gemäß der 'Rechte-Hand-Regel' (Abb. 4.9) senkrecht zu der Dreh-Kraft gerichtet ist (Definition Drehmoment, Kapitel 4.5, Abb. 4.7) und somit von ihr unterschieden werden muss. Zudem nimmt das Drehmoment mit dem Abstand der angreifenden Dreh-Kraft vom Dreh-Punk zu. Da beide aber untrennbar miteinander verbunden sind, werden sie häufig synonym gebraucht, meistens wird nur vom Drehmoment gesprochen (der entsprechende unten genannte Beiwert c_M hat daher seien Namen, das 'M' steht für 'Moment').

Alle diese Kräfte sind proportional der Dichte ϱ der Luft, der Fläche A des Flügels und dem Quadrat der Geschwindigkeit v des Flügels relativ zur Luft. Beim Drehmoment geht zusätzlich noch die Breite des Flügels proportional ein. Die entsprechenden Proportionalitäts-Faktoren, auch Beiwerte genannt, werden für F_A, F_W, und M_F mit c_A, c_W und c_M bezeichnet (Auftriebs-Gleichung: $F_A = c_A \cdot \varrho \cdot v^2 \cdot A/2$). Sie kennen den Beiwert c_W für den Luft-Widerstand als 'CW-Wert' eines Autos.

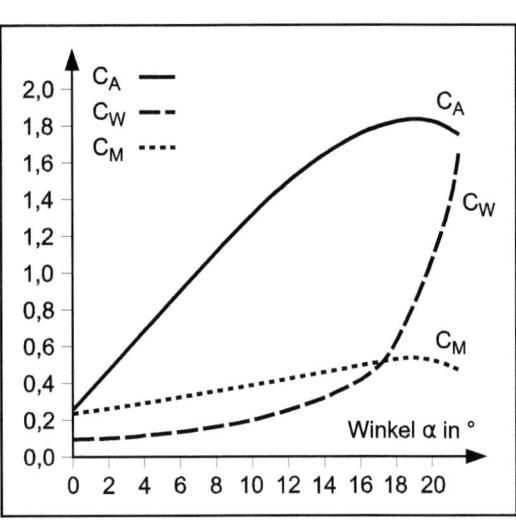

Abb. 4.4: Das Polar-Diagramm

Diese Faktoren oder Beiwerte hängen einerseits von der Form des Flügels, anderseits aber entscheidend vom Anstell-Winkel α ab. Abb. 4.4 zeigt diese Abhängigkeiten für einen typischen profilierten Flügel. Das Diagramm wird in der Flug-Physik 'Polar-Diagramm' genannt.

Der Auftriebs-Beiwert c_A (und damit der Auftrieb) ist bei einem Anstell-Winkel von 0° danach recht klein, steigt dann aber bis zu Winkeln von knapp 20° stark an. Das zeigt, wie groß der Effekt des Anstell-Winkels gegenüber dem Effekt des Profils ist (s.o.). Bei flachen Flügeln ohne Profil ist der Auftrieb bei 0° natürlich gleich 0. Bei Winkeln über 20° fällt der Auftrieb stark ab, das liegt am sogenannten 'Strömungs-Abriss', einer starken Wirbel-Bildung.

Nicht zu trennen vom Auftrieb ist der Luft-Widerstand (Beiwert c_W). Er bremst den Bumerang während des Fluges ab. Der Luft-Widerstand bleibt bis zu Anstell-

Winkeln von knapp 15° halbwegs konstant, steigt dann aber stark an. Auch das liegt an einer starken Wirbel-Bildung. Selbst bei flachen Flügeln ist der Luft-Widerstand natürlich niemals gleich Null, denn auch der dünnste Flügel hat immer noch eine gewisse Dicke (bei Zimmer-Bumerangs z.B. selten unter 0,5 mm).

Für Bumerangs, insbesondere für Leicht- und Zimmer-Bumerangs, sind daher Anstell-Winkel von ca. 5° bis 15° sinnvoll, nach meiner Erfahrung sind 10° ein guter Richt-Wert.

Das Drehmoment ist nicht so leicht abzuschätzen, dennoch aber immer vorhanden. Es versucht stets, den Flügel senkrecht zur Bewegungs-Richtung zu stellen (eigentlich versucht das die Dreh-Kraft, s.o.). Dieser Effekt wird bei der Betrachtung der Kräfte an der neutralen Fläche wichtig werden (Flächen-Effekt, s.u.). Er bewirkt das Flachlegen des Bumerangs.

Das Polar-Diagramm gilt für einen großen Geschwindigkeits-Bereich, der alle für Bumerangs relevante Geschwindigkeiten (Kapitel 4.11) beinhaltet.

Die Aerodynamischen Kräfte an der neutralen Fläche

Die gesamte Fläche des Bumerangs, insbesondere die neutrale Fläche, kann als großer, flacher Flügel ohne Profil aufgefasst werden, der sich mit der Translations-Geschwindigkeit des Bumerangs bewegt. Durch das Kippen der Drehachse des Bumerangs nimmt diese Fläche einen gewissen Winkel α zur Flugrichtung ein (Abb. 4.13). Somit erzeugt diese Fläche gemäß dem Polar-Diagramm einerseits einen Auftrieb, anderseits ein Drehmoment.

Der Auftrieb führt zur Änderung der Flugrichtung und bringt den Bumerangs auf eine Kreisbahn. Das Drehmoment hat das Flachlegen des Bumerangs zur Folge. Beide Effekte zusammen bewirken dann den Rückkehr-Flug (Kapitel 4.8).

Die Erklärung für das Flachlegen ist einfach. Die Dreh-Kraft auf die neutrale Fläche greift bei 9:00 Uhr an, wirkt sich aber wegen der Präzession des Kreisels (Kapitel 4.7) erst bei 6:00 Uhr aus. Das bedeutet, der Bumerang legt sich flach (Kapitel 4.8).

Das Flachlegen ergibt sich also völlig unkompliziert als eine direkte Folge des Drehmomentes bzw. der Dreh-Kraft, die auf jede Fläche wirkt, die sich relativ zur Luft in einem bestimmten Winkel bewegt. Das Polar-Diagramm macht es deutlich. Man braucht also, um das Flachlegen zu erklären, keinerlei wilden Annahmen über den ersten oder zweiten Flügel in einer irgendwie verwirbelten Luft. Selbst wenn es solche Effekte geben sollte, sind sie zur Erklärung des Flachlegens nicht notwendig.

Ich nenne diesen Effekt 'Flächen-Effekt'. Da er von besonderer Bedeutung ist, möchte ich noch einmal unabhängig vom Polar-Diagramm darauf eingehen.

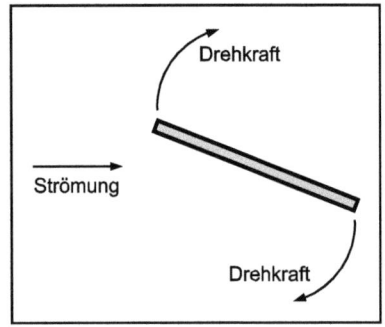

Eine Platte, die schräg zur Strömungs-Richtung steht, dreht sich senkrecht (quer) zur Strömungs-Richtung, nicht parallel zu ihr (Abb. 4.5). Das lässt sich beispielsweise mit der unterschiedlichen Lage der Staupunkte über und unter der Platte erklären, die zu einer entsprechenden Dreh-Kraft führen. Es gibt weitere Erklärungs-Möglichkeiten (Abb. 4.6), der Effekt ist aber immer der gleiche.

Man kann das gut mit einem Blatt Papier oder Karton überprüfen, das man in schräger oder fast senkrechter Ausgangs-Lage fallen lässt. Es

Abb. 4.5: Umströmte Platte

fällt nicht senkrecht, sondern stellt sich senkrecht zur Fall-Richtung (Strömungs-Richtung), also waagerecht, und fällt dann schaukelnd um die Waagerechte zu Boden.

Die Auswirkungen des Flächen-Effektes auf einen Bumerang, also auf das Flachlegen, kann man gut mit einem großen Ring-Bumerang (Kapitel 15.5) überprüfen. Er legt sich nur wenig flach und fliegt niedrig. Wenn man nun die innere Fläche (neutrale Fläche) des Ringes immer mehr vergrößert, indem man den Ring mit immer mehr Papier abklebt, so legt sich der Bumerang immer mehr flach und fliegt immer höher. Im Extremfall legt er sich fast sofort komplett flach und fliegt steil nach oben. Da das Papier kaum eine Masse hat, ist also nichts an dem Bumerang verändert worden, außer seiner (neutralen) Fläche.

Erklärungs-Modelle für die Aerodynamischen Kräfte

Die Aerodynamik ist ein sehr kompliziertes Gebiet der Physik. Nicht umsonst werden bis heute umfangreiche Versuche in Strömungs- und Wind-Kanälen gemacht, um beispielsweise die Druck-Verhältnisse an Flugzeug-Flügeln zu untersuchen.

Um die Druck-Verhältnisse mathematisch-theoretisch zu beschreiben, können die sogenannten 'Navier-Stokes-Gleichungen' benutzt werden. Sie sind leider sehr komplex und in geschlossener Form nicht allgemein lösbar.

Daher werden zur Erklärung des Auftriebs bestimmte vereinfachte Modelle[1] benutzt, die allerdings alle gewisse Mängel aufweisen.

Ein leider immer noch häufig benutztes Modell beruht auf der sogenannten 'Bernoulli-Gleichung'. Seit den 80-ziger Jahren des letzten Jahrhunderts wird allerdings in diversen Publikationen insbesondere auch aus dem pädagogischen Bereich darauf hingewiesen, dass 'Bernoulli' für die Erklärung des Auftriebs mehr als ungeeignet ist. Exemplarisch nenne ich die wissenschaftliche Prüfungsarbeit von Lena Altherr von 2010[2]. Man kann aber auch einfach bei 'Wikipedia' nachsehen.

Hier seien nur einige der Argumente genannt, warum 'Bernoulli' zur Erklärung des Auftriebs nicht taugt.

- Die Bernoulli-Gleichungen gelten nur für inkompressible, viskosefreie, ideale Fluide (keine innere und äußere Reibung, also z.B. auch keinerlei Grenzschicht-

---

[1] Physikalische Modelle sind mehr oder weniger anschauliche Werkzeuge und Hilfsmittel, um zu erklären und möglichst sogar vorherzusagen, was in der Natur geschieht. Sie sind stets eine Vereinfachung der Natur und der Wirklichkeit. Die Modelle selbst sind weder richtig noch falsch, sondern nur für einen bestimmten Zweck geeignet oder nicht geeignet. Stimmen die Aussagen eines Modells nicht oder nicht mehr mit der Wirklichkeit überein, so muss dieses Modell verworfen und möglichst durch eines ersetzt werden, das die Wirklichkeit besser erklären kann. Als Beispiel sei das bekannte 'Bohrsche Atom-Modell' genannt.

[2] [3] Lena Michaela Altherr, Wissenschaftliche Prüfungsarbeit, Erste Staatsprüfung, Johannes Gutenberg-Universität Mainz, Institut für Physik, 2010.

Effekte) in einem abgeschlossenen, wirbelfreien Gebiet (annähernd beispielsweise Flüssigkeiten in einem geschlossenen Rohr-System). Nichts davon ist beim Flügel in der Luft gegeben. Alles ist eher genau umgekehrt.

- Es wird angenommen, dass die Luft-Teilchen, die an der Flügel-Vorderkante zusammen liegen, das auch hinter dem Flügel wieder tun. Auch das stimmt aber nicht. Die oberen Luft-Teilchen kommen eher an als die unteren. Das führt zu einem Unterdruck oben und damit zu einem Wirbel an der Hinter-Kante gegen den Uhrzeiger-Sinn. Das ist ein Widerspruch zu 'Bernoulli' (Wirbel).

- Die größere Geschwindigkeit der Luft oberhalb des Flügels aufgrund des längeren Weges gegenüber der Luft unterhalb dient als Argument für einen kleineren statischen Druck an der Oberseite des Flügels. Dann dürften flache Flügel mit Anstell-Winkel aber keinerlei Auftrieb erzeugen. Das widerspricht jeder Wirklichkeit.

- Die Annahme, eine größere Geschwindigkeit sei ein Grund für einen Unterdruck, ist aus der 'Bernoulli-Gleichung' nicht abzuleiten. 'Bernoulli' beschreibt nur einen Sachverhalt, sagt aber nichts über irgendwelche kausalen Zusammenhänge aus.

Das zeigt, dass mit 'Bernoulli' oft in Situationen argumentiert wird, in denen 'Bernoulli' von vornherein überhaupt nicht gilt.

Als weiteres Beispiel möchte ich einen zuweilen vorgestellten Versuch nennen, bei dem ein Wasserstrahl an der konvexen (nach außen gewölbten) Seite eines Löffels entlang geführt wird und dieser dem Profil des Löffels folgt. Auch das hat nichts mit 'Bernoulli' zu tun, schon deshalb nicht, weil es nur eine Geschwindigkeit des Wassers gibt, die eine Geschwindigkeit des Wasserstrahles, nicht etwa zwei verschiedene Geschwindigkeiten. Daher hat dieser Versuch auch nichts mit der Erklärung des Auftriebs zu tun. Der Versuch ist hingegen problemlos mit dem sogenannten 'Coanda-Effekt' zu erklären, nach dem eine Flüssigkeit an einer Oberfläche aufgrund molekularer Kräfte (Van-der-Waals-Kräfte) anhaftet.

Es gibt eine Reihe von anderen physikalischen Modellen, um den Auftrieb verständlich zu erklären. Ich nenne hier nur einmal das 'Impuls-Modell', bei dem der Impuls-Erhaltungssatz auf die Luft angewandt wird, die durch den Flügel nach unten abgelenkt wird oder das 'Zirkulations-Modell'.

4.2 Der Dynamische Auftrieb

Bei meinen Recherchen habe ich am Institut für Luft- und Raumfahrt[1] der TU Berlin eine überzeugende Argumentation gehört, die ich hier kurz vorstellen möchte.

Wir nehmen die Luft einmal so, wie sie wirklich ist, also kompressibel und vor allem mit innerer Reibung.

Betrachten wir nun einen flachen Flügel mit einem bestimmten Anstell-Winkel (Abb. 4.6). An der Vorderkante nimmt die Luft, die über den Flügel hinwegstreicht, aufgrund der inneren Reibung Luft-Teilchen mit, die sich hinter der oberen Kante befinden. Da die Luft kompressibel ist, entsteht hinter der Kante ein Bereich mit weniger Luft-Teilchen pro Volumen als in der umgebenden Luft (ggfs. entstehen dort sogar kleine Wirbel). Dadurch entsteht ein Unterdruck (nach der Kinetischen Gas-Theorie). An der Hinterkante ist dieser Effekt auch vorhanden, aber viel geringer, da der Einfluss der vorbeistreichenden Luft geringer ist.

An der Unterseite des Flügels wird die Luft insbesondere in der Nähe der Vorderkante hingegen relativ zur umgebenden Luft komprimiert, es entsteht ein Bereich mit mehr Luft-Teilchen pro Volumen als in der umgebenden Luft, was zu einem Überdruck führt.

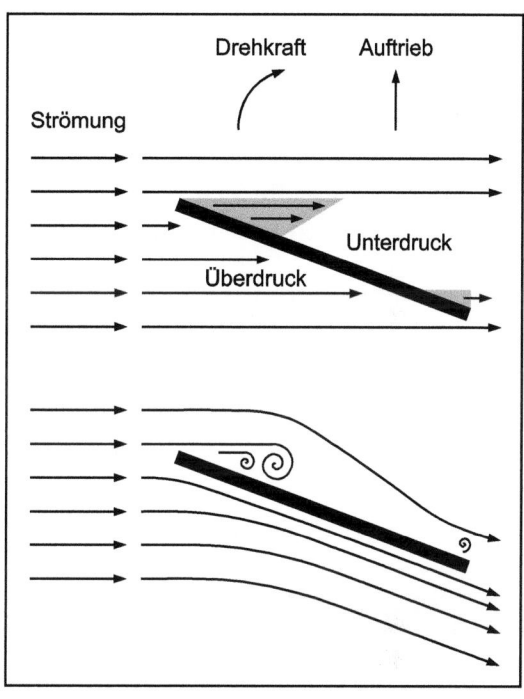

Abb. 4.6: Auftrieb am flachen Flügel

---

[1] [4] Technische Universität Berlin, Institut für Luft- und Raumfahrt, Arbeitsgruppe Prof. Dr. Grund, Dipl.-Phys. Stephan Löffler, persönliche Mitteilung, 2016.

Somit ergibt sich ein Auftrieb des Flügels nach oben. Da die o.g. Effekte aber vor allem an der Vorderkante auftreten, erfährt der Flügel gleichzeitig eine Dreh-Kraft, die ihn senkrecht zur Flugrichtung stellen will (in Abb. 4.6 nach rechts, im Uhrzeiger-Sinn).

Damit sind beide für den Bumerang relevanten Effekte, der Auftrieb und das Drehmoment, komplikationslos und einleuchtend erklärt. Der Auftrieb führt zum Eindrehen auf eine Kreisbahn, das Drehmoment (bzw. die Dreh-Kraft) zum Flachlegen und beide zusammen zum Rückkehr-Flug des Bumerangs.

Es sei hier noch auf eine gewisse Ironie hingewiesen. Der Unterdruck über dem Flügel im vorderen Bereich führt dazu, dass sich Luft-Teilchen oberhalb des Flügels in den Unterdruck-Bereich bewegen und dabei beschleunigt werden. Sie erhöhen also ihre Geschwindigkeit. Spricht das nicht für 'Bernoulli'? In gewisser Weise ja, aber nur insoweit, als dass hier der Unterdruck mit einer Geschwindigkeits-Erhöhung einhergeht. Die Kausal-Kette ist aber gerade umgekehrt als bei der Argumentation nach 'Bernoulli'. Die höhere Geschwindigkeit ist nicht die Ursache, sondern die Folge des Unterdruckes. Bedenkt man aber, dass die 'Bernoulli-Gleichungen' eigentlich nur einen Zustand beschreiben, aber keinerlei Aussagen über kausale Zusammenhänge machen, dann lässt sich sogar ein wenig von 'Bernoulli' retten.

Die Auswirkungen der Aerodynamischen Kräfte

Die Aerodynamischen Kräfte bewirken zusammen mit den Kreisel-Effekten (Kapitel 4.7) den Rückkehr-Flug des Bumerangs (Kapitel 4.8).

Der Auftrieb an den Flügeln hat das Drehen des Bumerangs um eine senkrechte Achse zur Folge. Der Auftrieb an der gesamten Bumerang-Fläche führt dann zur Änderung der Flugrichtung, also zum Eindrehen.

Die Dreh-Kraft an der gesamten Fläche hat das Drehen des Bumerangs um eine waagerechte Achse zur Folge und führt zum Flachlegen des Bumerangs. Ohne dieses Flachlegen würde der Bumerang während des Fluges vor dem Werfer abstürzen.

Beide Effekte zusammen haben dann zwingend den Rückkehr-Flug zur Folge.

4.3 Die Physik der Bewegungen

Die Masse m ist eine Eigenschaft der Materie und eine Basisgröße des SI-Systems. Sie ist ein Maß für den Widerstand eines Körpers gegenüber einer Änderung seiner Bewegung durch eine Kraft. Bewegt sich eine Masse, dann führt das zu einem Impuls bzw. einem Drehimpuls, je nachdem, ob es sich um eine geradlinige Translations-Bewegung oder aber um eine Dreh-Bewegung (Rotation) handelt. Zusätzlich sind der Impuls und der Drehimpuls stets mit einer entsprechenden Bewegungs-Energie verbunden, die aber hier nicht weiter betrachtet wird, da ich sie für die Erklärungen des Bumerang-Fluges nicht weiter berücksichtige.

Während uns die Translation-Bewegung unmittelbar eingängig erscheint, ist das bei der Rotations-Bewegung bei weitem nicht so. Auch bei den entsprechenden Größen, die die Bewegungen beschreiben, ist das nicht anders. Daher hier eine Gegenüberstellung.

Translation	Beziehung	Rotation	Beziehung
Weg s	Grund-Größe	Winkel σ	Grund-Größe
Masse m	Grund-Größe	Trägheitsmoment J	$J = m \cdot s^2$
Geschwindigkeit v	$v = s / t$	Winkel-Geschwindigkeit ω	$\omega = \sigma / t$
Beschleunigung a	$a = v / t$	Winkel-Beschleunigung α	$\alpha = \omega / t$
Impuls p	$p = m \cdot v$	Drehimpuls L	$L = J \cdot \omega$
Translations-Energie E	$E = m \cdot v^2 / 2$	Rotations-Energie E	$E = J \cdot \omega^2 / 2$
Kraft F dynamisch	$F = m \cdot v / t$ $F = p / t$ $F = m \cdot a$	Drehmoment M dynamisch Drehmoment M statisch	$M = J \cdot \omega / t$ $M = J \cdot \alpha$ $M = L / t$ $M = F \cdot s$

Tab. 4.1: Zusammenhang zwischen den Größen der Translation und der Rotation

Die Masse m bei der Translations-Bewegung entspricht dem Trägheitsmoment J (s.u.) bei der Rotations-Bewegung.

Die Masse m und das Trägheitsmoment J sind skalare Größen, das heißt, sie haben nur einen Betrag, aber keine Richtung. Demgegenüber sind Impuls und Drehimpuls wie auch Geschwindigkeit und Winkel-Geschwindigkeit vektorielle Größen, sie haben sowohl einen Betrag als auch eine Richtung[1].

Masse, Impuls und Drehimpuls sind Erhaltungs-Größen und gehorchen dem Erhaltungssatz[2], sie bleiben also jeweils in ihrer Gesamtheit in einem geschlossenen System zeitlich konstant und verändern sich nicht.

Der 'normalen' Translations-Geschwindigkeit bei der Translation, der Einfachheit halber nur 'Geschwindigkeit' genannt, entspricht bei der Rotation die Winkel-Geschwindigkeit, die den Winkel σ angibt, der pro Zeiteinheit überstrichen wird. Nun ist aber mit dem Winkel auch ein gewisser Weg verbunden, den eine Masse zurücklegt, wenn sie um einen Drehpunkt rotiert. Dieser Weg ist neben der Winkel-Geschwindigkeit ω auch vom Abstand r der Masse zum Drehpunkt abhängig. Damit ergibt sich eine durch die Rotation verursache 'normale' Geschwindigkeit, die ich im Folgenden als Rotations-Geschwindigkeit v_R bezeichne ($v_R = \omega \cdot r = \sigma \cdot r / t$). Sie ist zu unterscheiden sowohl von der 'normalen' Geschwindigkeit v der Translations-Bewegung als auch von der Winkel-Geschwindigkeit ω der Rotation.

Für Bewegungen gelten die sogenannten 'Newton'schen Gesetze', das erste ist das sogenannte Trägheits-Gesetz. Danach bleibt ein Körper im Zustand der Ruhe, der gleichförmig geradlinigen (translatorischen) Bewegung oder der konstanten Rotations-Bewegung, solange keine Kräfte auf ihn einwirken. Das bedeutet, dass sich dann seine Geschwindigkeit weder in der Größe (im Betrag) noch in der Richtung ändert, Impuls und Drehimpuls (Kapitel 4.6) bleiben erhalten.

Erst eine Kraft F, auch eine vektorielle Größe, die auf einen Körper einwirkt, führt zu einer Änderung der Geschwindigkeit v bzw. der Winkel-Geschwindigkeit ω mit der Zeit und damit zu einer Änderung des Impulses p bzw. des Drehimpulses L mit

---

[1] Ich verzichte der Übersichtlichkeit wegen generell auf den 'Strich' über den vektoriellen Größen.

[2] Als Erhaltungssatz bezeichnet man in der Physik die Tatsache, dass sich der Gesamt-Wert der sogenannten Erhaltungs-Größe in abgeschlossenen Systemen zeitlich nicht ändert. Erhaltungs-Sätze gehören zu den Grund-Prinzipien der Physik. Die Erhaltungs-Größen sind die Energie, der Impuls, der Drehimpuls, die Ladung und unter gewissen Bedingungen die Masse (bei kleinen, nicht-relativistischen Geschwindigkeiten).

der Zeit. Wie diese Änderungen aussehen, beschreibt das zweite Newton'sche Gesetz, das auch Aktions-Gesetz oder Grundgesetz der Dynamik genannt wird[1].

Da es um die Änderung der Geschwindigkeit bzw. der Winkel-Geschwindigkeit mit der Zeit geht, lauten die entsprechenden Gleichungen (Tab. 4.1) eigentlich $F = m \cdot dv/dt$ und $M = J \cdot d\omega/dt$. Das Gleiche gilt für die Beschleunigung bzw. die Winkel-Beschleunigung. Das 'd' vor einer Größe gibt an, dass es sich nicht um die Größe selbst, sondern um deren Änderung handelt. Das wird beispielsweise bei der Besprechung der Präzession des Kreisels (Kapitel 4.7) noch wichtig sein. Der Einfachheit halber und vor allem, um die Texte leichter lesbar zu machen, benutze ich trotzdem die vereinfachten Schreibweisen $F = m \cdot v/t$ bzw. $M = J \cdot \omega/t$.

4.4 Die Translations-Bewegung

Bei der Translations-Bewegung bewegt sich eine Masse oder ein Körper in eine bestimmte Richtung mit einer bestimmten Geschwindigkeit. Die Geschwindigkeit ist eine vektorielle Größe. Der Betrag gibt den Weg an, um den sich ein Körper in einer bestimmten Zeit bewegt. Die Richtung zeigt in die Bewegungs-Richtung.

Bewegt sich eine Masse geradlinig, dann führt das zu einem Impuls p (s.u.).

Das Trägheits-Gesetz (Kapitel 4.3) besagt, dass ein Körper im Zustand der Ruhe oder der gleichförmig geradlinigen (translatorischen) Bewegung bleibt, solange keine Kräfte auf ihn einwirken. Gleichförmig bedeutet, dass sich neben der Richtung auch der Betrag der Geschwindigkeit nicht ändert, der Körper wird also weder langsamer noch schneller. Damit ändert sich auch der Impuls nicht. Das ist der Impuls-Erhaltungssatz.

Erst eine Kraft F, eine vektorielle Größe, die auf eine Masse m einwirkt, führt nach dem Aktions-Gesetz (Kapitel 4.3) zu einer Änderung der Geschwindigkeit v gemäß

---

[1] Es sei hier angemerkt, dass die Kraft eine sehr unanschauliche Größe ist, da man sie selbst weder sehen noch messen kann. Erst durch ihre Wirkungen tritt sie in Erscheinung. Diese Wirkungen können neben einer Bewegungs-Änderung eines Körpers auch beispielsweise Deformationen von Körpern wie die Dehnung einer Feder sein.

der Beziehung 'Kraft = Masse mal Beschleunigung' oder $F = m \cdot v/t = m \cdot a$ (die Änderung der Geschwindigkeit mit der Zeit, also v/t, ist die Beschleunigung a).

Ändert sich die Geschwindigkeit durch eine einwirkende Kraft, dann verändert sich auch der Impuls.

Der Impuls p ist wie die Kraft eine gerichtete, vektorielle Größe und hat damit eine Richtung und einen Betrag. Die Richtung des Impulses stimmt mit der Bewegungsrichtung des Objekts überein. Der Betrag des Impulses p ist das Produkt aus der Masse m und der Geschwindigkeit v, $p = m \cdot v$. Er nimmt also proportional mit der Masse und der Geschwindigkeit zu. Ändert sich die Geschwindigkeit durch eine einwirkende Kraft, dann verändert sich also auch der Impuls.

Der Impuls charakterisiert ausschließlich die Translations-Bewegung, nicht jedoch eine eventuelle Rotation des Objekts um einen gewissen Drehpunkt. Daher ist der Impuls zu unterscheiden vom Drehimpuls (Kapitel 4.5).

Auf den Bumerang bezogen bedeutet das Trägheits-Gesetz, dass er ohne eine zusätzliche Kraft nach dem Abwurf wie jeder andere Gegenstand auch geradeaus fliegen würde (abgesehen von der Schwerkraft, die ihn irgendwann zu Fall bringt). Seine Rotation würde er unverändert (abgesehen von der Abbremsung durch die Luftreibung) unverändert beibehalten. Er würde also nicht zum Werfer zurückkehren. Wenn er es doch tut, muss es also entsprechende Kräfte geben, die auf ihn einwirken.

Diese Kräfte werden durch die Flügel erzeugt, die wie bei einem Flugzeug einen Auftrieb erfahren. Ein Flugzeug würde ohne Flügel wegen der Schwerkraft herunterfallen, ein Bumerang würde geradeaus fliegen. Nun ist die Kraft der Flügel aber begrenzt, daher dürfen sowohl das Flugzeug als auch der Bumerang nicht zu schwer sein. Stellen Sie sich einen großen Stein mit Bumerang-Flügeln daran vor. Sie können ihn werfen, wie Sie wollen, er wird sich nicht weiter um die Flügel 'kümmern', geradeaus fliegen und bestimmt nicht zu Ihnen zurückkehren.

Doch auch wenn die Auftriebs-Kraft der Flügel groß genug für einen Rückkehr-Flug ist, wird das Trägheitsgesetz seine Gültigkeit nicht verlieren. Die Masse und der Impuls führen immer zu einem gewissen Geradeaus-Flug, insbesondere zu Beginn des Fluges, wo die Geschwindigkeit am größten ist. Auch der beste 'Kreis-Flug' eines Bumerangs wird daher immer auch eine translatorische Komponente haben und somit immer eine Ellipse, niemals aber ein exakter Kreis sein. Daraus folgt, dass ein Bumerang ohne das sogenannte 'Flachlegen' (s.u.) niemals zum Werfer zurückkehren könnte, er würde immer vor ihm landen, auch wenn er perfekt eingedreht haben sollte.

Das bedeutet auch, dass ein Bumerang generell eher leicht als schwer sein sollte, insbesondere dann, wenn er wie im Falle von Leicht- und Zimmer-Bumerangs nicht allzu weit fliegen soll. Es gibt gewisse Ausnahmen von dieser Regel, um beispielsweise bestimmte Effekte zu erzielen (Kapitel 6.9, 7.4, 9.3).

4.5 Die Rotations-Bewegung

Da uns Bumerangs und damit ausgedehnte, starre Köper interessieren, betrachte ich hier im Wesentlichen die Rotation starrer Körper, nicht die Rotation eines Masse-Punktes um eine Achse. Trotzdem kann man sich einen starren Körper aus vielen einzelnen Masse-Punkten zusammengesetzt vorstellen, die gegeneinander nicht verschoben werden können und um eine gemeinsame Achse rotieren.

Bei der Rotations-Bewegung rotiert ein Körper um eine bestimmte Drehachse mit einer bestimmten Winkel-Geschwindigkeit. Die Winkel-Geschwindigkeit ω ist eine vektorielle Größe. Der Betrag gibt den Winkel an, um den sich ein Körper in einer bestimmten Zeit dreht. Die Richtung zeigt in die Richtung der Drehachse und gehorcht der 'Rechte-Hand-Regel' (Abb. 4.9). Die Winkel-Geschwindigkeit ω bei der Rotation entspricht der Geschwindigkeit v bei der Translation.

Rotiert ein Körper um eine Drehachse, dann führt das zu einem Drehimpuls L (s.u., Abb. 4.8).

Das Trägheits-Gesetz (Kapitel 4.3) besagt, dass ein Körper seine Rotations-Bewegung beibehält, solange keine Kräfte auf ihn einwirken. Das bedeutet, dass sich weder der Betrag noch die Richtung der Winkel-Geschwindigkeit ändern, der Körper rotiert also weder langsamer oder schneller, noch ändert sich die Richtung der Drehachse. Damit ändert sich auch der Drehimpuls nicht. Das ist der Drehimpuls-Erhaltungssatz (Kapitel 4.6).

Erst ein Drehmoment M (Abb. 4.7), auch eine vektorielle Größe, das auf den Körper einwirkt, führt nach dem Aktions-Gesetz (Kapitel 4.3) zu einer Änderung der

Winkel-Geschwindigkeit ω gemäß der Beziehung 'Drehmoment = Trägheitsmoment mal Winkel-Beschleunigung' oder $M = J \cdot \omega/t = J \cdot \alpha$ (die Änderung der Winkel-Geschwindigkeit mit der Zeit, also ω/t, ist die Winkel-Beschleunigung α).

Das Trägheitsmoment J (auch Massenträgheitsmoment genannt) ist ein Maß für den Widerstand eines rotierenden Körpers gegenüber einer Änderung seiner Rotations-Bewegung. Es entspricht der Masse m eines sich geradlinig, translatorisch bewegenden Körpers.

Das Trägheitsmoment hängt jedoch nicht nur von der Masse selbst, sondern auch von der Massenverteilung in Bezug auf die Drehachse ab. Das Trägheitsmoment eines Körpers kann also immer nur in Bezug auf eine bestimmte Drehachse angegeben werden. Je weiter eine Masse von der Drehachse entfernt ist, desto größer wird das Trägheitsmoment, dabei geht der Abstand sogar quadratisch ein. Ein doppelter Abstand bedeutet also ein vierfaches Trägheitsmoment. Eine Masse m, die sich von einer Drehachse in der Entfernung s befindet, führt zu einem Trägheitsmoment $J = m \cdot s^2$ bezüglich dieser Achse. Um das Trägheitsmoment eines ganzen Körpers zu ermitteln, ist daher das entsprechende Integral (eine Art 'Summe') über den Körper zu berechnen, was bei komplizierten Formen nur schwer möglich ist.

Hier die Trägheitsmomente J einiger einfacher, dünner Körper, die bei Bumerangs relevant sein können, jeweils mit der Masse m und der Flächen Masse ϱ_F (s.o.) in den Berechnungs-Formeln.

4.5 Die Rotations-Bewegung   4 Der Rückkehr-Flug des Bumerangs

Körper	J mit m	J mit ρ_F
Masse-Punkt im Abstand r von der Drehachse (z.B. ein Gewicht).	$J = m \cdot r^2$	-
Rechteck mit der Länge l und der Breite b, Drehachse in der Mitte.	$J = m \cdot (l^2+b^2) / 12$	$J = \rho_F \cdot A \cdot (l^2+b^2) / 12$ $J = \rho_F \cdot (b \cdot l^3 + l \cdot b^3) / 12$
Schmales Rechteck mit der Länge l und der Breite b, Drehachse in der Mitte.	$J = m \cdot l^2 / 12$	$J = \rho_F \cdot A \cdot l^2 / 12$ $J = \rho_F \cdot b \cdot l^3 / 12$
Schmales Rechteck mit der Länge l und der Breite b, Drehachse am schmalen Ende (Bumerang-Flügel mit konstanter Breite).	$J = m \cdot l^2 / 3$	$J = \rho_F \cdot A \cdot l^2 / 3$ $J = \rho_F \cdot b \cdot l^3 / 3$
Schmales, symmetrisches Trapez mit der Länge l und den Breiten b_K (kleinere) und b_G (größere), Drehachse am schmalen (kleineren) Ende (Bumerang-Flügel mit verschiedenen Breiten an den Enden).	-	$J = \rho_F \cdot l^3 \cdot (3 b_G + b_K) / 12$
Voll-Kreis mir dem Radius r, Drehachse in der Mitte.	$J = m \cdot r^2 / 2$	$J = \rho_F \cdot A \cdot r^2 / 2$ $J = \rho_F \cdot \pi \cdot r^4 / 2$
Ring mit dem Innen-Radius r_i und dem Außen-Radius r_a, Drehachse in der Mitte.	$J = m \cdot (r_a^2 + r_i^2) / 2$	$J = \rho_F \cdot A \cdot (r_a^2 + r_i^2) / 2$ $J = \rho_F \cdot \pi \cdot (r_a^4 - r_i^4) / 2$
Schmaler Ring mit dem Innen-Radius r und der Breite b, Drehachse in der Mitte.	$J = m \cdot r^2$	$J = \rho_F \cdot A \cdot r^2$ $J = 2 \cdot \rho_F \cdot \pi \cdot b \cdot r^3$

Tab. 4.2: Trägheitsmomente einiger einfacher, dünner Körper, A = Fläche

Von besonderer Bedeutung ist diejenige Drehachse, die durch den Schwerpunkt eines Körpers geht. Ein Bumerang rotiert im Flug um diese Drehachse. Das Trägheitsmoment nimmt in Bezug auf diese Achse den kleinsten Wert an. Kennt man dieses Trägheitsmoment J_S und die Masse des Körpers m, so lässt sich das Trägheitsmoment J bezüglich einer anderen Drehachse im Abstand s vom Schwerpunkt mit dem 'Satz von Steiner' berechnen, es beträgt dann $J = J_S + m \cdot s^2$.

Mit dieser Beziehung kann man das Trägheitsmoment eines Bumerangs unter gewissen Bedingungen recht gut abschätzen. Betrachten wir als Beispiel einen Drei-Flügler mit rechteckigen Flügeln, die an den Enden zusammengesetzt sind (Bumerang 'Drei-Flügel', Kapitel 13.11). Jeder einzelne Flügel der Länge 1 hat (gemäß Tab. 4.2, 3. Eintrag von oben) ein Trägheitsmoment J_s bezogen auf den Schwerpunkt, also die Mitte des Flügels, von $J_S = m_R \cdot l^2/12$ (m_R ist die Masse des Rechteckes). Da der Drehpunkt des Flügels aber an dessen Ende liegt, also um die halbe Flügel-Länge $l/2$ verschoben ist, ergibt sich nach dem Satz von Steiner ein Trägheitsmoment J von $J = m_R \cdot l^2/3$. Dieser Wert steht auch genauso in Tabelle 4.2 (4. Eintrag von oben). Das ist das Vierfache von J_S. Das verdeutlicht, wie stark das Trägheitsmoment vom Drehpunkt und dem Abstand der Massen von ihm abhängt. Wegen der drei Flügel beträgt dann also das gesamte Trägheitsmoment J_G des Bumerangs 3-mal J, also $J_G = m_R \cdot l^2$. Da nun die Gesamt-Masse m des Bumerangs gleich 3-mal m_R ist (Drei-Flügler), entspricht das einem Gesamt-Trägheitsmoment von $J_G = m \cdot l^2/3$.

Dabei machen wir uns die Tatsache zunutze, dass das Gesamt-Trägheitsmoment eines Körpers gleich der Summe der Einzel-Trägheitsmomente seiner Teile (bezogen auf die gleiche Drehachse) ist.

Verschieben wir den Drehpunkt eines Flügels um die ganze Flügel-Länge l bezogen auf die Flügel-Mitte, das entspricht einem Ring-Bumerang ('Großer-Ring', Kapitel 15.5), mit einem Ring-Durchmesser von l, so gibt sich für das einzelne Rechteck nach dem Satz von Steiner ein Trägheitsmoment J von $J = m_R \cdot l^2 \cdot 13/12$, für den ganzen Bumerang also $J_G = m_R \cdot l^2 \cdot 13/4$ oder $J_G = m \cdot l^2 \cdot 13/12$. Das ist mehr als das Dreifache des Trägheitsmomentes im Falle des Drei-Flüglers ohne Ring. Der Ring selbst ist dabei nicht berücksichtig worden.

Kennen wir das Trägheitsmoment J des Flügels bezogen auf das Flügel-Ende, so können wir auch angeben, wo ggfs. Gewichte so anzubringen sind, dass sie so wirken, als würden die Flügel aus einem schwereren Material bestehen. Der Punkt für die Gewichte ergibt sich dann nämlich durch das Gleichsetzen des Trägheitsmomentes J eines schmalen Rechtecks mit der Länge l (laut Tab. 4.2: $J = m \cdot l^2/3$) mit dem Trägheitsmoment J_P einer punktförmigen Masse m im Abstand s vom Schwerpunkt (laut Tab. 4.2: $J_P = m \cdot s^2$), also durch die Gleichung $m \cdot s^2 = m \cdot l^2/3$. Daraus folgt für den Abstand s die Beziehung $s = l/$(Wurzel aus 3), also ein Abstand vom Bumerang-Mittelpunkt von ca. 57,7% der Flügel-Länge l, also etwas weiter entfernt als die Mitte des Flügels (Kapitel 6.9).

Bei einem Ring-Bumerang wie Solaris mit einem Ring-Durchmesser d muss entsprechend der Abstand $l/2 + d/2$ vom Schwerpunkt betrachtet werden. Dadurch wandert der o.g. Punkt für die Gewichte immer mehr in die Mitte des Flügels (50% der Flügel-Länge l), je größer der Ring-Durchmesser d ist.

Diese Beispiele und auch die Tabelle der Trägheitsmomente sollen deutlich machen, wie die Massen-Verteilung durch die verschiedenen Abstände der Massen vom Drehpunkt das Trägheitsmoment beeinflusst. Das wird für spätere Betrachtungen (z.B. bei der Flug-Weite) noch wichtig sein. Die exakte Berechnung der Trägheitsmomente von Bumerangs dürfte eher selten von Interesse sein. Trotzdem sei hier angemerkt, um eine ungefähre Vorstellung zu bekommen, dass beispielsweise das Trägheitsmoment des Zimmer-Bumerangs 'Libra' in 0,5 mm Polystyrol (Kapitel 13.5) ca. $1,5 \cdot 10^{-5}$ kg·m² beträgt. Das sind 15 Millionstel kg·m².

Das Trägheitsgesetz bedeutet hier, dass sich der Drehimpuls L (Abb. 4.8) eines rotierenden Körpers weder in der Größe (Betrag) noch in der Richtung ändert, solange keine Kräfte auf ihn einwirken. Um den Drehimpuls eines Körpers zu ändern bzw. einen ruhenden Körper in Drehung zu versetzen, muss also eine Kraft (Dreh-Kraft), die ein Drehmoment erzeugt, auf ihn einwirken. Das ist der Drehimpuls-Erhaltungssatz (Kapitel 4.6).

Erst das Drehmoment M (Abb. 4.7) führt zu einer Änderung der Winkel-Geschwindigkeit ('Rotations-Geschwindigkeit') ω gemäß der Beziehung 'Drehmoment = Trägheitsmoment mal Winkel-Beschleunigung' oder $M = J \cdot \omega/t = L/t$ (Die Änderung der Winkel-Geschwindigkeit mit der Zeit, also ω/t, ist die Winkel-Beschleunigung α). Mit der Winkel-Geschwindigkeit ändert sich entsprechend der Beziehung 'Drehimpuls = Trägheitsmoment mal Winkel-Geschwindigkeit' oder $L = J \cdot \omega$ automatisch auch der Drehimpuls L (Abb. 4.8).

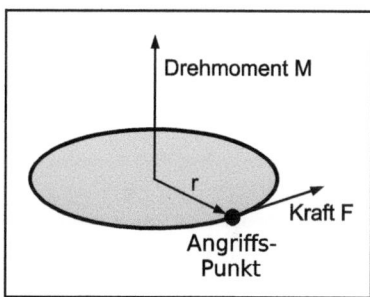

Abb. 4.7: Das Drehmoment

Das Drehmoment M bei der Rotations-Bewegung entspricht der Kraft F bei der geradlinigen Translations-Bewegung. Es ist eine vektorielle Größe und hat somit einen Betrag und eine Richtung. Es wird durch eine Kraft F hervorgerufen, die an einem Körper in einem Angriffspunkt K in einem gewissen Abstand r vom Drehpunkt D angreift. Ich nenne diese drehende Kraft auch Dreh-Kraft. Dabei trägt nur der Anteil F_S der Kraft, der senkrecht zur Verbindungs-Geraden von K und D steht, zum Drehmoment bei. Der Betrag des Drehmomentes M ist gleich dem Produkt aus der Kraft und der Länge r, also $M = F_S \cdot r$. Die Richtung des Drehmomentes steht senkrecht auf der Kraft und der Verbindungs-Geraden von K und D. Das Drehmoment nimmt also proportional mit der Kraft und dem Abstand r des Angriffspunktes der Kraft vom Drehpunkt zu.

Der Drehimpuls (Abb. 4.8). ist eine gerichtete, vektorielle Größe und hat damit eine Richtung und einen Betrag. Im Gegensatz zum Impuls ist uns der Drehimpuls intuitiv nicht so verständlich, obwohl er uns überall begegnet.

Der Vektor des Drehimpulses steht senkrecht auf der Ebene, in der sich der Körper dreht, das entspricht der Richtung der Drehachse. Er gehorcht dabei der 'Rechte-Hand-Regel' (Abb. 4.9). Wenn die gekrümmten Finger der rechten Hand die Richtung der Dreh-Bewegung angeben, dann zeigt der Daumen in Richtung des Drehimpulses. Die Länge des Vektors gibt den Betrag (die Größe) des Drehimpulses an. Je länger der Vektor, desto größer der Drehimpuls. Der Betrag des Drehimpulses L ist das Produkt aus dem Trägheitsmoment J bezogen auf die Drehachse und der Winkel-Geschwindigkeit ω, $L = J \cdot \omega$ (mit $J = m \cdot r^2$ für eine punktförmige Masse m im Abstand r vom Drehpunkt). Er nimmt also proportional mit dem Trägheitsmoment des Körpers und seiner Winkel-Geschwindigkeit und damit der Rotations-Frequenz zu. Zudem wächst er quadratisch mit dem Abstand der Masse zur Drehachse. Ändert sich die Winkel-Geschwindigkeit durch eine einwirkende Dreh-Kraft, dann verändert sich also auch der Drehimpuls.

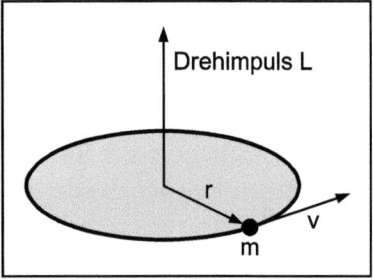

Abb. 4.8: Der Drehimpuls

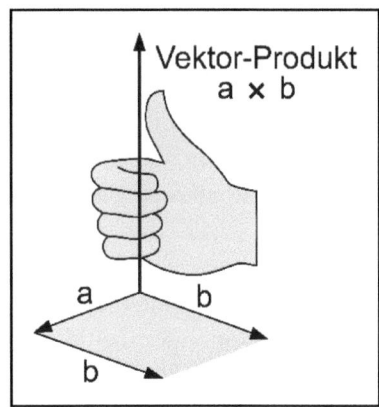

Abb. 4.9: Die Rechte-Hand-Regel

Mathematisch gesehen sind Winkel-Geschwindigkeit, Drehmoment und Drehimpuls Vektorprodukte (Kreuzprodukte) von zwei Vektoren a und b. Darunter versteht man einen Vektor c, der senkrecht auf den beiden Vektoren a und b steht und mit ihnen ein Rechtssystem bildet ('Rechte-Hand-Regel', Abb. 4.9). Die Länge des Vektors c entspricht dem Flächeninhalt des Parallelogramms, das von den Vektoren a und b und aufgespannt wird.

4.6 Der Drehimpuls-Erhaltungssatz

Dass ein Bumerang zurückkehrt, liegt ganz wesentlich daran, dass er im Flug rotiert und somit als Kreisel den entsprechenden physikalischen Gesetzen (Kapitel 4.7) unterliegt. Ein in diesem Fall entscheidendes Gesetz ist der Drehimpuls-Erhaltungssatz, einer der vier grundlegenden Erhaltungssätze der Physik[1].

Zusammen mit dem Aktions-Gesetz[2], auch 2. Newton'sches Gesetz genannt, hat die Rotation zusammen mit dem Auftrieb der Flügel die sogenannte 'Präzession des Kreisels' zur Folge, die wiederum zum Rückkehr-Flug des Bumerangs führt (Kapitel 4.8).

Im Gegensatz zum Impuls ist uns der Drehimpuls intuitiv nicht so verständlich, obwohl er uns überall begegnet. Die Folgen erscheinen uns daher oft überraschend. Hier eine kleine, nicht annähernd vollständige Auswahl von Effekten und Geräten, die ohne den Drehimpuls und seine Gesetzmäßigkeiten nicht möglich wären.

- Das Fahrrad, das nicht umkippt, weil sich die Räder drehen.
- Der Kreisel-Kompass, der die Richtung anzeigt.
- Das Gyroskop, das einen Flugkörper stabilisiert.
- Der 'Brumm-Kreisel', der nicht umfällt, wenn man ihn anstößt.
- Der Pirouetten-Tänzer, der sich rasend schnell dreht.
- Das 2. Kepler'sche Gesetz (Flächen-Satz).

---

[1] Die drei anderen sind der Impuls-, der Energie- und der Ladungs-Erhaltungssatz.

[2] Die beiden anderen sind das Trägheits- und das Reaktions-Prinzip.

- Unser stabiles Sonnen-System mit einer bewohnbaren Erde.
- Die Raumstation, die nicht wild umherwirbelt.
- Die stabilen Atome und damit die Existenz des Universums.
- Die Untersuchungs-Methode MRT (Kernspin-Tomographie).

Zu einigen dieser Punkten möchte ich exemplarisch etwas näher Stellung nehmen.

Das Fahrrad

Halten wir an einer Ampel an, so müssen wir uns mit dem Bein abstützen, um nicht umzufallen. Warum, wenn es eben noch anders ging? Was ist beim Stehen anders als beim Fahren? Es ist die Rotation der Räder, die ein Umkippen während der Fahrt verhindert. Die Rotation führt zu einem Drehimpuls, der als Vektor neben dem Betrag auch eine Richtung hat, für die auch der Drehimpuls-Erhaltungssatz gilt. Würde das Fahrrad beim Fahren kippen, würde sich diese Richtung ändern, was aber nach dem Erhaltungssatz verboten ist. Also wird das Fahrrad stabilisiert und kann nicht umkippen.

Dieser Effekt ist umso größer, je größer der Drehimpuls ist. Dieser wiederum ist umso größer, je größer die Rotations-Frequenz der Räder (und damit die Fahr-Geschwindigkeit), der Durchmesser der Räder und die Masse der Räder sind. Daher fährt man auf einem Fahrrad mit großen Rädern sicherer als auf einem Klapprad mit kleinen Rädern und umso stabiler, je schneller man fährt. Mit dem Fahrrad im Schnecken-Tempo freihändig zu fahren, ist unmöglich, mit dem Motorrad bei 200 Sachen ist es kein Problem.

Der Brumm-Kreisel

Ein sich auf der Spitze drehender Kreisel fällt nicht um, nicht einmal, wenn man ihn anstößt. Kippt man ihn an, so weicht er in Drehrichtung gesehen 90° (eine Viertel-Umdrehung) später aus und 'präzediert', d.h. seine Drehachse dreht sich mit konstanter Frequenz um die Senkrechte. Das Ankippen bewirkt, dass sich der Schwerpunkt nicht mehr über dem festen Drehpunkt an der Auflagefläche befindet, somit wirkt durch die Schwerkraft ein ständiges Kippmoment (Drehmoment).

Würde sich der Kreisel nicht drehen, würde er in Richtung Kippmoment umfallen. Da er sich dreht, wirkt das Kippmoment aber in Drehrichtung 90° später, sodass der Kreisel nicht weiter kippt, sondern sich seine Drehachse um die Senkrechte dreht (Kapitel 4.7).

Unser Sonnen-System

Die Erde umkreist die Sonne, das entspricht einem Drehimpuls mit einer bestimmten Richtung. Da sich diese Richtung wegen des Erhaltungssatzes nicht ändern darf, bleiben Sonne und Erde immer in der gleichen Ebene, die Erde trudelt nicht um die Sonne herum. Gleichzeitig dreht sich die Erde um die eigene Achse, dadurch bleibt der Nordpol im Norden und der Südpol im Süden. Die Drehachse der Erde ändert sich nicht. Wäre das anders, hätten wir keine regelmäßigen Jahreszeiten und kein stabiles Klima.

Die Untersuchungs-Methode MRT

Bei dieser Untersuchungs-Methode macht man sich den Eigendrehimpuls (Spin) von Atomkernen zunutze. Durch die Messung ihrer Präzessions-Bewegung in einem starken äußeren Magnetfeld kann man mit einigen Tricks die Bilder des untersuchten Gewebes erzeugen. Näheres finden Sie in Kapitel 10.7.

Zwischen dem ersten Bumerang und dem MRT-Gerät von heute liegen mehr als 25.000 Jahre Menschheits-Geschichte. Und dennoch funktionieren beide nach dem gleichen physikalischen Prinzip.

4.7 Die Physik des Kreisels

Ein Kreisel ist ein starrer Körper, der um eine Drehachse rotiert. Er kann sich frei bewegen oder aber mit einer festen Drehachse verbunden sein und somit zu einer bestimmten Dreh-Bewegung gezwungen werden. Ein sich frei drehender Körper rotiert stets um eine Drehachse, die durch seinen Schwerpunkt verläuft.

Ein fliegender Bumerang ist mit keiner festen Achse verbunden, rotiert also um eine Achse durch den Schwerpunkt. Anderseits kann er als mehr oder weniger flacher Körper angesehen werden. Weil er beim Abwurf eine Kraft erfährt, die in der Ebene der Bumerang-Fläche liegt, verläuft seine Drehachse senkrecht zur Bumerang-Fläche.

Kreisel müssen nicht notwendigerweise symmetrisch sein, wie wir das von den meisten Spielzeug-Kreiseln her kennen. Sie können jede beliebige Form annehmen.

Die meisten Leicht- und Zimmer-Bumerangs sind allerdings symmetrisch, weil das zu einem stabileren Flug führt. Somit fällt bei ihnen der Schwerpunkt mit dem Figuren-Mittelpunkt zusammen. Die klassischen zwei-flügligen Bumerangs und auch die meisten Kuriositäten (Kaktus-Bumerang, etc.) sind hingegen nicht symmetrisch. Ihre Drehachse verläuft durch einen Schwerpunkt, der irgendwo in der Ebene des Bumerangs liegen kann und oft nicht einmal dort liegt, wo sich Bumerang-Material befindet.

Rotierende Kreisel verhalten sich oft nicht so, wie wir es intuitiv erwarten würden (Kapitel 4.6). Schon ein Brumm-Kreisel, der nicht umkippt, wenn man ihn anstößt, verwundert uns. Der Grund für das ungewohnte Verhalten von Kreiseln liegt einerseits am Drehimpuls-Erhaltungssatz, anderseits am Trägheits-Gesetz und am Aktions-Gesetz, dem '2. Newton'schen Gesetz' oder auch 'Grundgesetz der Dynamik' (Kapitel 4.3).

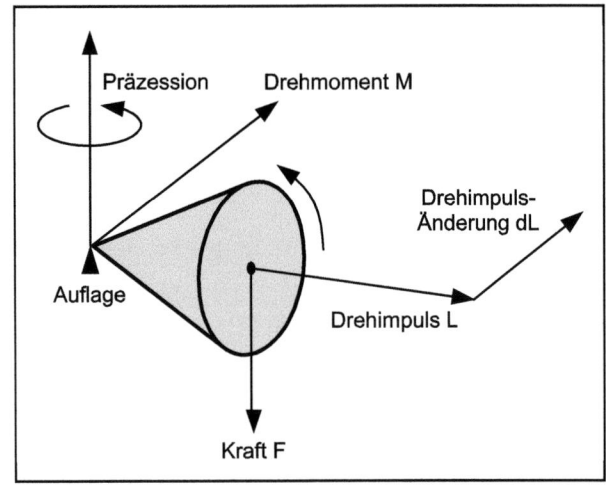

Abb. 4.10: Die Präzession des Kreisels

Nach dem Trägheits-Gesetz behält ein rotierender Kreisel seine Rotations-Bewegung unverändert bei, solange keine Kräfte auf ihn einwirken. Greift aber eine Kraft F, die als Dreh-Kraft wirkt und ein Drehmoment M erzeugt, an der Drehachse an und versucht, sie zu kippen, dann weicht die Drehachse seitlich aus, indem sie sich senkrecht zur Kraft F mit einer Winkel-Geschwindigkeit ω_P bewegt (Drehimpuls-Änderung dL in Abb. 4.10). Die kippende Kraft F wirkt also erst 90° später in Drehrichtung des Kreisels. Das wird entscheidend bei der Erklärung des Rückkehr-Fluges und des Flachlegens des Bumerangs sein (Kapitel 4.8, 4.10).

Bleiben die Kraft F und damit das Drehmoment M konstant, so führt die Drehachse eine Drehung mit der konstanten Winkel-Geschwindigkeit ω_P aus. Diese Bewegung des Kreisels wird als 'Präzession' bezeichnet, ω_P heißt 'Winkel-Geschwindigkeit der Präzession'. Sie ergibt sich als Quotient des Drehmomentes M und dem Produkt aus dem Trägheitsmoment J und Winkel-Geschwindigkeit ω des Kreisels, also $\omega_P = M/J \cdot \omega$.

Der Kreisel präzediert also umso schneller, je langsamer er selbst rotiert (kleineres ω), je kleiner sein Trägheitsmoment J und je größer das Drehmoment M ist.

Für die Flug-Weite des Bumerangs ist die Größe der Winkel-Geschwindigkeit der Präzession ω_P von entscheidender Bedeutung (Kapitel 4.9).

Die Kraft F wirkt nicht in Geschwindigkeits-Richtung einer Masse des Kreisels auf eine solche Masse ein. Somit ändert sich die Rotations-Frequenz des Kreisels nicht.

Die Präzession erscheint uns zunächst unverständlich. Sie ergibt sich aber aus dem Aktions-Gesetz, wenn man bedenkt, dass das Drehmoment M und der Drehimpuls L Vektoren sind und wenn man das Aktions-Gesetz nicht nur auf den Betrag, sondern auch auf die Richtung der Vektoren anwendet. Das Drehmoment M ist gleich der Änderung des Drehimpulses L mit der Zeit, $M = dL/dt$ (Das 'd' steht für 'Änderung'). Die Änderung des Drehimpulses dL hat also die gleiche Richtung wie das Drehmoment M. Die Drehachse dreht sich also in Richtung des Drehmomentes M und damit senkrecht (90°) zur angreifenden Kraft F. Daraus ergibt sich die Präzession des Kreisels (Abb. 4.10).

Anschaulich zeigt sich die Präzession beim Spielzeug-Kreisel, der trotz Schiefstellung nicht umkippt, solange er rotiert. Die Anordnung aus Abb. 4.10 kann leicht mit einem käuflichen Gyroskop realisiert werden, das man an einem Faden waagerecht aufhängt. Die Kraft F ist dann die konstante Schwerkraft, das Gyroskop fällt oder kippt nicht nach unten, sondern dreht sich in einer horizontalen Ebene.

Das Verständnis der Präzession ist für das Verständnis des Bumerang-Fluges von zentraler Bedeutung. Daher möchte ich die Präzession noch einmal am Beispiel des Bumerangs erläutern.

Wir stellen uns einen nach links fliegenden, gegen den Uhrzeigersinn rotierenden Bumerang vor, wie er sich zu Beginn seines Fluges in senkrechter Lage befindet und betrachten ihn von vorne (Rechts-Händer-Bumerang). Dann zeigt der Drehimpuls L gemäß der Rechte-Hand-Regel senkrecht zu ihm nach vorne zu uns hin (Abb. 4.11). Die Gesamt-Auftriebs-Kraft F_A greift als Dreh-Kraft am Bumerang bei 12:00 Uhr an

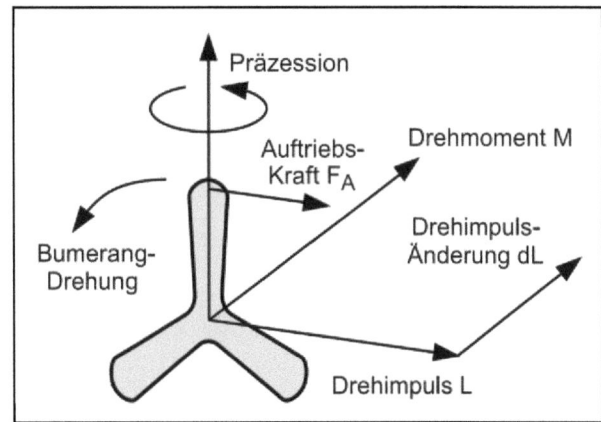

Abb. 4.11: Die Präzession des Bumerangs

und zeigt ebenfalls nach vorne zu uns hin. Das resultierende Drehmoment M zeigt dann nach der Rechte-Hand-Regel nach rechts, in Richtung 3:00 Uhr. Da das Drehmoment in die gleiche Richtung zeigt wie die Änderung des Drehimpulses dL, ändert bzw. kippt der Drehimpuls L, also die Drehachse des Bumerangs, auch nach rechts in Richtung 3:00 Uhr. Das bedeutet, dass sich der Bumerang (die Bumerang-Ebene) um eine senkrechte Achse nach links gegen den Uhrzeigersinn dreht.

Die Auftriebs-Kraft F_A steht parallel zum Drehimpuls L und senkrecht zur Bumerang-Ebene, sie wirkt nicht in Geschwindigkeits-Richtung eines Teiles des Bumerangs auf diesen ein. Somit ändern sich die Rotations-Frequenz und die Geschwindigkeit des Bumerangs nicht (abgesehen vom Luft-Widerstand).

4.8 Das Flugverhalten

Der Rückkehr-Flug des Bumerangs beruht auf zwei grundlegenden physikalischen Effekten. Einerseits stellt der rotierende Bumerang einen Kreisel dar und unterliegt somit den entsprechenden Kreisel-Gesetzen (Kapitel 4.7). Ein in diesem Fall entscheidendes Gesetz ist der Drehimpuls-Erhaltungssatz, einer der grundlegenden Erhaltungssätze der Physik (Kapitel 4.6). Anderseits entstehen an den Flügeln und an der Bumerang-Fläche insgesamt durch ihre Bewegung durch die Luft sowohl eine Auftriebs-Kraft als auch eine Dreh-Kraft (Polar-Diagramm, Abb. 4.4), die auf den rotierenden Bumerang aufgrund seiner Kreisel-Eigenschaft in besonderer Weise wirken. Mit dem Aktions-Prinzip, dem 2. Newton'schen Gesetz, hat die Rotation zusammen mit dem Auftrieb die sogenannte 'Präzession des Kreisels' (Kapitel 4.7) und den Rückkehr-Flug des Bumerangs zur Folge.

Bei der Erklärung der entsprechenden Effekte gehe ich hier stets von einem Rechts-Händer-Bumerang aus. Bei einem Links-Händer-Bumerang wäre alles spiegelsymmetrisch und links und rechts wären vertauscht.

Betrachten wir zunächst den Auftrieb an den Flügeln.

Ein Flügel erzeugt oben bei 12:00 Uhr einen größeren Auftrieb als unten bei 6:00 Uhr, weil oben die Geschwindigkeit des Flügels relativ zur Luft größer als unten ist. Oben ergibt sich diese Geschwindigkeit als Summe, unten dagegen als Differenz von Translations- und Rotations-Geschwindigkeit. Die Gesamt-Auftriebs-Kraft bewirkt also eine Dreh-Kraft auf den Bumerang bei 12:00 Uhr. Diese Dreh-Kraft wirkt aufgrund der Präzession (Kapitel 4.7) aber erst 90° später in Dreh-Richtung, also bei 9:00 Uhr. Die Drehachse und damit der Bumerang werden also von oben betrachtet gegen den Uhrzeiger-Sinn um eine vertikale Achse nach links gedreht. Der Bumerang stellt sich also schräg gegen die Flugrichtung und damit gegen den Luftstrom. Er nimmt mit seiner gesamten Fläche einen gewissen Winkel α gegenüber der Flugrichtung ein (Abb. 4.13).

Die gesamte Fläche des Bumerangs, insbesondere die neutrale Fläche, kann als großer, flacher Flügel ohne Profil aufgefasst werden, der sich mit der Translations-Geschwindigkeit des Bumerangs durch die Luft bewegt. Durch das Kippen der Drehachse und das Drehen des Bumerangs um eine senkrechte Achse gegen den Uhrzeigersinn nach links (Kapitel 4.7) nimmt diese Fläche einen gewissen Winkel α zur Flugrichtung ein (Abb. 4.13). Sie erzeugt also gemäß dem Polar-Diagramm (Abb. 4.4) einerseits einen Auftrieb, anderseits eine Dreh-Kraft und somit ein Drehmoment.

Der Auftrieb dieser Fläche führt zu einer horizontalen Änderung der Flugrichtung nach links, also zum Eindrehen des Bumerangs auf eine Kreisbahn gegen den Uhrzeigersinn und damit zum Rückkehr-Flug.

Die Dreh-Kraft versucht, die Fläche senkrecht zur Flugrichtung zu stellen (Kapitel 4.2), sie also um eine vertikale Achse gegen den Uhrzeigersinn nach links zu drehen. Sie greift also am Bumerang bei 9:00 Uhr an. Aufgrund der Präzession wirkt diese Dreh-Kraft 90° in Rotations-Richtung später, also bei 6:00 Uhr. Sie dreht den Bumerang somit um eine horizontale Achse gegenüber der Flugrichtung, also von hinten betrachtet, im Uhrzeigersinn nach rechts. Das bedeutet, dass sich der Bumerang bezogen auf die Flugrichtung im Uhrzeigersinn nach rechts flachlegt.

Ohne dieses Flachlegen würde der Bumerang aufgrund seiner Schwerkraft kontinuierlich nach unten sinken und abstürzen. Das Flachlegen wirkt diesem Absinken entgegen, weil der Auftrieb der Flügel immer auch eine senkrechte Komponente nach oben hat, sobald der Bumerang nicht mehr senkrecht steht, sondern sich etwas flachgelegt hat.

Außerdem hat das Flachlegen insbesondere in der Endphase des Fluges einen stärkeren Geradeaus-Flug und somit eine etwas elliptische Flugbahn zur Folge.

Zusätzlich führt die Masse des Bumerangs zu einem Impuls, sodass der Bumerang nach dem Impuls-Erhaltungssatz eine zusätzliche Geradeaus-Komponente bekommt und somit keiner exakten Kreisbahn, sondern einer leicht elliptischen Bahn folgt.

Erst durch diese elliptische Bahn und den verstärkten Geradeaus-Flug in der letzten Flugphase kehrt der Bumerang zur Abwurfstelle zurück und landet nicht vor dem Werfer.

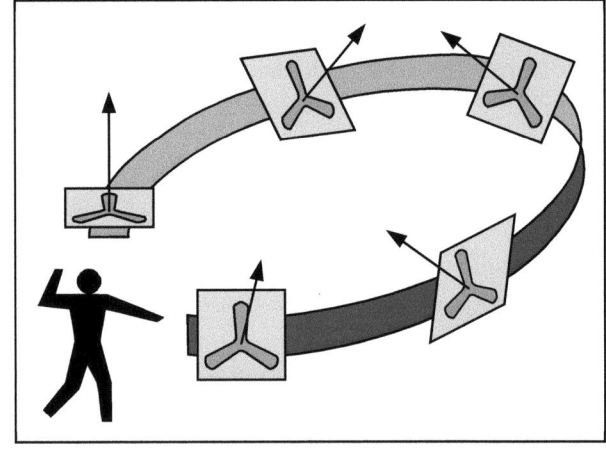

Abb. 4.12: Die Flugbahn eines Bumerangs

4.8 Das Flugverhalten

Abb. 4.12 zeigt die typische Flugbahn eines Bumerangs.

Um das Flugverhalten etwas klarer zu machen, verfolgen wir einmal einen Bumerang auf seiner Flugbahn. Dabei gehen wir wieder von einem Rechts-Händer-Bumerang aus, den wir von vorne betrachten, wir schauen also auf dessen Oberseite.

Beim Abwurf steht der Bumerang senkrecht, rotiert gegen den Uhrzeiger-Sinn links herum und fliegt nach links, in Richtung 9:00 Uhr bezogen auf den Bumerang.

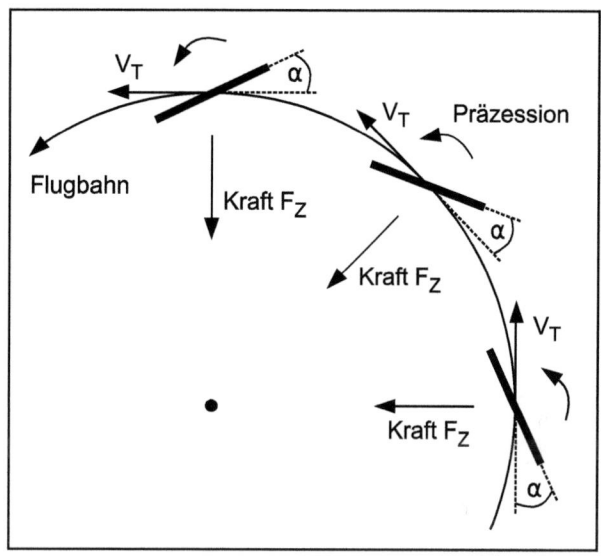

Abb. 4.13: Der Bumerang im Flug

Wie oben beschrieben (Gesamt-Auftriebs-Kraft bei 12:00 und Präzession) dreht sich der Bumerang von oben betrachtet gegen den Uhrzeiger-Sinn um eine vertikale Achse nach links und nimmt nun mit seiner gesamten Fläche einen gewissen Winkel α gegenüber der Flugrichtung ein (Abb. 4.13). Die Fläche wirkt nun insgesamt als großer Flügel mit einem Anstell-Winkel α auch gegenüber der umgebenden Luft. Sie bewirkt damit einerseits eine Auftriebs-Kraft F_Z, die auf den gesamten Bumerang wirkt und ihn bezogen auf seine Flugrichtung nach links ablenkt. Diese Kraft wirkt wie eine Zentripetal-Kraft (daher der Index 'z') und ist auf den Mittelpunkt des Flugkreises gerichtet. Der Bumerang dreht also ein, er fliegt nach links.

Anderseits bewirkt die Fläche eine Dreh-Kraft, die den Bumerang in Bezug auf die Flugrichtung, also von hinten betrachtet, im Uhrzeigersinn nach rechts um eine horizontale Achse dreht, er legt sich also im Uhrzeigersinn flach. Ohne dieses Flachlegen würde er vor dem Werfer landen oder sogar frühzeitig abstürzen (s.o.).

Dieser Prozess hält während des gesamten Fluges an. Der Bumerang folgt also einer Kreis-Bahn und legt sich immer mehr flach, bis er am Ende des Fluges in mehr oder weniger horizontaler Position zum Werfer zurückkehrt.

Es gibt zum Thema 'Rückkehr Flug' einen interessanten Artikel von Joachim Schlichting und Bernd Rodewald[1], der mir viele Denkanstöße gegeben hat.

4.9 Die Flug-Weite

Die Flug-Weite entscheidend darüber, wo ein Bumerang geworfen werden kann, ob es ein Zimmer-Bumerang, ein Leicht-Bumerang oder ein 'richtiger' Bumerang für den Außen-Bereich ist. In jedem Falle ist der Platz, den Sie zur Verfügung haben, begrenzt. Das gilt insbesondere für Zimmer- und Leicht-Bumerangs, die in geschlossenen Räumen geworfen werden. Daher muss die Flug-Weite häufig erst durch geeignete Maßnahmen den Gegebenheiten angepasst werden (Kapitel 6.9, 7, 8).

Es kann also sehr wichtig sein, die Flug-Weite abzuschätzen und zu wissen, wovon sie abhängt. Daher hier einige etwas theoretische Betrachtungen. Weitere praktische Informationen zu diesem Thema finden Sie in den o.g. Kapiteln.

- Die Flug-Weiten-Gleichung.
- Die Unabhängigkeit der Flug-Weite von der Wurf-Geschwindigkeit.
- Die Unabhängigkeit der Flug-Weite von der Bumerang-Größe.
- Die Abhängigkeit der Flug-Weite von der Flächen-Masse und anderen Parametern.

Die Flug-Weiten-Gleichung

Während des Rückkehr-Fluges dreht sich die Drehachse des Bumerangs aufgrund der Präzession (Kapitel 4.7) horizontal einmal um 360°. Ist ω_B die Winkel-Ge-

---

[1] [5] Schlichting, Rodewald, Praxis der Naturwissenschaften - Physik, 35/5, 18(1986).

schwindigkeit der Kreisbahn des Bumerangs, dann stimmt diese also mit der Winkel-Geschwindigkeit der Präzession ω_P überein, $\omega_P = \omega_B$. Fliegt der Bumerang mit der Translations-Geschwindigkeit v, rotiert er mit der Winkel-Geschwindigkeit ω und hat seine Kreisbahn den Radius r, dann gilt $v = r \cdot \omega_B$. Mit $\omega_P = M/J \cdot \omega$ (Kapitel 4.7) folgt dann $r = v \cdot \omega \cdot J/M$. Der Flug-Radius r ergibt sich also zum Produkt von Translations-Geschwindigkeit v, Winkel-Geschwindigkeit ω der Rotation und dem Trägheitsmoment J des Bumerangs, geteilt durch das Drehmoment M.

Diese Beziehung ist sehr wichtig, ich nenne sie die 'Flug-Weiten-Gleichung'.

Die Unabhängigkeit der Flug-Weite von der Wurf-Geschwindigkeit

Die einzige für einen Bumerang spezifische Größe in dieser Gleichung ist das Trägheitsmoment J. Die Geschwindigkeit v und die Winkel-Geschwindigkeit ω hängen vom Werfer ab. Das Drehmoment M wiederum hängt vom Auftrieb der Flügel ab. Es ist nach der Auftriebs-Gleichung (Kapitel 4.2) proportional der Fläche der Flügel, dem Radius des Bumerangs und dem Quadrat der Relativ-Geschwindigkeit v_R der Flügel zur umgebenden Luft. Da v_R eine Summe bzw. Differenz von v und ω ist, hängt das Drehmoment also von einer Summe ab, in der v und ω als Quadrate bzw. Produkte von v und ω vorkommen.

Werfen wir einen Bumerang verschieden schnell, so können wir angenähert annehmen, dass v und ω proportional zueinander zu- oder abnehmen. Das bedeutet, wenn wir beispielsweise kräftiger werfen und sich v verdoppelt, dann verdoppelt sich auch ω. In diesem Falle nimmt das Quadrat der o.g. Relativ-Geschwindigkeit v_R und damit M proportional mit $v \cdot \omega$ zu. Der Quotient aus $v \cdot \omega$ und M in der Flug-Weiten-Gleichung verändert sich nicht, damit verändert sich auch der Flug-Radius r nicht.

Das bedeutet, dass die Flug-Weite unabhängig davon ist, wie kräftig bzw. wie schnell ein Bumerang geworfen wird.

Man kann sich das auch ohne Formeln und Gleichungen klarmachen. Mit größerer Geschwindigkeit wächst der Auftrieb, die Drehachse des Bumerangs dreht sich dadurch durch die Präzession schneller. Da er aber schneller fliegt, legt er in der kürzeren Zeit auch einen größeren Weg zurück. Diese beiden Effekte heben sich auf und die Flug-Weite bleibt gleich.

Die Unabhängigkeit der Flug-Weite von der Bumerang-Größe

Ein ähnlich unerwartetes Ergebnis erhalten wir, wenn wir einen Bumerang aus einem bestimmten Material mit einer bestimmten Flug-Weite einfach vergrößern oder auch seine Flügel verlängern, ohne sie zu verbreitern (Kapitel 7). Solange wir das Material und damit die Flächen-Masse und die Anstell-Winkel der Flügel nicht verändern, fliegt der große Bumerang nicht weiter als der kleine, eher im Gegenteil.

Die Flug-Weite ist weitgehend unabhängig von der Größe des Bumerangs.

Nehmen wir an, wir vergrößern einen gegebenen Bumerang um den Faktor G. Wir betrachten nun einerseits das Trägheitsmoment J, anderseits das Drehmoment M.

Das Trägheitsmoment J nimmt einerseits proportional mit der Masse zu, diese wiederum proportional mit der Fläche (Masse gleich Flächen-Masse mal Fläche), diese mit dem Quadrat von G. Anderseits nimmt J für eine Masse im Abstand r vom Drehpunkt mit dem Quadrat von r zu, r wiederum proportional zu G. Damit nimmt J insgesamt mit der 4. Potenz von G zu.

Das Drehmoment M nimmt einerseits proportional mit dem Abstand des Angriffspunktes der Auftriebs-Kraft vom Drehpunkt zu, also proportional mit G. Anderseits nimmt die Auftriebs-Kraft nach der Auftriebs-Gleichung proportional mit der Fläche der Flügel zu, diese wiederum mit dem Quadrat von G. Gleichzeitig nimmt die Auftriebs-Kraft mit dem Quadrat der Relativ-Geschwindigkeit der Flügel zur umgebenden Luft zu, diese Geschwindigkeit wiederum ist proportional dem Abstand vom Drehpunkt, also proportional zu G. Damit nimmt M insgesamt mit der 5. Potenz von G zu.

Nach der Flug-Weiten-Gleichung nimmt damit die Flug-Weite proportional mit G ab, der größere Bumerang sollte also eine kleinere Flug-Weite haben als der kleinere Bumerang.

Zuweilen ist dieser Effekt wirklich zu beobachten. Meistens bleibt die Flug-Weite aber eher unverändert. Der größere Bumerang hat nicht nur ein größeres Trägheitsmoment, sondern auch eine proportional zu G größere Masse und damit größeren

Impuls. Dieser zieht die Ellipse der Flug-Bahn in die Länge, hebt also zumindest teilweise die eine Potenz auf.

Nehmen wir an, wir vergrößern den Bumerang nicht einfach, sondern verlängern nur die Flügel, lassen deren Breite aber gleich. Dann gelten alle o.g. Überlegungen entsprechend jeweils mit einer Potenz niedriger, weil die Fläche der Flügel dann nicht mit dem Quadrat von G, sondern proportional zu G zunimmt.

Entsprechend gelten die Überlegungen auch, wenn wir beispielsweise bei einem Ring-Bumerang nur den Durchmesser des Ringes vergrößern.

Kurzum, wir können machen, was wir wollen, die Flug-Weite ändert sich nicht, solange wir die Flächen-Masse und die Anstell-Winkel bzw. die Profilierung der Flügel nicht verändern.

Es ist zu beachten, dass für einen stabilen Bumerang-Flug der Drehimpuls und damit das Trägheitsmoment nicht zu klein sein dürfen. Zu kleine und zu leichte Bumerangs zeigen daher häufig keinen ordentlichen Rückkehr-Flug.

Die Abhängigkeit der Flug-Weite von der Flächen-Masse und anderen Parametern

Vergrößern wir hingegen die Flächen-Masse, belassen den Bumerang aber ansonsten, wie er ist, dann erhöht sich das Trägheitsmoment J, während das Drehmoment M gleich bleibt. Nach der Flug-Weiten-Gleichung nimmt die Flug-Weite zu.

Belassen wir das Trägheitsmoment, vergrößern aber das Drehmoment M, indem wir beispielsweise den Anstell-Winkel der Flügel vergrößern, nimmt die Flug-Weite entsprechend der Flug-Weiten-Gleichung ab. Gleichzeitig nimmt aber auch der Luft-Widerstand zu, der Bumerang wird also stärker abgebremst, was zu einer kleineren Geschwindigkeit, insbesondere aber zu einer kleineren Rotations-Frequenz führt. Der Werfer muss dem Bumerang also beim Abwurf mehr Geschwindigkeit und Drehung mitgeben, damit er während des Fluges nicht abstürzt.

Umgekehrt bewirkt ein kleinerer Auftrieb eine größere Flug-Weite. Im Extrem-Fall reicht das Drehmoment für einen Rückkehrflug nicht mehr aus, der Bumerang fliegt mehr oder weniger geradeaus und kehrt nicht zurück.

Mit zusätzlichen Gewichten kann das Flugverhalten eines Bumerangs, insbesondere die Flug-Weite, in weiten Bereichen beeinflusst werden. Sie erhöhen einerseits die Masse und damit den Impuls, anderseits das Trägheitsmoment.

Für die Masse ist es gleichgültig, wo die Gewichte angebracht werden, für das Trägheitsmoment hingegen nicht. Letzteres und somit die Flug-Weite sind daher umso größer, je weiter die Gewichte vom Schwerpunkt entfernt sind (quadratische Abhängigkeit). Sind die Gewichte zu groß oder zu weit vom Schwerpunkt entfernt, so kehrt der Bumerang nicht mehr vollständig zurück (Kapitel 6.9).

4.10 Die Flug-Höhe und das Flachlegen

Insbesondere für Zimmer- und Leicht-Bumerangs, die in geschlossenen Räumen mit begrenzter Höhe geworfen werden, ist die Flug-Höhe entscheidend. Sie muss häufig erst durch geeignete Maßnahmen angepasst werden (Kapitel 7, 8).

Es kann also sehr wichtig sein, die Flug-Höhe abzuschätzen und zu wissen, wovon sie abhängt. Daher hier einige etwas theoretische Betrachtungen. Weitere praktische Informationen zu diesem Thema finden Sie in den o.g. Kapiteln.

Für die Flug-Höhe ist die Stärke des Flachlegens des Bumerangs von entscheidender Bedeutung. Je stärker sich der Bumerang flachlegt, desto höher ist sein Flug, denn desto mehr zeigen die Auftriebs-Kräfte nach oben.

Die Erklärung für das Flachlegen ist einfach. Die Dreh-Kraft auf die Bumerang-Fläche greift bei 9:00 Uhr an, wirkt sich aber wegen der Präzession des Kreisels (Kapitel 4.7) erst bei 6:00 Uhr aus (Flächen-Effekt, Kapitel 4.2). Das bedeutet, dass sich der Bumerang flachlegt (Kapitel 4.8).

Mehrere Faktoren beeinflussen das Flachlegen.

- Die Gesamt-Fläche des Bumerangs (Flächen-Effekt).
- Der Angriffspunkt bzw. der Ansatz-Winkel der Flügel.
- Das Hoch- oder Herunterbiegen der Flügel.
- Die Gesamt-Masse und das Trägheitsmoment.

Die Gesamt-Fläche des Bumerangs

Die Dreh-Kraft F_D, die aufgrund des Flächen-Effektes (Kapitel 4.2) am Bumerang angreift, ist nach der Auftriebs-Gleichung (Kapitel 4.2) proportional zur Gesamt-Fläche des Bumerangs. Zusätzlich nimmt das Drehmoment M_F proportional mit dem Abstand r des Angriffspunktes der Dreh-Kraft F_D vom Drehpunkt zu. Da der Angriffspunkt bei größerer Fläche vom Drehpunkt weg (nach außen) wandert, nimmt bei größerer Fläche das Drehmoment stärker zu als die Dreh-Kraft, also überproportional zur Fläche. Daraus folgt auch, dass die Fläche der Flügel auf das Flachlegen einen größeren Einfluss hat als die neutrale Fläche in der Mitte. Daher sollten die Flügel auch bei größeren Bumerangs nicht zu breit sein.

Das neutrale Mittel-Teil trägt wenig zum Drehmoment M des sich drehenden Bumerangs und damit zur Flug-Weite bei, wohl aber zum Drehmoment M_F und damit zum Flachlegen und zur Flug-Höhe. Dieser Effekt kann beispielsweise bei Bumerangs mit einem großen Ring in der Mitte ('Solaris', 'Ring-Bumerang') sehr gut beobachtet werden, wenn man den offenen Ring ganz oder teilweise mit einem leichten Material abklebt und damit die neutrale Fläche vergrößert. Je größer die Fläche wird, desto stärker legt sich der Bumerang flach und desto höher fliegt er. Bei zu großer Fläche steigt er steil auf und stürzt ab.

Gleichzeitig bewirkt ein großer, schmaler Ring, dass sich die Gesamt-Fläche und damit M_F nur wenig vergrößern, das Trägheitsmoment J und das Drehmoment M aber stark. Der Bumerang legt sich also weniger flach und fliegt tiefer. Diesen Effekt habe ich bei der Konstruktion von 'Solaris' ausgenutzt (Kapitel 11).

Somit kann die Größe der neutralen Fläche gut genutzt werden, um die Flug-Höhe gezielt zu verändern. Insbesondere bei Ring-Bumerangs ist das leicht möglich.

Der Angriffspunkt bzw. der Ansatz-Winkel der Flügel

Bei einem Bumerang, bei dem die Flügel nicht im Drehpunkt (Schwerpunkt), sondern weiter außen angesetzt sind ('Solaris', 'Ring-Bumerang'), kann man ihren Ansatz-Winkel relativ zum Bumerang mehr nach vorne (in Flugrichtung) oder mehr nach hinten legen (Abb. 4.14). Damit verändert sich der Angriffspunkt der Flügel im Moment des stärksten Auftriebs (Flügel oben).

Sind die Flügel nach vorne zeigend angesetzt, liegt der Angriffspunkt am Bumerang im Moment des maximalen Auftriebs, wenn die Flügel nach oben zeigen, beispielsweise bei 14:00 Uhr. Die Auftriebs-Kraft wirkt sich wegen der Präzession dann bei 11:00 Uhr aus, was dem Flachlegen entgegenwirkt und somit zu einer kleineren Flug-Höhe führt. Im Extrem-Fall legt sich der Bumerang überhaupt nicht flach und fliegt in Richtung Boden.

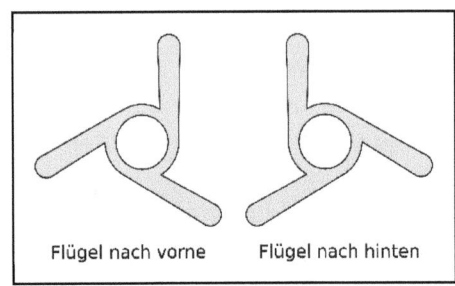

Abb. 4.14: Der Ansatz-Winkel der Flügel bei 'Solaris'

Sind die Flügel nach hinten zeigend angesetzt, liegt Angriffspunkt am Bumerang im Moment des maximalen Auftriebs, wenn die Flügel nach oben zeigen, beispielsweise bei 10:00 Uhr. Die Auftriebs-Kraft wirkt sich wegen der Präzession dann bei 7:00 Uhr aus, was zu einem größeren Flachlegen und somit zu einer größeren Flug-Höhe führt.

Dieser Effekt nimmt ab, wenn die Flügel weiter vom Schwerpunkt entfernt angesetzt sind, er nimmt zu, wenn die Flügel länger sind.

Der Ansatz-Winkel der Flügel am Bumerang kann genutzt werden, um die Flug-Höhe gezielt zu verändern. Insbesondere bei Verbund-Bumerangs ist das leicht möglich.

Der Effekt kann beispielsweise bei der Konstruktion von Kuriositäten ('Bierdeckel-Bumerang', Kapitel 15.7 oder 'Großer-Ring', Kapitel 15.5) gezielt eingesetzt werden.

Ich habe auf diesen Effekt bereits 1991 in der 'Bumerang-Welt' hingewiesen[1].

---

[1] [7] Michael Janke, Bumerang-Welt, IV/1991, Wilhelm Bretfeld, Norderstedt, im Eigenverlag.

Das Hoch- oder Herunterbiegen der Flügel

Eine sehr einfache und effektive Möglichkeit, die Flug-Höhe zu beeinflussen, ist das Hoch- oder Herunterbiegen der Flügel. Das Hochbiegen führt zu einem höheren, das Herunterbiegen zu einem niedrigeren Flug.

Nehmen wir an, wir biegen die Flügel nach oben und wir betrachten den Bumerang im Flug in dem Moment, wo ein Flügel nach vorne in Flugrichtung zeigt. Seine Fläche hat dann als Ganzes einen größeren Anstell-Winkel α (es ist nicht der Anstell-Winkel des Flügels in sich durch sein Verdrehen gemeint) gegen die Flugrichtung des Bumerangs und damit relativ zur umgebenden Luft als es ein flacher Flügel hätte. Das führt gemäß dem Polar-Diagramm (Kapitel 4.2, Abb. 4.4) zu einem größeren Auftrieb und damit zu einer größeren Dreh-Kraft bei 9:00 Uhr, die sich wegen der Präzession bei 6:00 Uhr auswirkt. Zeigt der hochgebogene Flügel nach hinten, so verringert sich sein Anstell-Winkel gegen die Flugrichtung, was bei 15:00 Uhr zu einem geringeren oder sogar umgekehrten Auftrieb führt, was zusätzlich die Gesamt-Dreh-Kraft also noch erhöht. Der Bumerang legt sich also stärker flach und fliegt höher.

Im umgekehrten Falle der heruntergebogenen Flügel verringert sich der Anstell-Winkel bei 9:00 Uhr oder wird sogar negativ, verringert dort also die Dreh-Kraft. Bei 15:00 Uhr vergrößert sich der Anstell-Winkel, erhöht dort also den Auftrieb, was die Gesamt-Dreh-Kraft zusätzlich verringert oder sogar umdreht. Das wirkt entsprechend dem Flachlegen entgegen und der Bumerang fliegt tiefer. Im Extrem-Fall, dass nämlich eine Gesamt-Dreh-Kraft nicht bei 9:00 Uhr, sondern bei 15:00 Uhr angreift, die sich dann wegen der Präzession bei 12:00 Uhr auswirkt, legt sich der Bumerang überhaupt nicht mehr oder sogar in der umgekehrten Richtung flach (dreht sich also gegen den Uhrzeigersinn in Bezug auf die Flugrichtung) und fliegt in Richtung Boden.

Hier sei auf einen besonderen Effekt bei flachen Flügeln hingewiesen, der häufig bei Vorführungen mit Trick-Bumerangs ausgenutzt wird. Haben die Flügel überhaupt keinen Anstell-Winkel in sich, sind sie also überhaupt nicht verdreht, sondern nur hochgebogen, zeigt der Bumerang trotzdem einen Rückkehr-Flug, der noch dazu mit einer sehr starken Rotation einhergeht. Dadurch rotiert der Bumerang auch noch am Ende des Fluges stark. Da er sich dann durch das Flachlegen horizontal zum Boden befindet, schwebt er nur langsam zu Boden und kann hervorragend gefangen werden, selbst mit den Füßen, auf dem Kopf oder hinter dem Rücken.

Die Erklärung ist einfach. Nehmen wir an, ein Flügel befindet sich beim Flug zwischen 12:00 Uhr und 9:00 Uhr. Schon dann hat seine Fläche einen gewissen Anstell-Winkel zur Flugrichtung, erzeugt also durch seine Fläche eine gewisse Auftriebs-Kraft. Diese wirkt dann wegen der Präzession zwischen 9:00 Uhr und 6:00 Uhr. Ein Teil dieser Kraft bewirkt also ein Flachlegen, ein Teil aber auch ein Eindrehen und führt damit zum Rückkehr-Flug. Da die Flügel selbst in sich keinen Anstell-Winkel haben, ist ihr Luft-Widerstand bezüglich der Rotation sehr gering. Dadurch verliert der Bumerang zwar an Translations-Geschwindigkeit, aber kaum an Rotation.

Die Gesamt-Masse und das Trägheitsmoment

Eine große Masse führt einerseits zu einem großen Trägheitsmoment und damit zu einem großen Drehimpuls, was aufgrund des Drehimpuls-Erhaltungssatzes einen stabilen Flug garantiert. Anderseits hat die Masse einen Impuls zur Folge, der aufgrund des Impuls-Erhaltungssatzes zu einer Geradeaus-Komponente des Fluges führt.

Ist nun die Masse relativ groß zum Trägheitsmoment (z.B. bei großer neutraler, aber geringer effektiver Masse), so fliegt der Bumerang wegen des großen Impulses und des Impuls-Erhaltungssatzes verstärkt geradeaus. Wegen des kleinen Trägheitsmomentes und des kleinen Drehimpulses kann sich der Bumerang aber trotz des Drehimpuls-Erhaltungssatzes relativ leicht flachlegen. Er fliegt also stark geradeaus, legt sich flach und steigt dadurch stark auf. Die Flug-Höhe nimmt zu, die Flug-Bahn weicht stark von einem Kreis ab, es gibt nur einen bedingten Rückkehr-Flug oder der Bumerang stürzt sogar ab. Der Bumerang 'rutscht' ähnlich wie ein Frisbee auf dem Luft-Polster unter ihm auf den Werfer zurück. Man kennt dieses Flug-Verhalten von Weitwurf-Bumerangs.

Es ist also besser, wenn die Masse eher klein, das Trägheitsmoment aber groß ist. Das bedeutet, dass sich die Masse eher in den Flügeln befinden sollte. Die neutrale Masse sollte also eher gering relativ zur effektiven Masse sein.

4.11 Geschwindigkeits-Messungen

Für den Bumerang-Flug sind die Translation-Geschwindigkeit und die Rotations-Geschwindigkeit von zentraler Bedeutung. Durch sie entstehen einerseits aus der Masse der Impuls und aus dem Trägheitsmoment der Drehimpuls, für die dann die entsprechenden Erhaltungs-Sätze gelten (Kapitel 4.3). Anderseits entsteht durch die Geschwindigkeiten der Flügel relativ zur umgebenden Luft die Auftriebs-Kraft und damit das Drehmoment, das dann mit dem Trägheits-Gesetz, dem Aktions-Gesetz (erstes und zweites Newton'sches Gesetz) und den Kreisel-Gesetzen zum Rückkehr-Flug des Bumerangs führt.

Es ist daher unbedingt notwendig, sich über die Geschwindigkeits-Verhältnisse Klarheit zu verschaffen.

Leider kursieren darüber in der Literatur und in den Köpfen der Bumerang-Werfer recht abenteuerliche Vorstellungen. Im Allgemeinen werden sowohl die Translation- als auch die Rotations-Geschwindigkeit massiv überschätzt. Das rührt teilweise daher, dass sich selbst renommierte Autoren auf fremde, ungeprüfte Informationen verlassen haben.

Um mir und den Lesern einen objektiven Überblick zu verschaffen, habe ich (ich selbst!) entsprechende Messungen durchgeführt. Die Ergebnisse waren nicht nur für mich überraschend.

Hier ein Überblick über die Mess-Methoden und die Ergebnisse.

- Die Messungen mit beleuchteten Bumerangs.
- Die gemessenen Geschwindigkeiten.
- Die Folgerungen für den Bumerang-Flug.

Die Messungen mit beleuchteten Bumerangs

Die Translations-Geschwindigkeiten lassen sich halbwegs gut mit Stopp-Uhr und Band-Maß messen. Man hat auch ein gewisses Gefühl für diese Geschwindigkeiten, da man den Bumerang im Flug verfolgen kann. Bei den Rotations-Geschwindigkeiten sieht das völlig anders aus. Die Rotation ist mit dem Auge zwar sichtbar, deren Geschwindigkeit aber nicht abzuschätzen. Versucht man es trotzdem, scheint der

Bumerang deutlich schneller zu rotieren, als es der Wirklichkeit entspricht. Das ist verständlich, weil er mehrere Flügel hat, die unser Auge nicht trennen kann.

Es müssen also wie auch immer geartete fotografische Aufnahmen gemacht werden. Videos mit normalen Amateur-Kameras bringen keinen Erfolg, die zeitliche Auflösung ist zu gering und die Bumerangs sind meistens stark verwischt. Professionelle Hochgeschwindigkeits-Kameras hingegen sind nicht leicht zu beschaffen und sehr teuer.

Als Alternative bieten sich Fotos beleuchteter Bumerangs mit Langzeit-Belichtung an. Dieses einfache Verfahren führt zu sehr guten Mess-Ergebnissen sowohl bei der Translations- als auch bei der Rotations-Geschwindigkeit. Mehr als eine standardmäßige Foto-Kamera mit Langzeit-Belichtungs-Funktion, ein Stativ und einfache Leucht-Mittel (ich habe superhelle LEDs und LED-Knicklichter benutzt, Kapitel 9.5, 9.7) sind nicht erforderlich.

Als sinnvolle Erweiterung bieten sich als Leucht-Mittel getaktete, blinkende LEDs mit genau bekannter Takt-Frequenz an. Dann fliegt mit dem Bumerang eine Zeit-Basis mit, die für sehr genaue Geschwindigkeits-Messungen genutzt werden kann.

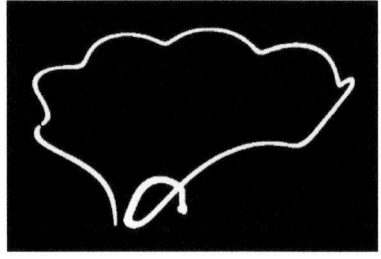

Abb. 4.15: Die Flug-Bahn eines Zimmer-Bumerangs

Abb. 4.15 zeigt die gesamte Flugbahn eines Zimmer-Bumerangs mit einer LED, aufgenommen mit einer Dauer-Belichtung von 6 Sekunden. Diese Zeit reicht aus, um den Auslöser zu aktivieren, den Bumerang zu werfen und die gesamte Flugbahn mit einer Flug-Zeit von 1,4 Sekunden (mit der Stopp-Uhr gemessen) aufzunehmen. Die Anzahl der Umdrehungen des Bumerangs kann leicht ausgezählt werden.

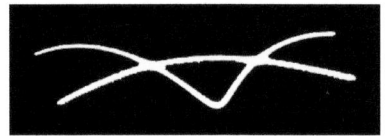

Abb. 4.16: Ein Zimmer-Bumerang mit zwei LEDs

Abb. 4.16 zeigt einen 200 Milli-Sekunden langen Ausschnitt aus der Flugbahn eines Zimmer-Bumerangs (er wurde mit einer Langzeit-Belichtung von 0,2 Sekunden aufgenommen). Der Bumerang trägt eine LED in der Mitte und eine zweite in einem bestimmten Abstand auf einem Flügel und zeigt ziemlich genau eine volle Umdrehung. Analysiert man diese Aufnahmen genauer, können weitere Größen wie beispielsweise der Neigungs-Winkel des Flachlegens bestimmt werden.

Abb. 4.17 zeigt einen 200 Milli-Sekunden langen Ausschnitt aus der Flugbahn eines 'richtigen' Bumerangs mit einer LED. Die senkrechte Leucht-Spur rechts entspricht eine Länge von 2 Metern und dient als Vergleichs-Länge (eine LED 2 Meter von oben nach unten bewegt). Der Bumerang zeigt ziemlich genau eine volle Umdrehung.

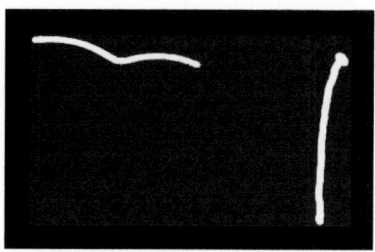

Abb. 4.17: Ein 'richtiger' Bumerang mit Vergleichs-Länge

Abb. 4.18 zeigt die Flugbahn eines Zimmer-Bumerangs mit einer blinkenden LED (20 Milli-Sekunden an, 20 Milli-Sekunden aus). Damit verfügt der Bumerang selbst über eine exakte Zeit-Basis, um die Rotations-Geschwindigkeit zu bestimmen. Ich habe zur Ansteuerung der LED eine Mikroprozessor-Einheit (Attiny 85, Arduino-kompatibel) mit einer Masse von weniger als 3 Gramm eingesetzt. Damit lassen sich fast beliebige Licht-Muster erzeugen.

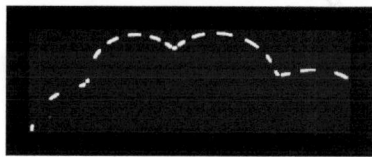

Abb. 4.18: Ein Zimmer-Bumerang mit Blink-Licht

Die gemessenen Geschwindigkeiten

Für Leicht- und Zimmer-Bumerangs ergeben sich mittlere Translations-Geschwindigkeiten von 3 bis 6 m/s (Meter pro Sekunde), das entspricht ca. 10 bis 20 km/h (Kilometer pro Stunde, Faktor 3,6). Sie rotieren mit einer mittleren Frequenz von 4 bis 7 Hz (Hertz, Umdrehungen pro Sekunde).

'Richtige' Bumerang für den Außen-Bereich kommen auf mittlere Translations-Geschwindigkeiten von 6 bis 14 m/s, das entspricht ca. 20 bis 50 km/h. Sie rotieren mit einer mittleren Frequenz von 5 bis 8 Hz.

Bei allen Bumerangs unterscheiden sich Translations- und Rotations-Geschwindigkeiten zwischen der ersten und der zweiten Flughälfte um den Faktor 1,5 bis 2.

Diese Messungen beziehen sich auf Standard-Bumerangs. Doch auch wenn man bei einem Fast-Catch (Schnell-Wurf-Bumerang) einmal die Turnier-Zeiten betrachtet und nachrechnet, kommt man auf Translations-Geschwindigkeiten von nicht viel mehr als 80 km/h.

Sowohl für die Translation als auch für die Rotation ergeben sich also deutlich kleinere Geschwindigkeiten, als bisher meistens angenommen. Vorstellungen von Translations-Geschwindigkeiten im Bereich von 200 km/h oder mehr sind jedenfalls völlig abwegig.

Die Folgerungen für den Bumerang-Flug

Für den Rückkehr-Flug sind die Auftriebs-Kräfte an den Flügeln, insbesondere deren Unterschied zwischen dem oberen und dem unteren Flügel, von zentraler Bedeutung (Kapitel 4.8).

Bei der Argumentation und auch bei den Berechnungen wird meistens davon ausgegangen, dass sich der unteren Flügel relativ zur umgebenden Luft nach hinten bewegt, also mit der Vorder-Kante nach vorne. Dabei wird stillschweigend vorausgesetzt, dass die Geschwindigkeit, die sich aus der Rotation ergibt, größer ist als die Translations-Geschwindigkeit. Das stimmt aber häufig nicht, eher das Gegenteil ist der Fall.

Betrachten wir beispielsweise einen Bumerang mit einem Durchmesser von 25 cm, der mit der Translations-Geschwindigkeit von 10 m/s fliegt und mit einer Frequenz von 7 Hz rotiert. Für einen Punkt in der Mitte eines Flügels, 12,5 cm vom Drehpunkt entfernt, ergibt sich eine aus der Rotation resultierende Geschwindigkeit von 5,5 m/s. Der Flügel fliegt an dieser Stelle also mit einer effektiven Geschwindigkeit von 4,5 m/s rückwärts, mit der Hinter-Kante nach vorne. Selbst das Flügel-Ende hat eine aus der Rotation resultierende Geschwindigkeit von nur 11 m/s, es steht also gegenüber der Luft fast still. Der wesentliche Teil des unteren Flügels fliegt jedenfalls rückwärts. Für diesen Fall ist die Aerodynamik kaum vernünftig abzuschätzen. Es kann durchaus sein, dass der Auftrieb am unteren Flügel dem Auftrieb am oberen nicht entgegenwirkt, sondern ihn sogar unterstützt.

Bei Zimmer-Bumerangs mit kleineren Translations-Geschwindigkeiten kann man grob davon ausgehen, dass ein wesentlicher Teil des unteren Flügels gegenüber der Luft fast stillsteht, er also keinen Auftrieb erzeugt.

4.12 Anpassungen

Mit entsprechenden Manipulationen (Kapitel 6.9, 7, 8) kann der Bumerang-Flug stark verändert und damit gezielt an spezielle Anforderungen angepasst werden. Hier eine Liste der Flug-Eigenschaften, die Sie leicht beeinflussen können.

- Die Flug-Weite.
- Die Flug-Höhe bzw. das Flachlegen.
- Die Stabilität und die Form der Flug-Bahn.
- Die Rotations-Geschwindigkeit und die Abbremsung.

Die Manipulationen lassen sich in drei Gruppen einordnen.

- Das Biegen.
- Das Anbringen von Gewichten.
- Das Verändern der Bumerang-Form (ggfs. Neubau).

Wie sich Veränderungen auswirken, kann insbesondere bei Zimmer-Bumerangs mit flachen Flügeln sehr schnell und unkompliziert ausprobiert werden. An Universalität sind dabei die Modelle aus Verbund-Materialien unschlagbar, da die Flügel leicht abgenommen und anders wieder angesetzt werden können.

Detaillierte Informationen zu diesem Thema finden Sie in den o.g. Kapiteln.

5 Das Werfen von Bumerangs

5.1 Allgemeine Wurfanleitung

Diese Wurfanleitung ist für alle Bumerangs geschrieben, also sowohl für Leicht- und Zimmer-Bumerangs als auch für die großen, 'richtigen' Bumerangs für den Außen-Bereich. Also keinen Schreck bekommen, die Warnhinweise und Sicherheitsregeln sind für die leichten Zimmer-Bumerangs so gut wie irrelevant.

Allgemeines

Herzlichen Glückwunsch! Ihr Bumerang liegt vor Ihnen, sehen Sie ihn sich noch einmal genau an. Ihn nach dem ersten Wurf wiederzusehen, erfordert oft stundenlanges Suchen, das Klettern auf Bäume oder Wühlen im Schnee. Selbst bei Zimmer-Bumerangs erweisen sich Schränke und Regale als deren natürliche Feinde. In jedem Falle entscheidet die richtige Wurftechnik über einen korrekten Rückkehrflug des Bumerangs. Von zentraler Wichtigkeit ist es, dass der Bumerang mit möglichst viel Rotation kräftig nach vorne geworfen wird.

Die Texte und Abbildungen in dieser Wurfanleitung beziehen sich auf Rechts-Händer-Bumerangs. Bei Links-Händer-Bumerangs gelten alle Angaben spiegelbildlich ('rechts' und 'links' vertauscht, ebenso 'im' und 'gegen' den Uhrzeigersinn). Ein Rechts-Händer-Bumerang dreht sich (rotiert) gegen den Uhrzeigersinn und fliegt einen Kreis nach links, also ebenfalls gegen den Uhrzeigersinn.

Besonders bei schwereren, 'richtigen' Bumerangs sind die Sicherheitsregeln zu beachten, um Verletzungen und Sachschäden zu vermeiden.

Die Anatomie des Bumerangs

Ein Bumerang kann zwei oder auch mehr Flügel (Arme) [1] besitzen. Leicht- und Zimmer-Bumerangs haben fast immer mehr als 2 Flügel, da dies zu einem stabileren Flug auch bei kleinen Geschwindigkeiten führt. Außerdem verhalten sich mehr-flüglige Bumerangs (Mehr-Flügler) toleranter bei kleineren Abwurf-Fehlern.

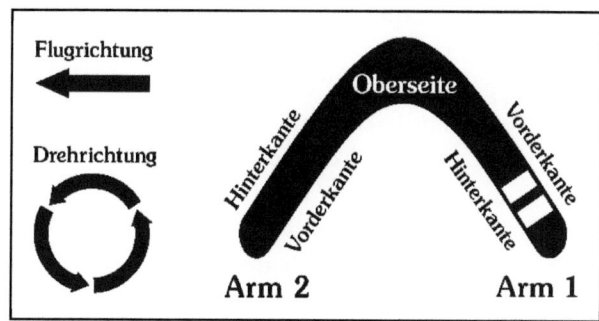

Abb. 5.1: Anatomie eines zwei-flügligen Rechts-Händer-Bumerangs

Die Flügel weisen bei dickeren Bumerangs im Allgemeinen ein Profil auf, das dem von Flugzeug-Tragflügeln ähnelt. Meistens ist die Unterseite flach, die Oberseite dagegen gewölbt. Die Vorderkante ist sanft gerundet, die Hinterkante eher spitz zulaufend. Dünnere Bumerangs (bis zu 1 mm) haben fast immer flache Flügel, die entsprechend gebogen sind, um einen Auftrieb zu erzeugen.

Der Bumerang wird mit einer Kombination aus Drehung und Vorwärts-Bewegung so geworfen, dass er mit der Oberseite zum Kopf hin zeigt und mit der Vorderkante zuerst die Luft durchschneidet. Daraus ergibt sich, dass es unterschiedliche Bumerangs für Links- und Rechts-Händer gibt (spiegelverkehrt zueinander), die auch entsprechend verschieden geworfen werden (s.o.). Abb. 5.1 zeigt die Flug- und Drehrichtung eines zwei-flügligen Rechts-Händer-Bumerangs. Die Vorderkante jedes Flügels befindet sich jeweils rechts, die Hinterkante links.

---

[1] Die Begriffe 'Flügel' bzw. 'Arm' werden häufig synonym benutzt. Zur klaren Unterscheidung vom 'Arm' des Menschen benutze ich in diesem Buch bei Bumerangs stets den Begriff 'Flügel'.

Der richtige Griff

Entscheidend für einen erfolgreichen Wurf ist der richtige Griff. Der Bumerang wird so gehalten, dass die flache Unterseite zur Handfläche hin (nach außen vom Kopf weg) und die gewölbte Oberseite zum Daumen hin (nach innen zum Kopf hin) zeigt. Dabei wird der Bumerang so knapp wie möglich am Ende eines Flügels gegriffen, um möglichst viel Rotation zu erzeugen (niemals den Flügel mit der ganzen Hand umklammern).

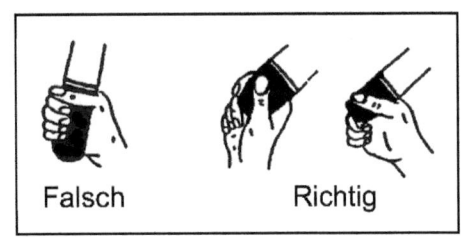

Abb. 5.2: Der richtige Griff

Je nach Gewicht kann der Bumerang mit dem Daumen und einem oder zwei Fingern am äußersten Ende gehalten oder zwischen Daumen und Zeigefinger eingeklemmt werden (Pinch-Grip, Abb. 5.2). Dabei sollte der Bumerang-Flügel möglichst weit nach hinten zeigen, denn das erhöht die Rotation.

Es ist dem persönlichen Geschmack überlassen, an welchem Flügel man einen Zwei-Flügler hält. Wirft man mit Flügel 2, so zieht man die größere Masse hinter sich her und kann häufig kontrollierter abwerfen und ein Flattern vermeiden. Jeder sollte beide Möglichkeiten ausprobieren und dann selbst entscheiden, welcher Wurf-Flügel ihm angenehmer ist. Bei Mehr-Flüglern ist meistens jeder Flügel gleichberechtigt. Sollte ein Flügel jedoch deutlich länger sein als die anderen, so ist der längere zu bevorzugen, denn so ist eine größere Rotation zu erreichen.

Der richtige Abwurf

Der häufigste Fehler gerade bei Anfängern dürfte das 'Sicheln' sein, bei dem der Bumerang fast waagerecht abgeworfen wird. Er muss vielmehr fast senkrecht, allenfalls leicht nach rechts geneigt geworfen werden (Abb. 5.3). Bei zu großer Neigung steigt der Bumerang stark auf und stürzt dann steil ab.

Die linke Schulter zeigt in Wurfrichtung. Mit dem rechten Arm wird nach hinten ausgeholt und dabei das Handgelenk locker nach hinten abgekippt. Der Arm wird über die Schulter kräftig nach vorne bewegt, dabei der Bumerang fest gegriffen und kurz vor dem Loslassen das Handgelenk nach vorne gedreht, so dass der Bumerang eine möglichst große Rotation erfährt.

Der Bumerang wird gerade von Anfängern häufig mit zu wenig Rotation und zu wenig Kraft (Geradeaus-Geschwindigkeit) abgeworfen, vielleicht auch wegen der intuitiven Befürchtung, er würde sonst nicht vollständig zurückkehren. Das Gegenteil ist der Fall. Je kräftiger Sie den Bumerang wegwerfen, desto besser kommt er zurück! Werfen Sie nicht verhalten aus dem Ellenbogen heraus, sondern kräftig mit dem ganzen Arm von weit hinten nach weit vorne. Sie können zusätzlich den ganzen Körper mitdrehen. Es klingt seltsam, aber selbst leichte Zimmer-Bumerangs aus Karton vertragen erstaunlich viel Wurfkraft.

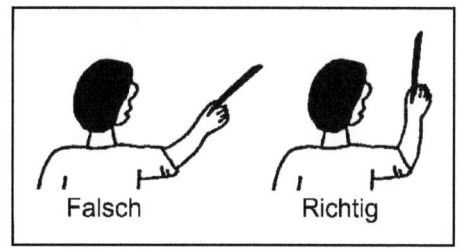

Abb. 5.3: Der richtige Neigungs-Winkel

Es ist auch zu bedenken, dass der Bumerang nur die Energie hat, die er beim Abwurf in Form von Geradeaus-Flug und Rotation mitbekommt. Diese Energie, die durch die Luftreibung vermindert wird, muss für den gesamten Flug ausreichen. Reicht sie nicht aus, stürzt der Bumerang unterwegs ab.

Die Wurf-Höhe

Der Bumerang wird parallel zum Boden horizontal nach vorne, allenfalls leicht aufwärts geworfen (Abb. 5.4). Bei zu tiefem Abwurf bohrt er sich in den Boden bzw. schafft keine vollständige Rückkehr. Bei zu hohem Abwurf landet er meistens vorne links von der Abwurfstelle.

Da die richtige Wurf-Höhe auch von der Windstärke abhängig ist, muss ein wenig experimentiert werden. Es ist ungewohnt, nach vorne zu werfen, da man Bälle und

Abb. 5.4: Der richtige Anstiegs-Winkel

Ähnliches eher nach schräg oben wirft. Es kann hilfreich sein, sich einen entfernten Punkt in Augenhöhe zu suchen und dann gezielt auf ihn zuzuwerfen.

Die Wurfrichtung im Zimmer

Der Bumerang fliegt einen Kreis gegen den Uhrzeigersinn nach links. Das bedeutet, dass Sie nicht nur vor sich, sondern auch links von sich viel und hinter sich ein wenig freien Platz brauchen. Achten Sie also auf den richtigen Standpunkt, damit der Bumerang nicht an der Wand landet. Werfen Sie dann ruhig schräg rechts in Richtung der Wand, auch wenn das zunächst ungewöhnlich erscheint. Der Bumerang dreht früher nach links ein, als Sie denken. Er braucht links genügend Platz für seinen Flugkreis. Abb. 5.5 zeigt den richtigen Standpunkt und die richtige Wurfrichtung sowie die Flugbahn des Bumerangs.

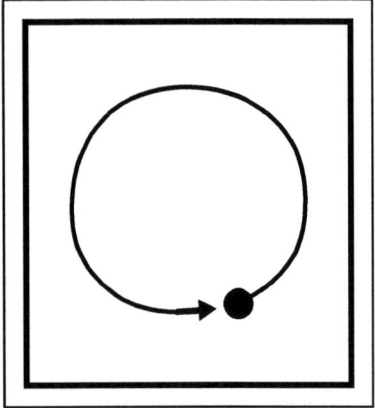

Abb. 5.5: Die Wurfrichtung im Zimmer

Die Wurfrichtung bei Wind

Bei Windstille ist die Wurfrichtung gleichgültig. Bei Wind wird leicht rechts gegen die Windrichtung geworfen. Bei starkem Wind sollte das Werfen den Fortgeschrittenen überlassen werden. Abb. 5.6 zeigt die richtige Wurfrichtung sowie die Flugbahn des Bumerangs bei richtigem und falschem Abwurf. Je leichter ein Bumerang ist, desto größer ist natürlich auch seine Windempfindlichkeit. Am besten ist in jedem Falle absolute Windstille, für die leichten Zimmer-Bumerangs ist sie unabdingbar.

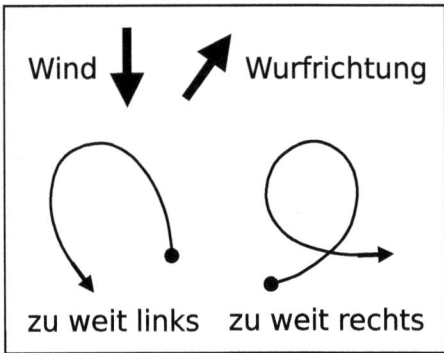

Abb. 5.6: Die Wurfrichtung bei Wind

Das Fangen

Bei richtigem Wurf kehrt der Bumerang annähernd auf einer Kreisbahn zum Werfer zurück. Während seines Fluges legt er sich von seiner senkrechten Abwurflage flach in die Horizontale. Er verringert in der letzten Flugphase deutlich seine Rotation und Geschwindigkeit und kann nun leicht zwischen den beiden Handflächen gefangen werden (Hände zusammenklatschen, eine Hand oben, die andere unten). Um Verletzungen zu vermeiden, sollte ein schwererer Bumerang, der schnell oder höher als in Brusthöhe fliegt, nicht gefangen werden.

Wurfplätze und Sicherheitsregeln

Ideal für Bumerangs sind große Wiesen, Heideflächen und andere Sandflächen. Der Platz sollte möglichst übersichtlich und leer sein, um Verletzungen und Beschädigungen zu vermeiden.

Im Falle der hier vorgestellten Leicht- und Zimmer-Bumerangs haben wir es auch im Außen-Bereich recht einfach. Der Flugkreis hat einen Durchmesser von weniger als 10 Metern. Mit dem nötigen Sicherheitsabstand reicht daher eine freie Fläche von ca. 20 mal 20 Metern aus. Große Räume wie z.B. Turnhallen sind aufgrund der Windstille ebenfalls bestens geeignet. Für Zimmer-Bumerangs mit ihren Flug-Weiten unter 4 Metern reicht natürlich das Wohnzimmer.

Bitte beachten Sie beim Werfen von Bumerangs die folgenden Sicherheitsregeln.

- Große Bumerangs können Sachschäden und Körperverletzungen hervorrufen, wenn die entsprechenden Sicherheitsregeln nicht beachtet werden.
- Vor dem ersten Wurf ist die Flugbahn eines Bumerangs nicht abzuschätzen.
- Werfen Sie nur auf einer weiten, offenen Fläche ohne Hindernisse.
- Werfen Sie nicht bei starkem Wind. Windstille ist ideal.
- Lassen Sie den Bumerang niemals aus den Augen, damit sie ggf. rechtzeitig ausweichen können. Werfen Sie niemals gleichzeitig mehrere Bumerangs. Für Zuschauer ist der sicherste Platz hinter dem Werfer.
- Machen Sie Lockerungs- bzw. Aufwärm-Übungen vor dem ersten Wurf, um Zerrungen zu vermeiden.

5 Das Werfen von Bumerangs — 5.2 Kurzanleitungen

- Versuchen Sie niemals, einen größeren Bumerang zu fangen, wenn er höher als in Brusthöhe oder aber sehr schnell fliegt. Zimmer-Bumerangs können Sie immer fangen.
- Der Hersteller übernimmt keine Verantwortung für den sach- oder unsachgemäßen Gebrauch des Bumerangs.

5.2 Kurzanleitungen

Bei Zimmer-Bumerangs, insbesondere, wenn sie z.B. als Werbeträger in größeren Stückzahlen produziert werden, ist es sinnvoll, eine Kurzanleitung direkt auf die Rückseite des Bumerangs aufzudrucken. Bei Einzelstücken kann sie als kleiner Zettel beigefügt werden. Es ist sehr wichtig, dass ein Bumerang immer mit einer Wurfanleitung ausgestattet ist.

Kurzanleitung für einen Drei-Flügler

Erster Flügel Die Flügel leicht dachförmig mit der Spitze nach oben anknicken (Oberseite: farbige Seite, Unterseite: Anleitung) und gegen den (Links-Händer: im) Uhrzeigersinn leicht verdrehen. Stärkeres Verdrehen: kleinerer Flugkreis, zu starkes Verdrehen: vorzeitiger Absturz.	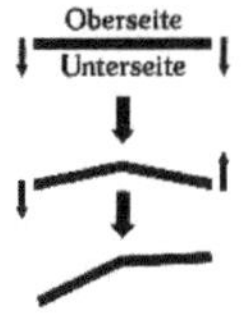 Oberseite / Unterseite
Zweiter Flügel Den Bumerang am Flügel-Ende zwischen Daumen und Zeigefinger fassen und senkrecht halten, so dass die Oberseite zum Kopf hin zeigt. Bei zu flachem (nicht senkrechtem) Wurf steigt der Bumerang steil auf und stürzt dann vor Ihnen ab.	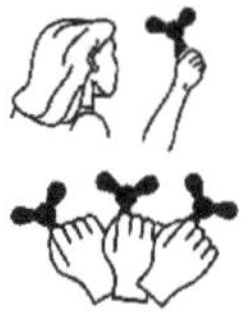
Dritter Flügel Der Abwurf erfolgt mit viel Drehung aus dem Handgelenk horizontal bis leicht aufwärts nach vorne (nicht nach oben). Bei Wind schräg rechts (Links-Händer links) gegen den Wind werfen. Der Bumerang kehrt dann kreisförmig zu Ihnen zurück.	

Abb. 5.7: Wurfanleitung kurz für einen Drei-Flügler

Kurzanleitung für einen Zwei-Flügler

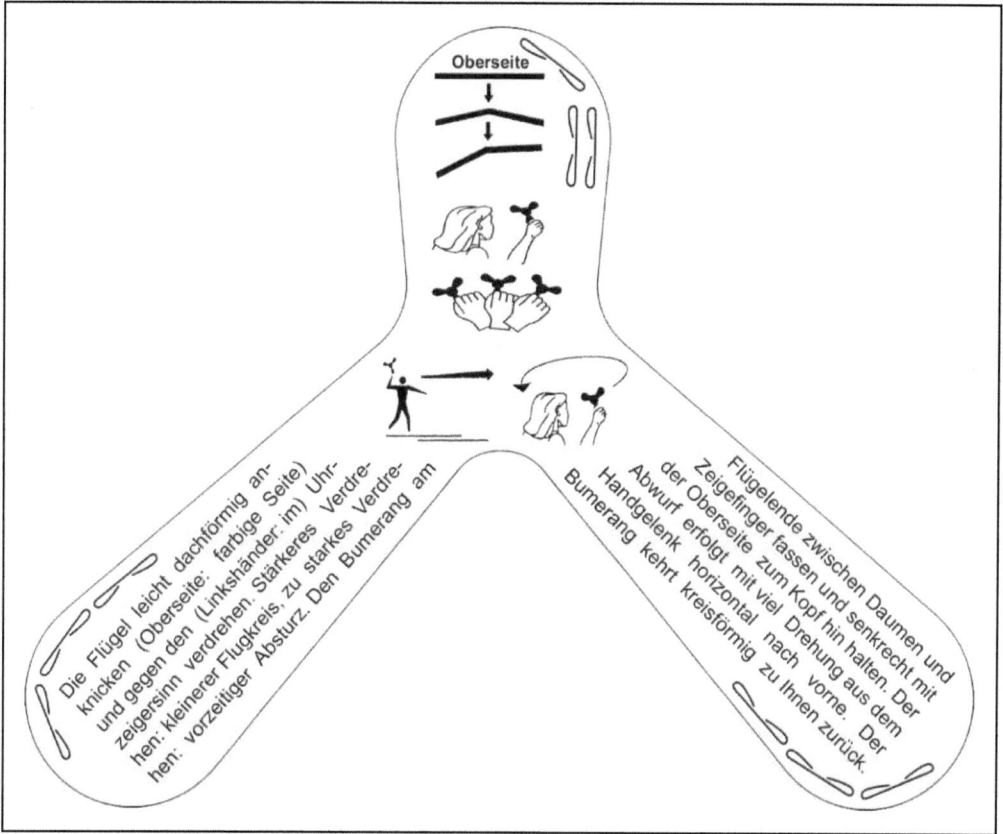

Abb. 5.8: Wurfanleitung kurz für einen Zwei-Flügler (Postkarten-Bumerang, Kapitel 13.12)

5.3 Abwurf-Fehler und deren Korrektur

Abwurf-Fehler erkennt man am besten an einem nicht erwünschten Flugverhalten. Im Ideal-Fall sollte ein Bumerang fast auf einer Kreisbahn bzw. auf einer leicht elliptischen Bahn zum Werfer zurückkehren, dabei nicht allzu sehr aufsteigen und etwa in Brusthöhe beim Werfer ankommen.

Es wird vorausgesetzt, dass der benutzte Bumerang korrekt gebaut worden ist. Auch die Möglichkeiten, den Bumerang-Flug durch Manipulationen an den Flügeln oder durch Gewichte zu verändern, wird an dieser Stelle nicht besprochen (Kapitel 4, 6, 7, 8). Hier eine Zusammenfassung der Auswirkungen häufiger Abwurf-Fehler.

- Der Bumerang steigt steil auf und stürzt vor dem Werfer ab.
- Mäßig steiler Aufstieg und Absturz links vom Werfer.
- Der Bumerang fliegt sehr flach und stürzt vorzeitig ab.
- Unregelmäßiger Flug mit Absturz, kein Ansatz zur Kreisbahn.
- Der Bumerang kehrt nicht vollständig zurück.
- Der Bumerang fliegt links oder hinten gegen die Wand.
- Der Bumerang landet rechts vor dem Werfer oder fliegt geradeaus.
- Der Bumerang landet links, evtl. hinter dem Werfer.
- Der Bumerang landet immer hinter dem Werfer.

Der Bumerang steigt steil auf und stürzt vor dem Werfer ab

Das ist der sogenannte Sichelwurf, der wohl häufigste Abwurf-Fehler. Der Bumerang wird zu flach abgeworfen. Der Bumerang soll aber nicht flach wie ein Frisbee, sondern fast senkrecht abgeworfen werden (Abb. 5.3). Das Problem ist, dass das Handgelenk dazu neigt, sich beim Nach-Vorne-Kippen auch leicht nach rechts zu verdrehen, ohne dass der Werfer es bemerkt. Nach meiner Erfahrung kann hier ein Trick helfen. Versuchen Sie, den Bumerang nach links gekippt abzuwerfen. Mit etwas Glück kommt dann im Endergebnis der richtige Neigungs-Winkel heraus.

Mäßig steiler Aufstieg und Absturz links vom Werfer

Der Bumerang wird zu hoch abgeworfen. Es ist ungewohnt, nach vorne zu werfen, da man Bälle und Ähnliches eher nach schräg oben wirft. Hilfreich kann es sein, sich einen entfernten Punkt in Augenhöhe zu suchen und dann gezielt auf ihn zuzuwerfen (Abb. 5.4).

Der Bumerang fliegt sehr flach und stürzt vorzeitig ab

Der Bumerang wird zu weit nach unten oder zu stark nach links geneigt abgeworfen. Werfen Sie den Bumerang etwas höher bzw. mit mehr Neigung nach rechts.

Unregelmäßiger Flug mit Absturz, kein Ansatz zur Kreisbahn

Das ist ein häufiger Abwurf-Fehler, bei dem der Bumerang mit zu wenig Rotation abgeworfen wird. Es ist gerade für Anfänger oft ein Problem, dem Bumerang genügend Rotation mitzugeben. Fassen Sie bei asymmetrischen Bumerangs den längsten Flügel ganz am Ende und kippen Sie die Hand möglichst weit nach hinten. Der Flügel sollte so in der Hand liegen, dass er möglichst weit nach hinten zeigt (Abb. 5.2).

Der Bumerang kehrt nicht vollständig zurück

Der Bumerang wird mit zu wenig Kraft geworfen. Gerade Anfänger vermeiden es oft, den Bumerang kraftvoll nach vorne zu werfen, vielleicht intuitiv wegen der Befürchtung, er würde sonst nicht vollständig zurückkehren. Das Gegenteil ist der Fall. Je kräftiger Sie den Bumerang wegwerfen, desto besser kommt er zurück! Werfen Sie nicht verhalten aus dem Ellenbogen heraus, sondern kräftig mit dem ganzen Arm von weit hinten nach weit vorne. Sie können zusätzlich den ganzen Körper mitdrehen. Es klingt seltsam, aber selbst leichte Zimmer-Bumerangs aus Karton vertragen erstaunlich viel Wurfkraft.

Der Bumerang fliegt links oder hinten gegen die Wand

Ihr Standpunkt im Zimmer ist zu nahe der linken, ggf. auch der hinteren Wand oder die Wurfrichtung ist falsch. Sie brauchen vorne und links viel, hinten ein wenig Platz. Werfen Sie schräg rechts in Richtung Wand, damit der Bumerangs links genügend Platz für seinen Flugkreis bekommt (Abb. 5.5). Voraussetzung ist natürlich, dass der Bumerang nicht prinzipiell zu weit für das Zimmer fliegt. Abhilfe finden Sie in Kapitel 8 oder Sie benutzen einen anderen Bumerang.

Im Außen-Bereich sind bei Wind noch weitere Fehler möglich. Generell ist zu sagen, dass gerade Leicht-Bumerangs sehr empfindlich gegen Wind sind, Zimmer-Bumerangs vertragen überhaupt keinen Wind.

Der Bumerang landet rechts vor dem Werfer oder fliegt geradeaus

Der Bumerang wird zu weit rechts vom Wind abgeworfen. Etwas mehr in Richtung des Windes werfen (Abb. 5.6).

Der Bumerang landet links, evtl. hinter dem Werfer

Der Bumerang wird zu weit links vom Wind abgeworfen. Etwas mehr rechts vom Wind werfen (Abb. 5.6).

Der Bumerang landet immer hinter dem Werfer

Der Wind ist zu stark. Warten Sie am besten ab, bis er nachlässt. Die einzige Möglichkeit bestünde in diesem Fall in der Anbringung von Gewichten etwa in der Mitte der Flügel. Ohne Wind würde der Bumerang zu weit fliegen und nicht vollständig zurückkehren. Die Gewichte können dann den Wind ausgleichen. Da die Größe der Gewichte von der Stärke des Windes abhängt, ist viel Erfahrung notwendig (Kapitel 6.9).

6 Das Bauen von Bumerangs

6.1 Allgemeines

Suum cuique (jedem das Seine). So auch jedem seinen Bumerang, denn für jeden gibt es genau den richtigen. In diesem Buch finden Sie eine Reihe von Modell-Vorschlägen, doch Veränderungen und Kombinationen sind zulässig und erwünscht. Sie können kaum etwas falsch machen, denn das Bumerang-Bauen ist weniger Wissenschaft, als erfinderisches Spiel und der Spaß an neuen Formen. Ob Sie am Flügel-Ende etwas abbeißen oder ankleben - fast alles, was Flügel hat und sich dreht, das kehrt auch zurück. Viel Spaß beim Experimentieren!

Der Anfänger kann seinen ersten Bumerang bei größeren Veranstaltungen oder in einem Fachgeschäft erwerben. Die dort angebotenen Modelle sind gut erprobt und auch für den Einsteiger geeignet. Wer aber seinen Bumerang selber bauen will, dem sei hier eine entsprechende Anleitung gegeben.

Die sogenannten 'richtigen' Bumerangs, meistens aus Holz oder Kunststoff von mehreren Millimetern Stärke gefertigt, haben mit einer Masse von deutlich über 30 Gramm Flug-Weiten von 20 Metern und mehr. Leicht- und insbesondere Zimmer-Bumerangs sind eine gute Alternative, gerade auch für Kinder und Anfänger. Einen Leicht-Bumerang zu bauen dauert keine zwei Minuten, Material und Werkzeug finden sich größtenteils in jedem Haushalt.

Das Bauen von Bumerangs wird den Heimwerker erfreuen und der Künstler kann das Fluggerät nach Belieben bemalen und verzieren. Selbst bei der Form des Bumerangs sind der Phantasie kaum Grenzen gesetzt. Ein Zimmer-Bumerang sieht selten so aus, wie sich die meisten Menschen einen Bumerang vorstellen, er sieht häufig eher aus wie ein Propeller mit drei oder vier Flügeln. Bumerangs in Form einer Libelle, eines Kaktus oder eines Männchens sind ebenso möglich wie Bumerangs aus Verbund-Materialien wie einem Bierdeckel mit angeklebten Flügeln.

Die Flügel sind meistens flach, anders als bei 'richtigen' Bumerangs. Um trotzdem einen Auftrieb zu erzeugen, so wie bei einem Flugzeug, müssen sie entsprechend verdreht oder angeknickt werden. Mit der Stärke dieses Verdrehens kann die Flug-Weite der Zimmer-Größe angepasst werden (Kapitel 4.9).

Durch das Hoch- oder Herunterbiegen der Flügel kann aber auch die Flug-Höhe verändert und somit der Zimmer-Höhe angepasst werden (Kapitel 4.10). Auch das ist ein Vorteil von Zimmer-Bumerangs. Dieses Anpassen ist bei Holz-Bumerangs nicht möglich, sie sind, wie sie gebaut worden sind.

6.2 Materialien

Hier eine Übersicht über die wichtigsten Baumaterialien.

Material	Dichte ρ in g/cm³	Ausführung	Bemerkungen
Karton	0,70 - 0,90	250 - 500 g/m²	Stärken von 0,3 - 0,7 mm, gestrichen.
Karton kaschiert	ca. 0,95	350 g/m²	Stärke 0,4 mm, wasserdicht, knickfest, Alternative zu Polystyrol 0,5 mm.
Wellpappe	0,20 - 0,40	300 - 400 g/m² kleine, mittlere Welle	Stärken von 1,5 - 2,0 mm, Pizza-Karton.
Bierdeckel	0,30 - 0,40	400 - 600 g/m² leichter Karton	Stärken von 1,2 - 1,6 mm.
Polystyrol	1,05	525 - 1.050 g/m² ungeschäumt	Stärken von 0,5 - 1,0 mm.
Styrofoam	ca. 0,06	120 - 300 g/m² geschäumt	gut schleifbar, Stärken von 2,0 - 5,0 mm, braucht Gewichte.
Balsa-Holz	0,10 - 0,20	250 - 500 g/m² Streifen zu 10 cm, voll	Stärke ca. 2,5 mm, weich / mittel / hart, bricht sehr leicht in Faserrichtung.
Pappel	ca. 0,35	1.000 g/m² Sperrholz, 3 Lagen	Stärke knapp 3 mm, etwas biegsam, nicht sehr bruchfest.
Ceiba	ca. 0,60	1.300 g/m² Sperrholz, 3 Lagen	Stärke gut 2 mm, etwas biegsam, nicht sehr bruchfest.
Birke	ca. 0,80	1.200 - 2.000 g/m² Flugzeug-Sperrholz, 2 Lagen / mm	Finnische Birke, Stärken von 1,5 - 2,5 mm, sehr biegsam, sehr bruchfest.
Birke	ca. 0,85	850 g/m² Flugzeug-Sperrholz, 3 Lagen	Finnische Birke, Stärke 1 mm, sehr biegsam, sehr bruchfest.
Birke	ca. 1,00	400 g/m² Flugzeug-Sperrholz, 3 Lagen	Finnische Birke, Stärke 0,4 mm, sehr biegsam, sehr bruchfest.
Aluminium Lochraster	ca. 1,40	700 g/m²	Stärke 0,5 mm, sehr biegsam, absolut plastisch und bruchfest.

Tab. 6.1: Baumaterialien für Leicht- und Zimmer-Bumerangs

Die Materialien verhalten sich sehr verschieden in Bezug auf Stabilität, Bearbeitbarkeit, Bedruckbarkeit und vor allem auf das Einsatzgebiet. Letzteres bestimmt die erwünschte Flug-Weite, die im Wesentlichen von der Flächen-Masse abhängt (Kapitel 4.9, 6.3, Tab. 6.2). Hier die wichtigsten Eigenschaften der Materialien.

Karton

Karton ist der wohl universellste und preisgünstigste Werkstoff für Zimmer-Bumerangs. Es gibt ihn in den verschiedensten Ausführungen und Gewichts-Klassen, er ist überall verfügbar und in jedem Haushalt vorhanden. Mit leichtem Karton (Postkarte) können innerhalb von Sekunden Bumerangs für kleinste Räume mit einer Flug-Weite von unter einem Meter hergestellt werden. Für die Bearbeitung reichen eine Schere oder ein Cutter-Messer und ggf. Klebstoff oder Klebeband bzw. ein Büro-Tacker. Karton lässt sich gut bemalen, verzieren und preisgünstig bedrucken. Daher ist er für Einzelstücke und Massen-Produktionen (Stanzung mit Bandstahl-Schnitt) gleichermaßen geeignet.

Nachteile sind die geringe Stabilität (Steifigkeit), was die Größe der Bumerangs begrenzt (bis ca. 20 cm), die geringe Knickfestigkeit und die Empfindlichkeit gegen Nässe. Ein geknickter Flügel ist meistens nicht mehr zu reparieren. Beim Anknicken der Flügel ist es manchmal hinderlich, dass Karton eine Laufrichtung hat und er sich somit nicht in jeder Richtung gleich gut anknicken lässt. Es kann hilfreich sein, die Oberseite der Flügel an den geplanten Knick-Linien mit einem scharfen Messer leicht einzuritzen.

Zu beachten ist, dass Kartons gleicher Grammatur (z.B. 350 g/cm^2) durchaus sehr verschiedene Steifigkeiten haben können. So ist beispielsweise Chromo-Karton deutlich steifer und für Bumerangs daher besser geeignet als Bilder-Karton.

Karton ist insbesondere für kleine Kreuz-Bumerangs (Vier-Flügler) hervorragend geeignet. Flügel aus Karton können gut bei Verbund-Bumerangs eingesetzt werden.

Karton kaschiert

Kaschierter Karton bietet alle Vorteile von einfachem Karton und vermeidet einige Nachteile, ist allerdings nicht so verbreitet. Trotzdem finden Sie ihn im Haushalt beispielsweise als Material von Tetra-Packs. Er ist mit einer dünnen Kunststoff-

Schicht überzogen, die ihn vor Nässe schützt, ihn aber auch deutlich knickfester macht. Daher ist dieses Material eine echte Alternative zu Polystyrol, auch deshalb, weil es preisgünstig im Offset-Verfahren bedruckt werden kann. Die Kaschierung wird in der Druckerei erst nach dem Druckvorgang aufgebracht.

Kaschierter Karton ist nicht so einfach zu beziehen, zum Bemalen sind wasserfeste Farben bzw. Stifte notwendig.

Wellpappe

Da sind wir wieder beim Pizza-Bumerang, denn Pizza-Verpackungen bestehen aus Wellpappe mit sogenannter 'kleiner Welle'. Man kann daraus sehr gut auch größere Zimmer-Bumerangs von 25 cm Durchmesser und mehr herstellen, weil die Steifigkeit recht gut ist. Aufgrund der Größe kann der Bumerang kleinere Gewichte tragen und somit auch mit Leucht-Mitteln wie Leucht-Folie ausgestattet werden.

Wellpappe hat eine deutliche Laufrichtung, was beim Anknicken der Flügel oft hinderlich ist. Es kann hilfreich sein, die Oberseite der Flügel an den geplanten Knick-Linien mit einem Cutter-Messer leicht einzuritzen. Versehentliche Knicke sind kaum zu reparieren. Die Bumerangs dürfen nicht zu klein sein, denn wegen der Material-Stärke von 2 mm oder mehr ist der Luftwiderstand der Flügel recht groß. Daher dürfen der Drehimpuls und damit das Trägheitsmoment nicht zu klein sein, damit der Bumerang während des Fluges nicht zu sehr an Rotation verliert und vorzeitig abstürzt.

Bierdeckel

Bierdeckel haben aufgrund ihrer Material-Stärke von 1 mm und mehr einerseits eine gute Steifigkeit, anderseits sind sie wegen der geringen Dichte recht leicht. Daher ist dieses Material gut als Mittel-Teil bzw. Ring bei Verbund-Bumerangs geeignet. Als Werkstoff für Flügel sind sie aus dem gleichem Grund nicht gut verwendbar (Luftwiderstand zu groß, Trägheitsmoment zu klein).

Nicht zu unterschätzen ist aber in jedem Falle der Spaß, den man mit Bierdeckel-Bumerangs (Kapitel 15.7) haben kann. Geeignete Flügel aus Polystyrol, versehen mit doppelseitigem Klebeband, habe ich immer im Portemonnaie. Im Restaurant ist dann innerhalb von 10 Sekunden der Bumerang gebaut und mit etwas Glück lässt der erstaunte Kellner vor Schreck das Tablett fallen. Selbst wenn nicht, können Sie der Aufmerksamkeit des ganzen Lokales sicher sein.

Polystyrol ungeschäumt

Polystyrol (ungeschäumt) ist ein hervorragender Werkstoff für Zimmer-Bumerangs in den Stärken von 0,5 mm oder 0,75 mm und für Leicht-Bumerangs in 1,0 mm. Flug-Weiten ab 1,5 m bis zu über 5 m sind möglich. Für die Bearbeitung reicht eine kräftige Schere, Cutter-Messer sind eher ungeeignet. Polystyrol ist biegsam, knickfest, gut plastisch verformbar und resistent z.B. gegen Wasser. Es ist als Kunststoff völlig homogen, lässt sich also in jeder Richtung gut knicken. Versehentliche Knicke können gut repariert werden. Daher ist Polystyrol wie auch Karton für Einzelstücke und Massen-Produktionen (Stanzung mit Bandstahl-Schnitt) sehr gut geeignet.

Das Material kann gut mit wasserfesten Farben bzw. Stiften bemalt werden. Leider ist das Bedrucken (große Stückzahlen z.B. als Werbeträger) etwas aufwändig und nicht annähernd so preisgünstig wie bei Karton. Immerhin gibt es inzwischen neben dem Sieb-Druck den Digital-Direkt-Druck, Offset-Druck ist kaum möglich.

Ein gewisser Nachteil ist die geringe Steifigkeit, was die Größe begrenzt (bis ca. 20 cm bei der Material-Stärke von 0,5 mm).

Polystyrol ist universell einsetzbar für alle in diesem Buch vorgestellten Bumerang-Modelle, insbesondere auch für die Kuriositäten wie Kaktus oder Libelle. Flügel aus diesem Material können gut bei Verbund-Bumerangs eingesetzt werden.

Die große Dichte von 1,05 g/cm^3 hat zur Folge, dass bei kleiner Material-Stärke, also auch kleinem Luftwiderstand, ein recht großes Trägheitsmoment erreicht wird. Der Bumerang behält daher während des Fluges gut seine Rotation bei, selbst bei größeren Anstellwinkeln (über 10°) der Flügel. Er braucht dazu keine Gewichte, verträgt aber anderseits auch keine. Daher ist Polystyrol für Bumerangs, die beleuchtet werden sollen, eher nicht geeignet. Allenfalls Leucht-Folie kann eingesetzt werden.

In Stärken von 1,5 mm oder mehr neigen die Bumerangs zum vorzeitigen Absturz. Das liegt einerseits an der großen Flächen-Masse, anderseits an dem größeren Luftwiderstand und somit Rotations-Verlust am Ende des Fluges, zumindest, wenn die Flügel unprofiliert bleiben.

Im Haushalt findet sich Polystyrol nicht immer in verwendbarer Form, evtl. als Joghurt-Becher oder Kanister. Es ist aber in Baumärkten oder Hobby-Geschäften auch in kleineren Mengen leicht zu beziehen.

Styrofoam geschäumt

Styrofoam ist ein extrudierter Polystyrol-Hartschaum, der durch seine Feinporigkeit im Gegensatz zu Styropor recht gut schleifbar ist, ohne dabei zu zerbröseln. Geschnitten werden kann es mit einer Schere oder einem Cutter-Messer. Die Dichte liegt mit ca. 0,06 g/cm^3 (gemessen) noch deutlich unter der von allen Balsa-Hölzern. Das ist selbst für einen Zimmer-Bumerang eigentlich zu leicht, die Rotation nimmt während des Fluges zu stark ab. Der Bumerang verträgt also nicht nur, sondern braucht unbedingt Gewichte (Kapitel 6.9).

Genau das ist aber der Grund dafür, dass ich nach einem solchen Material gesucht habe. Denn ein Bumerang aus diesem Material kann problemlos einige Gramm Masse in Form von Leucht-Mitteln incl. Elektronik und Batterien (Knopfzellen als Batterie oder Akku) tragen. Nur so sind beleuchtete Zimmer-Bumerangs mit Flug-Weiten unter 3 Metern möglich, alle bisherigen entsprechend schweren Leucht-Bumerangs konnten nur im Außen-Bereich oder in großen Hallen geworfen werden. Selbst eine Mikroprozessor-Einheit zur intelligenten Ansteuerung von LEDs oder Mess-Sensoren kann mitfliegen (Kapitel 4.11).

Gut geeignet ist Styrofoam in Stärken von 2 - 5 mm. Die Flügel müssen profiliert werden, nicht nur wegen des Auftriebes, sondern auch wegen des ansonsten zu großen Luftwiderstandes. Ein Anknicken oder Verdrehen der Flügel zwecks Auftriebs-Erhöhung ist kaum möglich, allenfalls ein leichtes Verdrehen kurz vor dem Abwurf, weil das Material nicht dauerhaft plastisch verformbar ist. Durch einen Anschliff der Flügel an der Unterseite ('Bevel', Kapitel 6.7) kann jedoch ein effektiver Anstell-Winkel realisiert werden, der wiederum den Auftrieb erhöht.

Die Bumerangs aus diesem Werkstoff sind sehr universell. Durch das kleine Eigengewicht und die auch schwereren möglichen Gewichte kann die Flug-Weite stark verändert werden. Die hohe Stabilität und Steifigkeit bei Material-Stärken von 4 oder 5 Millimetern erlaubt auch große Zimmer-Bumerangs von bis zu 50 cm Durchmesser, einem halben Meter!

Styrofoam kann bei Verbund-Bumerangs sehr gut als Mittel-Teil bzw. Ring verwendet werden, da es den Bumerang stabilisiert, aber kaum schwerer macht.

Im Haushalt findet sich der Werkstoff zumindest in Stärken von 2 oder 3 Millimetern als Unter-Schale von abgepacktem Fleisch. Er kann in Hobby- und Modellbau-Geschäften in allen Stärken bezogen werden.

Balsa-Holz

Balsa-Holz ist ein klassisches Material für Zimmer-Bumerangs, das als Voll-Material meistens in Streifen von 10 cm Breite erhältlich ist. Die Dichte liegt je nach Härtegrad (weich, mittel, hart) zwischen ca. 0,1 und 0,2 g/cm^3. Für Zimmer-Bumerangs mit Flug-Weiten unter 3 Metern sind Material-Stärken von ca. 2,5 oder 3 mm gut geeignet. Gewichte sind nicht notwendig, aber möglich, sodass die Bumerangs auch Leucht-Mittel tragen können.

Ein Problem ist die stark ausgebildete Faser-Richtung, längs der Faser ist Balsa-Holz extrem bruchempfindlich. Die Flügel sollten daher in Faser-Richtung gebaut werden. Anschließend können sie beispielsweise zu einem Kreuz-Bumerang verklebt werden. Es gibt allerdings auch die Möglichkeit, die 10 cm breiten Balsa-Streifen quer zueinander zu verkleben und so eine Art zweilagiges 'Sperrholz' herzustellen. Dieses kann dann 'normal' weiterverarbeitet werden (Kapitel 13.6, 13.7).

Die Flügel müssen in jedem Falle profiliert werden (s.o. bei 'Styrofoam'), ein plastisches Verformen ist generell nicht möglich, nicht einmal kurzfristig vor dem Abwurf (Bruchgefahr). Dafür können Feile und Sandpapier gut verwendet werden. Zum Ausschneiden der Form eignen sich ein Cutter-Messer oder eine Laubsäge. Eine Oberflächen-Behandlung ist nicht notwendig, wenn überhaupt, sollten Öle oder Polituren verwendet werden.

Wie Styrofoam (s.o.) erlaubt auch Balsa-Holz wegen des geringen Eigengewichtes und der großen Steifigkeit Bumerangs, die auch wegen der möglichen Gewichte in Flug-Weite und Größe stark variieren können.

Querverleimtes Balsa-Holz kann bei Verbund-Bumerangs sehr gut als Mittel-Teil bzw. Ring verwendet werden.

Sperrholz aus Pappel oder Ceiba

Diese leichten Sperrhölzer mit einer Material-Stärke von 2 bis 3 mm sind meistens nur dreilagig und damit recht bruchempfindlich. Trotzdem sind sie für Leicht-Bumerangs gut geeignet. Die Bumerangs vertragen schon etwas Wind, brauchen nicht viel Kraft beim Werfen und können gut im Freien verwendet werden. Sie bilden eine Art Übergang zu den 'richtigen', schwereren Bumerangs. Gewichte brauchen sie nicht, vertragen sie aber in gewissen Grenzen.

Die Flügel müssen in jedem Falle profiliert werden, ein plastisches Verformen ist wie auch bei Balsa-Holz nicht möglich (Bruchgefahr). Als Werkzeuge bieten sich Feilen, ggfs. Bandschleifer (Power-Feile) und Sandpapier zum Profilieren sowie eine Laub- oder Stichsäge zum Ausschneiden der Form an. Eine Oberflächen-Behandlung ist zum Schutz des Holzes z.B. gegen Nässe zu empfehlen (Lack, Öl, Politur).

Birken-Sperrholz (Flugzeug-Sperrholz)

Dieses schwere Sperrholz aus langsam gewachsener, finnischer Birke ist das absolute Standard-Material für die sogenannten 'richtigen' Bumerangs, dann allerdings in Stärken von 3 bis 6 Millimetern (für den Anfang empfehle ich 3 oder 4 Millimeter). Es ist mit 2 Lagen pro Millimeter (4 mm also 8 Lagen!) hochverleimt und daher extrem bruchfest, aber trotzdem elastisch und biegsam. Aus diesem Grund wurde es häufig zum Bau von Flugzeugen benutzt, freilich in Stärken im Zentimeter-Bereich, daher auch der Name 'Flugzeug-Sperrholz'. Für Leicht-Bumerangs mit geringen Flug-Weiten ist es in den Stärken von 1,5 - 2,5 mm hervorragend geeignet. Wegen der hohen Elastizität ist es als Sonderfall auch drei-lagig in Stärken von 0,4 - 1,0 mm erhältlich, in dieser Form aber nur für unprofilierte Flügel von Verbund-Bumerangs verwendbar.

Für die Bearbeitung gilt das Gleiche wie für die o.g. Sperrhölzer aus Pappel oder Ceiba. Die große Anzahl der Lagen ist übrigens ein Vorteil beim Profilieren, denn es gibt dadurch viele gut sichtbare Höhenlinien, an denen man sich beim Schleifen hervorragend orientieren kann. Allerdings machen sowohl die größere Dichte als auch der viele Leim die Bearbeitung deutlich schwerer, weshalb ich bei diesem Material meistens einen elektrischen Bandschleifer (Power-Feile) einsetze.

Flugzeug-Sperrholz gibt es nicht so einfach im Baumarkt. Für kleine Mengen bieten sich Modellbau-Geschäfte oder Drachen-Läden an, größere Mengen sollten im Versandhandel von Spezial-Firmen oder sogar direkt von den Importeuren bezogen werden.

Aluminium Lochraster

Meine Idee war es, einen optimalen Werkstoff für die Mittel-Teile bzw. Ringe von Verbund-Bumerangs zu finden. In der Wahl der Flügel wollte ich völlig frei sein, also auch beispielsweise dünnes Flugzeug-Sperrholz einsetzen können, das man nicht knicken oder biegen kann. Also muss der für den Auftrieb notwendige Anstell-Winkel an anderer Stelle realisiert werden, am Ring. Ein mögliches Befestigen der Flügel mit Keilen ist möglich, aber aufwändig und unflexibel. Zudem wollte ich einen möglichst schmalen Ring mit wenig Fläche haben.

Das hierfür optimale Material ist ein Metall, das einerseits stabil, dauerhaft plastisch verformbar, absolut bruchfest und leicht zu bearbeiten, anderseits aber möglichst leicht ist. Es bietet sich Aluminium an. Es ist es mit einer Dichte von 2,7 g/cm^3 zwar ein relativ leichtes Metall, als Blech für einen Bumerang aber doch noch recht schwer. Als Lochraster-Material in einer Stärke von 0,5 mm und einer Flächen-Masse von 700 g/m^2 ist es hingegen hervorragend geeignet. Zudem kann das Material mit einer kräftigen Schere leicht geschnitten werden. Erhältlich ist es im Metall-Fachhandel und in größeren Hobby-Geschäften.

Der Verbund-Bumerang Solaris-U mit Aluminium-Lochraster-Ring (Kapitel 15.4) ist wie kein anderer geeignet, um verschiedenste Experimente zum Flugverhalten von Bumerangs durchzuführen. Alle Parameter wie Anstell-Winkel, Hochbiegen der Flügel, Angriffs-Punkt, neutrale Fläche und viele mehr können einfach, dauerhaft und reproduzierbar eingestellt und unabhängig voneinander systematisch ausgetestet werden (Kapitel 11).

6.3 Flug-Weiten

Über die Flug-Weite eines (homogenen) Bumerangs entscheidet ganz wesentlich die Flächen-Masse[1], wenn wir einmal von zusätzlichen Gewichten und Verbund-Bumerangs absehen. Mit größerer Flächen-Masse nehmen auch das Trägheitsmoment und damit der Drehimpuls zu, was zu einer größeren Flug-Weite führt (Kapitel 4.9).

Unabhängig davon verringert sich die Flug-Weite mit größeren Anstell-Winkeln der Flügel, weil dadurch der Auftrieb und damit auch das Drehmoment zunehmen. Bei zu großem Anstell-Winkel wird allerdings der Luftwiderstand zu groß, sodass der Bumerang zu stark an Rotation verliert und vorzeitig abstürzt, ohne vollständig zum Werfer zurückzukehren. Ein kleinerer Anstell-Winkel bewirkt umgekehrt größere Flug-Weiten, doch auch hier sind Grenzen gesetzt. Bei zu kleinen Anstell-Winkeln fliegt der Bumerang geradeaus und kehrt nicht zurück.

In jedem Falle sollten Sie bei jedem Bumerang selbst austesten, wann er für Sie am besten fliegt, denn vieles hängt auch von Ihrem speziellen Wurfverhalten wie z.B. der eingesetzten Kraft ab. Stürzt beispielsweise ein Bumerang mit großen Anstellwinkeln vorzeitig ab, so können Sie dem entgegenwirken, indem Sie ihm beim Abwurf mehr Rotation und Geradeaus-Geschwindigkeit mitgeben.

---

[1] Die Flächen-Masse wird der Physik 'Massenbelegung' ('Massenbelag'), umgangssprachlich häufig 'Flächengewicht' (nicht normgerecht) und in der Papier- und Druckbranche 'Grammatur' genannt. Aus letzterer stammt die Einheit g/m^2.

6.3 Flug-Weiten

Hier eine Übersicht über die Flug-Weite in Abhängigkeit vom Material, insbesondere von dessen Flächen-Masse ϱ_F (ohne Gewichte).

Material	Flächen-Masse ϱ_F in g/m²	Flug-weite in m	Bemerkungen
Karton 0,3 - 0,7 mm Wellpappe	250 - 500	1 - 3	Für kleine Räume, Standard-Material. Braucht zuweilen leichte Gewichte (Büro-Klammern).
Styrofoam 2 - 5 mm	120 - 300 *)	1 - 4	Für kleine Räume, braucht Gewichte. Daher hervorragend geeignet, um auch schwerere (einige Gramm) Leucht-Mittel zu tragen, z.B. als 'Libra-Groß'.
Balsa hart ca. 2,5 mm	250 - 500 *)	1 - 4	Für kleine Räume, braucht zuweilen Gewichte. Vollmaterial, bricht sehr leicht in Faserrichtung, daher müssen die Flügel in Faserrichtung gefertigt sein. Ideal für Kreuz-Bumerangs, die gut Leucht-Mittel tragen können.
Balsa weich ca. 5 mm	ca. 500 *)	1,5 - 4	Für kleine Räume. Zwei Balsa-Streifen von 2,5 mm quer verleimen, dann gibt es keine Bruch-Probleme mehr. Ideal für 'Libra' und 'Libra-Mittel'.
Polystyrol 0,5 mm	525	1,5 - 4	Für kleine Räume, Standard-Material. Hervorragend geeignet für Kuriositäten.
Polystyrol 0,75 mm	790	2 - 5	Für mittlere Räume. Hervorragend geeignet für Kuriositäten.
Polystyrol 1,0 mm	1.050	4 - 6	Für große Räume und Outdoor. Hervorragend geeignet für Kuriositäten.
Pappel ca. 3 mm	ca. 1.000 *)	4 - 6	Für große Räume und Outdoor, etwas brüchig.
Ceiba ca. 2 mm	ca. 1.300 *)	5 - 8	Für große Räume und Outdoor, etwas brüchig.
Birke 1,5 - 2,5 mm	1.200 - 2.000 *)	5 - 10	Für große Räume und Outdoor, Standard-Material (Flugzeug-Sperrholz).

Tab. 6.2: Flug-Weite und Flächen-Masse / *) Bei Flügelprofilierung 20% – 30% weniger

6.4 Werkzeuge

Die meisten Werkzeuge, die man für den Bau eines Leicht- oder Zimmer-Bumerangs benötigt, finden sich bereits im Haushalt. Was ggf. dazugekauft werden muss, kann problemlos für kleines Geld erworben werden.

Hier eine Werkzeug-Liste für Bumerangs mit flachen Flügeln ohne Profil.

- Schreibgeräte wie Bleistift, Kugelschreiber oder Filzstift.
- Lineal, Geodreieck, eventuell Kurvenlineal.
- Zirkel oder andere Gerätschaften, um Kreise zu zeichnen (Münzen, Gläser, Tassen).
- Kräftige Schere, Cutter-Messer, eventuell Papier-Schneidemaschine.
- Büro-Hefter.
- Klebeband, normal und doppelseitig (Teppich-Verlegeband, sehr hilfreich!).
- Klebestift, Klebstoff, eventuell Zweikomponenten-Kleber oder Heißkleber.
- Zur Dekoration wasserfester Filzstift, geeignete Farbe oder Spray-Lack.
- Arbeitsunterlage, am besten aus Holz.

Für Bumerangs mit profilierten Flügeln aus leichtem Kunststoff (z.B. Styrofoam), Balsa-Holz oder Sperr-Holz bieten sich zusätzlich die folgende Werkzeuge an.

- Laub- oder Stichsäge.
- Halbrund-Feile, mittel bis fein, ggfs. schmaler Bandschleifer (Power-Feile).
- Sandpapier, mittel bis fein.
- Schraubzwingen, klein.
- Geeignete Mittel zur Oberflächen-Behandlung von Holz (Lack, Öl, Politur).

6.5 Das Bauen

Die Texte und Abbildungen in dieser Bauanleitung beziehen sich auf Rechts-Händer-Bumerangs. Bei Links-Händer-Bumerangs gelten alle Angaben spiegelbildlich ('rechts' und 'links' vertauscht, ebenso 'Vorder-' und 'Hinterkante', etc.).

Die Umriss-Form des Bumerangs wird entsprechend den Maß-Angaben bzw. über die kopierte und ggf. entsprechend vergrößerte Schablone auf das Bau-Material übertragen. Sollte es nicht völlig eben sein, was insbesondere bei Sperrholz öfter vorkommt, so zeichnen wir auf der konkaven Seite (in der 'Schüssel', nicht auf dem 'Berg'). Ein Bumerang mit leicht hochgebogenen Flügeln fliegt in der Regel besser als einer mit heruntergebogenen Flügeln. Die Seite, die jetzt nach oben zeigt, wird also die Oberseite des Bumerangs, die später beim Werfen zum Kopf hin zeigt.

Sperrhölzer habe zudem eine Faser-Richtung. Bei Mehr-Flüglern spielt sie keine Rolle. Bei Zwei-Flüglern sollte die Faser-Richtung quer zu den Flügeln verlaufen. Dann lassen sich die Flügel später ggfs. besser nach oben oder unter biegen.

Nun kann der Bumerang mit geeigneten Werkzeugen wie Schere, Cutter-Messer, Laub- oder Sticksäge ausgeschnitten werden. Wir erhalten den Rohling.

Anschließend müssen die Flügel so bearbeitet werden, dass sie beim Werfen des Bumerangs einen Auftrieb erzeugen. Dabei ist zwischen flachen Flügeln ohne Profil und dickeren Flügeln mit Profil zu unterscheiden (Abb. 6.1).

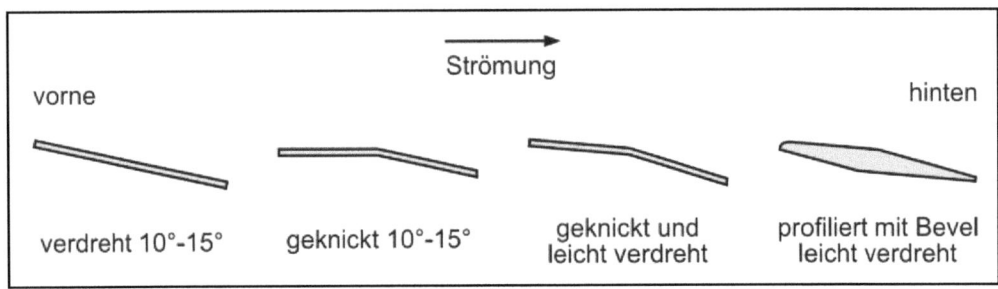

Abb. 6.1: Typische Flügel-Formen von Leicht- und Zimmer-Bumerangs

6.6 Bumerangs mit flachen Flügeln

Das sind die klassischen Zimmer-Bumerangs, die in wenigen Minuten gebaut werden können, mit Material und Werkzeugen, die Sie zu Hause haben.

Die Flügel sind flach, sie haben kein Profil und eine Material-Stärke von maximal einem Millimeter. Um trotzdem einen Auftrieb zu erzeugen, müssen sie entsprechend verdreht, verbogen oder angeknickt werden (Kapitel 4.2).

Somit sind nur Materialien verwendbar, die sich plastisch verformen lassen, die also eine Verbiegung dauerhaft oder zumindest für eine gewisse Zeit beibehalten. Eine besondere Bedeutung kommt in diesem Zusammenhang den 'Verbund-Bumerangs' zu (Kapitel 6.8, 15).

Die Material-Stärke darf nicht zu groß sein, weil sonst der Luftwiderstand zu groß wäre und der Bumerang während des Fluges zu sehr an Rotation verlieren und vorzeitig abstürzen könnte.

Durch die Manipulation der Flügel können sowohl die Flug-Weite als auch die Flug-Höhe jederzeit verändert und der Umgebung angepasst werden. Das ist ein großer Vorteil gegenüber Bumerangs mit dickeren, profilierten Flügeln, die im Nachhinein kaum verändert werden können.

Es gibt eine Reihe von Methoden, die Flügel entsprechend zu manipulieren, exemplarisch seien hier vier davon genannt (Abb. 6.1).

Anknicken und Verdrehen der Flügel

Die Flügel werden leicht dachförmig in der Mitte mit der Spitze nach oben angeknickt (Oberseite), was zu einer deutlichen Versteifung der Flügel in Längsrichtung führt. Dann werden sie gegen den (Linkshänder: im) Uhrzeigersinn um ca. 10° verdreht (Abb. 6.1). Ein stärkeres Verdrehen bedeutet größeren Auftrieb und somit kleinerer Flugkreis, ein zu starkes Verdrehen führt zu einem zu großen Luftwiderstand und vorzeitigem Absturz. Bei Karton kann es hilfreich sein, ihn mit einem Cutter-Messer an der Oberseite entlang der Knicklinie leicht einzuritzen. Das Anknicken wird dadurch leichter und die Knicklinie exakter. Polystyrol hingegen darf keinesfalls eingeritzt werden, weil es dann beim Anknicken brechen würde.

Verdrehen der Flügel

Bei sehr schmalen Flügeln wie beispielsweise beim Libellen-Bumerang (Kapitel 13.16) oder dickeren Flügeln wie bei Solaris in 1 mm (Kapitel 14.4) kann das Anknicken schwierig sein. In diesen Fällen genügt auch das einfache Verdrehen.

Knicken der Flügel über die Tischkante

Wer mit dem Anknicken Schwierigkeiten hat, dem kann es helfen, die hintere Seite der Flügel über eine scharfe Tischkante nach unten zu knicken. Die Knicklinie verläuft dann von der Hinterkante am Flügel-Anfang zur Mitte am Flügel-Ende.

Einschneiden der Flügel

Eine etwas ungewöhnliche Methode besteht darin, die Flügel-Hinterkante an zwei Stellen bis zur Mitte hin einzuschneiden und zwischen den Schnitten nach unten zu knicken. Durch verschiedene Abstände zwischen den Schnitten kann der Auftrieb zusätzlich leicht verändert werden.

Schaut man sich einen Bumerang an, der mit der Oberseite nach oben auf einer Tischplatte liegt, dann sollten die Flügel selbst stets leicht nach oben gebogen sein oder flach auf dem Tisch aufliegen, niemals aber nach unten zeigen. Sie sollten also eher eine 'Schüssel' bilden (konkav), keinen 'Berg' (konvex). Das führt zu kleineren Flug-Weiten und einem höheren Flug, der Bumerang kann leichter gefangen werden. In besonderen Fällen, um einen sehr flachen Flug zu erhalten, können die Flügel auch einmal leicht nach unten gebogen werden, sodass sich für die Gesamt-Form des Bumerangs ein flacher Berg (konvex) ergibt (Kapitel 4.8).

6.7 Bumerangs mit profilierten Flügeln

Dickere Flügel mit Profil haben den Vorteil, dass sie steifer und formstabiler sind und der Bumerang daher deutlich größer sein kann.

Zunächst werden die Schnitt-Kanten mit Feile oder Sandpapier entgratet und geglättet, anschließend die Hilfslinien für das Profil der Ober- und Unterseite auf den Rohling übertragen. Damit wird markiert, wo und wie weit das Material abgetragen werden soll.

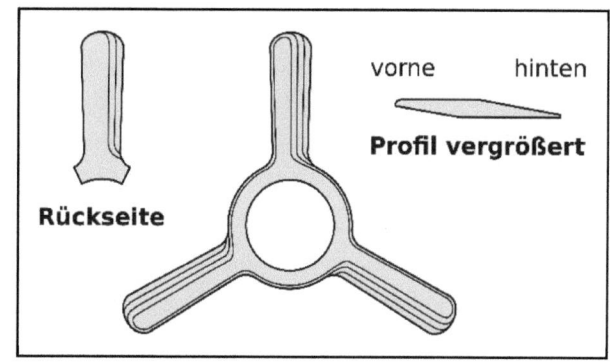

Abb. 6.2: Ein Bumerang mit profilierten Flügeln und Höhenlinien

Dieses Abtragen geschieht mit einer Feile oder Sandpapier, ggf. mit einem schmalen Bandschleifer (Power-Feile). Besondere Sorgfalt ist am Ansatz und an den Enden der Flügel geboten, wo die Profile der Vorder- und Hinterkanten ineinander übergehen. Im Falle von Sperrholz erweisen sich jetzt die Holzmaserungen der verschiedenen Holz-Lagen (Höhenlinien) als gutes Hilfsmittel zur gleichmäßigen Bearbeitung (Abb. 6.2). Der Rohling kann auf einer Arbeitsplatte beispielsweise mit Schraubzwingen befestigt oder einfach mit den Händen gut festgehalten werden.

Ein häufiger Fehler ist es, die Profilierung nicht weit genug in den Flügel hineinzuarbeiten. Als Richtwert kann die Hälfte der Flügelbreite gelten. Die Vorderkanten werden dabei nicht scharf abgeschrägt, sondern halbrund herausgearbeitet. Das verringert den Luftwiderstand und erleichtert das Werfen. Links-Hänger müssen beachten, dass 'Vorder-' und 'Hinterkante' auszutauschen sind.

Insbesondere bei Bumerangs, die kleine Flug-Weiten haben sollen, also einen recht großen Auftrieb an den Flügeln brauchen, muss die Unterseite fast so stark angeschliffen werden wie die Oberseite. Dies simuliert einen Anstell-Winkel der Flügel, der gemäß dem Polar-Diagramm (Kapitel 4.2, Abb. 4.4) im Vergleich zu einem Flügel ohne Anstell-Winkel den Auftrieb um den Faktor 3 bis 4 erhöht. Der Anschliff der Unterkante wird unter Bumerang-Werfern 'Bevel' genannt.

Schließlich wird der Bumerang mit feinem Sandpapier geschliffen, je nach Material oberflächen-behandelt und ggf. bemalt und verziert. Der Vielfalt sind dabei keine Grenzen gesetzt. Leuchtende Farben haben den Vorteil, den Bumerang z.B. in hohem Gras leichter wiederzufinden.

Direkt vor dem Wurf können bei zwar elastischen, aber dennoch leicht plastischen Materialien wie Styrofoam oder Birken-Sperrholz die Flügel leicht (Bruchgefahr) verdreht werden (Anstell-Winkel), um den Auftrieb zu vergrößern und damit die Flug-Weite zu verringern (Kapitel 4.9). Durch Hoch- oder Herunterbiegen der Flügel kann die Flug-Höhe vergrößert bzw. verkleinert werden (Kapitel 4.10). Diese Manipulationen bleiben jedoch meistens nur einige Minuten erhalten, da sich das Material nicht plastisch, sondern eher elastisch verhält.

6.8 Verbund-Bumerangs

Die Idee 'Verbund-Bumerang' ist mir erst während der Vorarbeiten zu diesem Buch gekommen. Ich hatte dabei die folgenden Intentionen.

- Maximale Freiheit bei der Wahl der Materialien.
- Beliebige Massen-Verteilungen auf Mittel-Teil und Flügel.
- Die Kombination der Material-Vorteile für Mittel-Teil und Flügel.
- Die Realisierung von Ring-Bumerangs mit sehr großen Ringen.
- Die Realisierung sehr ungewöhnlicher Bumerang-Formen.
- Der Bau von Bumerangs aus den verschiedensten Materialien des täglichen Lebens (z.B. 'Bierdeckel-Bumerang', Kapitel 15.7).
- Die Möglichkeit, verschiedenste Experimente zum Flugverhalten von Bumerangs durchzuführen und dabei alle Parameter einfach, dauerhaft und reproduzierbar einzustellen und unabhängig voneinander systematisch zu testen.

Beim Verbund-Bumerang werden die verschiedensten Materialien kombiniert. Es ist insbesondere ein großer Vorteil, für den Mittel-Teil bzw. den Ring ein anderes Material zu verwenden als für die Flügel, da diese beiden Bumerang-Teile auch völlig verschiedene Funktionen haben. Der Mittel-Teil soll die Flügel fixieren und dabei möglichst wenig Fläche haben, aber stabil und leicht sein. Die Flügel sind für den Auftrieb, aber auch für ein gewisses Trägheitsmoment verantwortlich, das den Flug beeinflusst und stabilisiert.

Der Verbund-Bumerang Solaris-U (Kapitel 15.4) mit Aluminium-Lochraster-Ring ist beispielsweise hervorragend geeignet, um verschiedenste Experimente zum Flugverhalten von Bumerangs durchzuführen. Alles weitere zu diesem Thema finden Sie in Kapitel 4.

Durch die Kombination verschiedener Materialien ist es beispielsweise auch möglich, für flache Flügel ein Material zu wenden, das nicht plastisch verformbar ist (z.B. sehr dünnes Flugzeug-Sperrholz). Der notwendige Anstell-Winkel kann am Ansatz des Flügels am Mittel-Teil (z.B. Ring) durch dessen Verformung (z.B. bei Aluminium) oder durch Keile realisiert werden.

Hier eine unvollständige Liste einiger Materialien für das Mittel-Teil.

- Dicker Karton (z.B. Bierdeckel), Wellpappe.
- Styrofoam (geschäumt, ab 3 mm).
- Balsa-Holz, zwei-lagig querverleimt.
- Dünnes, leichtes Sperrholz.
- Aluminium-Lochraster-Blech.

Für die Flügel bieten sich beispielsweise die folgenden Materialien an.

- Karton, nicht zu dick und möglichst steif.
- Polystyrol (ungeschäumt, unter 1 mm).
- Sehr dünnes Sperrholz (unter 1 mm).

Zum Verbinden der Verbund-Materialien ist doppelseitiges Klebeband hervorragend geeignet, zur weiteren Fixierung bieten sich einseitige Klebebänder oder Klebstoffe an.

Ein Verbund-Bumerang ist einfach und schnell 'umzubauen', um das Flugverhalten zu verändern. Die Flügel können abgenommen und anders, z.B. in einem anderen Winkel, wieder angebracht werden (Kapitel 4.8).

Darüber hinaus kann auch ein Gegenstand des täglichen Lebens zum Bumerang gemacht werden, wenn man an ihm in geeigneter Weise Flügel anbringt ('Bierdeckel-Bumerang', Kapitel 15.7).

6.9 Gewichte

Hier eine Übersicht über Gewichte, die bei Leicht- und Zimmer-Bumerangs relevant sind. Objekte und deren Gewichte, die bei der Beleuchtung von Bedeutung sind, finden Sie in Kapitel 9.3, Tab. 9.3.

Objekt	Masse in g	Bemerkungen
Tacker-Klammer 'normal'	ca. 0,05	Größe 11,4 x 6 x 0,8 mm^3, große Schwankungen.
Büro-Klammer 'klein'	ca. 0,25	Größe 25 x 7 x 0,8 mm^3, große Schwankungen.
1-Cent-Stück	2,30	
2-Cent-Stück	3,20	
Klebe-Film, 1 cm^2	ca. 0,005	Z.B. 'Tesa-Film'.
Krepp-Band, 1 cm^2	ca. 0,01	Z.B. 'Tesa-Krepp'.
Doppelseitiges Klebeband, 1 cm^2	ca. 0,02 / 0,01	Teppich-Verlegeband, mit / ohne Schutzfolie.

Tab. 6.3: Gewichte für Leicht- und Zimmer-Bumerangs

Mit Gewichten kann das Flugverhalten eines Bumerangs, insbesondere die Flug-Weite, in weiten Bereichen beeinflusst werden. Sie erhöhen einerseits die Masse und damit den Impuls, anderseits das Trägheitsmoment und damit den Drehimpuls (Kapitel 4.9).

Dabei ist es neben der Masse selbst von großer Bedeutung, wo sie am Bumerang angebracht wird. Je weiter sie vom Drehpunkt (Schwerpunkt) entfernt ist, also je weiter außen sie sich befindet, desto stärker erhöht sich das Trägheitsmoment, und zwar quadratisch mit dem Abstand. Die Flug-Weite wiederum erhöht sich proportional mit dem Trägheitsmoment. Doppelter Abstand von der Mitte bedeutet also vierfache Flug-Weite. Die Masse selbst geht hingegen nur linear ein, doppelte Masse bedeutet 'nur' doppelte Flug-Weite. Das zeigt, wie empfindlich ein Bumerang auf die Verteilung der Gewichte reagiert.

Es macht im Allgemeinen wenig Sinn, Gewichte in der Mitte eines Bumerangs, im neutralen Bereich, anzubringen. Das erhöht nur die neutrale, nicht aber die effektive Masse (Kapitel 4.8) und führt zu einem größeren Impuls, aber zu keinem deutlich größeren Trägheitsmoment bzw. Drehimpuls. Die Folge ist meistens ein unschöner Flug, oft weitgehend geradeaus, mit starkem Flachlegen des Bumerangs, starkem Aufstieg und vorzeitigem Absturz.

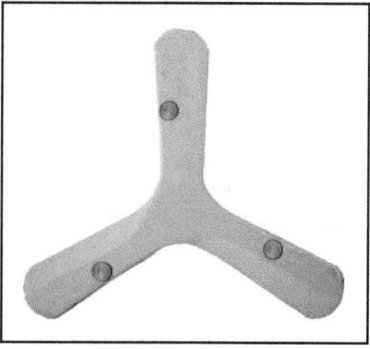

Abb. 6.3: Ein Styrofoam-Drei-Flügler mit Gewichten

Nach meiner Erfahrung ist es günstig, Gewichte so am Flügel anzubringen, als würde man die homogene Flächen-Masse erhöhen bzw. das leichte Material durch ein schwereres ersetzen. Das führt zu einem stabilen, weitgehend kreisförmigen Rückkehr-Flug. Es bedeutet im Falle eines Bumerangs mit in der Mitte angebrachten Flügeln (ohne einen Mittel-Ring), das Gewicht von der Flügel-Mitte aus gesehen etwas zum Flügel-Ende hin anzubringen, genauer gesagt in einem Abstand von 57,7% der Flügel-Länge vom Flügel-Anfang entfernt (Abb. 6.3). Der Wert 57,7% bzw. 0,577 ist kein Zufall, sondern gleich 1 / (Wurzel aus 3). Warum das so ist, erfahren Sie, wenn Sie mögen, in Kapitel 4.5.

Generell sollten Gewichte auf dem Flügel möglichst weit zur Vorder-Kante hin angebracht werden, dann ist der Flug stabiler, denn die Flügel werden 'gezogen', nicht 'geschoben'. Aus aerodynamischen Gründen gehören Gewichte immer auf die Flügel-Oberseite, denn dann trägt der Luftwirbel, den sie erzeugen, zum Auftrieb bei. Büroklammern werden einfach mit der größeren Seite nach oben von vorne auf den Flügel aufgesteckt. Knicklichter können gut direkt an der Vorder-Kante befestigt werden, dann sind sie von beiden Seiten gut sichtbar.

Es gibt Bumerangs aus sehr leichten Materialien wie Styofoam, die Gewichte brauchen, um das nötige Trägheitsmoment für einen stabilen Flug zu erreichen. Das Gleiche gilt für Bumerangs mit eigentlich zu kurzen Flügeln. Ein Beispiel dafür ist der Postkarten-Bumerang (Kapitel 13.12), bei dem die Flügel-Länge durch die maximal zulässige Postkarten-Größe begrenzt und dadurch eigentlich zu klein ist.

Im Außen-Bereich können Gewichte eingesetzt werden, um einen Bumerang windstabiler zu machen bzw. den Wind auszugleichen. Würde z.B. ein Bumerang ohne Gewichte bei Wind hinter dem Werfer, mit Gewichten ohne Wind jedoch vor dem Werfer landen, so kann man die Gewichte so wählen, dass er dann mit Gewichten und mit Wind genau beim Werfer landet.

Bei den symmetrischen Bumerangs ist darauf zu achten, dass diese Symmetrie erhalten bleibt, also der Schwerpunkt nach wie vor mit dem Figuren-Mittelpunkt zusammenfällt. Bei asymmetrischen Bumerangs wie beispielsweise der Libelle sollte der Schwerpunkt, um den ja der frei fliegende Bumerang rotiert, so liegen, dass die Flügel optimalen Auftrieb erzeugen können und die neutralen Flächen, die nichts zum Auftrieb beitragen, möglichst dicht am Schwerpunkt liegen. Dieser Nebeneffekt von Gewichten kann übrigens gezielt eingesetzt werden, um den Schwerpunkt eines asymmetrischen Bumerangs entsprechend zu verschieben.

Ein weiterer Nebeneffekt ist die Stabilisierung der Flügel. Sind diese aufgrund des Materials oder der Bumerang-Größe eher weniger steif, so bringen Gewichte aufgrund der Zentrifugal-Kräfte eine gewisse Abhilfe.

Zum Befestigen der Gewichte benutze ich gerne doppelseitiges Klebeband oder Krepp-Band, sodass sie sich schnell und problemlos entfernen und wieder ankleben lassen.

7 Das Konstruieren von Bumerangs

7.1 Allgemeines

Es ist mir wichtig, den Leser nicht nur zum Werfen, sondern auch zum eigenständigen Konstruieren und Bauen von Bumerangs anzuregen und ihm dabei einige Hilfestellungen und Tipps zu geben. Daher gibt es fünf recht ausführliche Kapitel zu den diesbezüglich relevanten Themen 'Rückkehr-Flug' (Kapitel 4), 'Werfen' (Kapitel 5), 'Bauen' (Kapitel 6), 'Konstruieren' (Kapitel 7) und 'Manipulieren' (Kapitel 8) von Bumerangs, die eine Einheit bilden und sich aufeinander beziehen. Teilweise auftretende Wiederholungen bitte ich zu entschuldigen, sie sollen die einzelnen Kapitel auch unabhängig voneinander verständlich machen.

Es ist sinnvoll, das Kapitel 4 über den 'Rückkehr-Flug' als erstes zu lesen, zumindest teilweise.

Ein praktisches Beispiel, was bei der Konstruktion eines Bumerangs zu beachten ist, finden Sie in Kapitel 11 über 'Solaris'.

Wer sich näher für diesen Gesamt-Komplex interessiert, dem empfehle ich, diese Kapitel als Einheit zu lesen. Daher werde ich Themen, die in den anderen Kapiteln näher angesprochen worden sind, hier nur kurz erwähnen. Dieses Kapitel ist eher für denjenigen Leser geschrieben, der sich intensiver mit dem Konstruieren von Bumerangs beschäftigen möchte. Wer einfach nur 'Bumerangs werfen' oder sie 'Nachbauen' will, kann es getrost überlesen.

In diesem Buch finden Sie eine Reihe von Modell-Vorschlägen, doch Veränderungen und Kombinationen sind zulässig und erwünscht. Sie können kaum etwas falsch machen. Ob Sie am Flügel-Ende etwas abbeißen oder ankleben - fast alles, was Flügel hat und sich dreht, das kehrt auch zurück. Viel Spaß beim Experimentieren!

Die praktischen Einzelheiten beim Bauen von Bumerangs finden Sie in Kapitel 6. Hier geht es um prinzipielle Überlegungen, was bei der Konstruktion von Bumerangs zu beachten ist.

Dazu gehören Fragen danach, wie, wo und von wem der Bumerang eingesetzt werden soll.

- Wer ist der Werfer? (Erwachsener, Kind, Anfänger, etc.).
- Welche Flug-Weite und welche Flug-Höhe soll der Bumerang haben? (Begrenzung beispielsweise durch die Räumlichkeiten).
- Wo soll der Bumerang eingesetzt werden? (innen, außen, Wind, etc.).
- Soll der Bumerang ggfs. Gewichte tragen können? (beispielsweise für eine Beleuchtung).

7.2 Die Form

Ein Leicht- oder Zimmer-Bumerang sieht nur selten so aus, wie sich die meisten Menschen einen Bumerang vorstellen. Er sieht eher aus wie ein Propeller mit 3 oder 4 Flügeln oder hat eine völlig andere Form wie beispielsweise der Kaktus- oder der Libellen-Bumerang (Kapitel 7.6).

Ein Bumerang dreht sich im Flug automatisch um seinen Schwerpunkt. Fällt dieser mit dem Figuren-Mittelpunkt zusammen, so ergibt sich ein stabiler, regelmäßiger Flug. Das spricht automatisch für einen symmetrischen Bumerang und somit für einen Mehr-Flügler mit gleichen Flügeln. Die Symmetrie ist insbesondere bei Leicht- und Zimmer-Bumerangs von Vorteil, da ihre Rotations-Frequenz nur ca. 5 Hertz beträgt (sie drehen sich also in einer Sekunde 5 - mal um sich selbst) und man sie aufgrund der kleinen Flug-Weite immer gut im Auge hat. Bei großen, 'richtigen' Bumerangs ist die Rotations-Frequenz zwar auch nicht sehr viel größer (Kapitel 4.11), sie sind aber weiter entfernt. Daher wirkt der Flug eines asymmetrischen Zimmer-Bumerangs wie z.B. 'Andromeda' (Kapitel 13.13) etwas 'eierig' oder 'taumelig'.

Symmetrische Mehr-Flügler sind leichter zu werfen als die Standard-Form mit 2 Flügeln. Sie verhalten sich toleranter gegenüber leichten Abwurf-Fehlern. Zudem führen mehr Flügel auch zu einem größeren Gesamt-Auftrieb und damit zu einer kleineren Flug-Weite.

Auch die im Allgemeinen geringe Material-Stärke von meistens unter 1 mm macht es sinnvoll, die Bumerangs symmetrisch und damit zwingend mehr-flüglig zu bauen. Das erhöht die Stabilität. Ein zwei-flügliger Bumerang aus derart dünnem

Material wäre von vornherein nicht formstabil genug und zu 'wabbelig'. Eine Ausnahme ist z.B. das Modell 'Andromeda' (Kapitel 13.13), bei dem aber ein schmaler Steg zwischen den Flügeln notwendig ist, um diesem Problem entgegenzuwirken.

Den Drei-Flügler, den einfachsten Mehr-Flügler also, halte ich für eine sehr gute Grund-Form. Alle meine Experimente haben gezeigt, dass vier oder mehr Flügel zu einem höheren Flug führen, was gerade in Innen-Räumen eher unerwünscht ist. Zu erklären ist dieses Flugverhalten leicht durch den größeren Flächen-Effekt (Kapitel 4.8).

Um die Funktion der Flügel (Auftrieb und Trägheitsmoment) optimal auszunutzen, ist es häufig günstig, die Flügel in einem gewissen Abstand vom Schwerpunkt anzubringen (Kapitel 4.5). Eine gute Form, um das zu realisieren, ist ein möglichst leichter und schmaler Ring in der Mitte mit Flügeln daran ('Solaris', 'Großer-Ring'). Der Ring darf allerdings nicht zu schmal und nicht zu groß sein, damit der Bumerang als Ganzes stabil und bruchfest bleibt.

Der Bumerang sollte im Allgemeinen flach sein, also auf einer Tischplatte flach aufliegen. Sind die Flügel nach oben (oben ist die Seite, die beim Abwurf zum Kopf hin zeigt) gebogen, so führt das zu einem höheren Flug bei gleicher Flug-Weite. Umgekehrt haben nach unten gebogene Flügel einen niedrigeren und oft schnelleren Flug zur Folge.

Unabhängig davon hier eine Liste von Bumerang-Merkmalen, die bei der Konstruktion zu bedenken sind.

- Die Flügel müssen genügend Auftrieb und Drehimpuls erzeugen und sollten nicht zu kurz und nicht breit sein.
- Die neutrale Fläche in der Mitte sollte eher klein sein.
- Die neutrale Masse in der Mitte sollte eher klein sein.
- Der Bumerang darf nicht zu klein und zu leicht sein, damit er stabil fliegt.
- Der Schwerpunkt des Bumerangs sollte mit dem Figuren-Mittelpunkt übereinstimmen oder zumindest (z.B. bei Kuriositäten) so gewählt werden, dass die Funktion der Flügel optimal genutzt wird.

Die Flügel

Es ist ein häufiger Fehler, die Flügel zu kurz zu machen. Alles Weitere zum Thema 'Flügel' im anschließenden Kapitel 7.3.

Die neutrale Fläche

Die neutrale Fläche in der Mitte sollte eher klein sein. Sie trägt nichts zum Auftrieb bei, führt aber durch den Flächen-Effekt (Kapitel 4.2, 4.10). zu einem verstärkten Flachlegen des Bumerangs und damit zu einem höheren Flug, oft mit vorzeitigem Absturz. Allerdings ist ein gewisses Flachlegen notwendig, die effektive Fläche (der Flügel) reicht dafür aber meistens aus. Bei Bumerangs für den Außen-Bereich ist noch zu bedenken, dass mit der Fläche auch immer die Windempfindlichkeit zunimmt.

Die neutrale Masse

Die neutrale Masse in der Mitte sollte eher klein sein. Sie erhöht kaum das Trägheitsmoment, bewirkt also nur einen größeren schädlichen Impuls, ohne den nützlichen Drehimpuls zu vergrößern. Das führt zu einem stärkeren Geradeaus-Flug mit Flachlegen, sodass der Bumerang häufig stark aufsteigt und dann vor dem Werfer abstürzt. Daher sollten sich die Massen eines Bumerangs eher in den Flügeln befinden (effektive Masse).

Die Größe

Ein häufiger Fehler ist es, den Bumerang zu klein (meistens mit zu kurzen Flügeln, s.u.) zu konzipieren. Er sollte einen Durchmesser von gut 15 cm oder mehr haben, damit das Trägheitsmoment und somit der Drehimpuls für einen stabilen Flug groß genug sind. Andernfalls kann sich der Bumerang zu stark flachlegen, stark aufsteigen und abstürzen.

Insbesondere wenn bei flachen Flügeln die Material-Stärke (deutlich über 0,5 mm, z.B. Wellpappe wie beim Pizza-Bumerang, Kapitel 13.9) und damit auch der Luftwiderstand recht groß sind, darf der Bumerang nicht zu klein sein, damit das Trägheitsmoment groß genug ist. Ansonsten kann der Bumerang zu viel an Rotation verlieren und abstürzen.

Experimentieren Sie mit großen Bumerangs, ein halber Meter Durchmesser ist kein Problem.

Die Größe hat übrigens bei gleichem Material fast keine Auswirkungen auf die Flug-Weite (Kapitel 4.9). Ein Riesen-Bumerang fliegt nicht weiter als ein Mini-Teil, aber meistens deutlich stabiler. Es ist ein weit verbreiteter Irrtum, dass ein Leicht- oder Zimmer-Bumerang generell kleiner sein muss als ein 'richtiger' Bumerang für den Außen-Bereich.

Es ist dabei aber zu beachten, dass man Bumerangs nicht einfach proportional vergrößern sollte, weil dann die Breite der Flügel häufig zu groß wird (s.o.). Es ist daher meistens besser, die Flügel zu verlängern, aber nur unwesentlich oder gar nicht zu verbreitern. Bei Ring-Bumerangs bietet es sich an, den Durchmesser des Ringes, nicht aber dessen Breite zu vergrößern. In jedem Falle sollte der Bumerang aber als Ganzes stabil bleiben und nicht 'wabbelig' werden.

Der Schwerpunkt

Der Schwerpunkt insbesondere eines Leicht- oder Zimmer-Bumerangs sollte mit dem Figuren-Mittelpunkt übereinstimmen oder zumindest (z.B. bei Kuriositäten) so gewählt werden, dass die Funktion der Flügel optimal genutzt wird. Ggfs. kann der Schwerpunkt durch entsprechende Gewichte verschoben werden.

7.3 Die Flügel

Die Flügel müssen genügend Auftrieb und Drehimpuls zu erzeugen, um den Rückkehr-Flug (Kapitel 4.8) sicherzustellen. Flache Flügel brauchen also einen entsprechenden Anstell-Winkel (Kapitel 4.2). Bei Flügeln ab 1,5 mm Material-Stärke bieten sich sowohl eine Profilierung als auch ein 'Bevel' (Anschliff der Unterseite, Kapitel 6.7) an.

An den Flügeln entsteht einerseits durch den Auftrieb ein Drehmoment ('Kippmoment'), das auf den Bumerang wirkt. Anderseits tragen die Flügel durch ihre Massen entscheidend zum Trägheitsmoment und somit zum Drehimpuls bei, der aufgrund des Drehimpuls-Erhaltungssatzes den Flug stabilisiert und ein zu starkes Flachlegen verhindert. Drehmoment und Drehimpuls führen in ihrem Zusammenspiel mit der Präzession zum Rückkehr-Flug des Bumerangs.

Der Auftrieb der Flügel hängt vom ihrem Anstell-Winkel ab. Je größer der Anstell-Winkel (ein stärkeres Verdrehen), desto größer der Auftrieb (Kapitel 4.2). Ein größerer Aufrieb wiederum bedeutet ein größeres Drehmoment ('Kippmoment'), was zu einer kleineren Flug-Weite führt. Gleichzeitig nimmt aber auch der Luftwiderstand zu, der Bumerang wird also stärker abgebremst, was zu einer kleineren Geschwindigkeit, insbesondere aber zu einer kleineren Rotations-Frequenz führt. Der Werfer muss dem Bumerang also beim Abwurf mehr Drehung mitgeben, damit er während des Fluges nicht abstürzt.

Umgekehrt bewirkt ein kleinerer Auftrieb eine größere Flug-Weite. Im Extrem-Fall reicht das Drehmoment für einen Rückkehrflug nicht mehr aus, der Bumerang fliegt mehr oder weniger geradeaus und kehrt nicht zurück.

Sowohl der Auftrieb als auch das Trägheitsmoment und damit der Drehimpuls nehmen mit dem Abstand der Masse und damit der Flügel von der Drehachse bzw. dem Schwerpunkt zu, sogar proportional zum Quadrat des Abstandes (Kapitel 4.5).

Daher sollten die Flügel nach außen hin eher etwas breiter werden, zumindest nicht schmaler. Das ist also anders, als man es von Flugzeugen, Hubschraubern oder Windrädern her kennt.

Außerdem ist es aus diesem Grund häufig günstig, die Flügel in einem gewissen Abstand vom Schwerpunkt anzubringen, und zwar am besten so, dass dafür in der Mitte, also in der Nähe des Schwerpunktes, möglichst wenig Masse notwendig ist. Das führt zur Form des 'Ring-Bumerangs' (Abb. 7.5).

Die klassischen Leicht- und Zimmer-Bumerangs, die in wenigen Minuten gebaut werden können, haben meistens flache Flügel. Sie haben kein Profil und eine Material-Stärke von maximal einem Millimeter. Der Auftrieb kann bei ihnen lediglich durch einen Anstell-Winkel realisiert werden (Kapitel 4.2).

Bei Materialien mit großen Stärken (Styrofoam, Balsa) kann es zu einem großen Luft-Widerstand kommen, der den Bumerang zu stark abbremst. Ist diesem Falle sollten die Flügel entsprechend profiliert werden (Kapitel 6.7). Auch das Anbringen von Gewichten bringt Abhilfe, vergrößert aber die Flug-Weite (Kapitel 4.9).

Bei der Verwendung sehr leichter Materialien (z.B. Styrofoam oder Balsa-Holz) können die Flügel aber auch deutlich dicker (bis zu 5 mm) und profiliert sein. Das Profil erzeugt nicht nur zusätzlichen Auftrieb, sondern vermindert insbesondere den Luftwiderstand. Durch einen Anschliff der Flügel an der Unterseite ('Bevel') kann ein effektiver Anstell-Winkel realisiert werden, der wiederum den Auftrieb erhöht.

Es ist dabei zu beachten, dass der Anteil des Profils am Auftrieb recht gering ist, bei einem zusätzlichen Anstell-Winkel von ca. 10° bewirkt dieser ca. 80% des Auftriebs. Bei einem Leicht- oder Zimmer-Bumerang, der eine kleine Flug-Weite haben soll, kann daher auf einen Anstell-Winkel nicht verzichtet werden (Kapitel 4.2).

Dickere Flügel haben den Vorteil, dass sie steifer und formstabiler sind und der Bumerang daher deutlich größer sein kann.

Ein häufiger Fehler ist es, die Flügel zu kurz und zu breit machen. Die Flügel müssen lang genug sein, um genügend Auftrieb und Drehimpuls zu erzeugen. Letzterer sorgt nicht nur für den Rückkehr-Flug, sondern verhindert auch ein zu starkes Abbremsen der Rotation durch den Luftwiderstand. Außerdem sorgt er wegen des Drehimpuls-Erhaltungssatzes für einen stabilen Flug. Ein zu kleiner Drehimpuls führt zu einem zu starken Flachlegen und somit zu einem zu hohen Flug, oft mit vorzeitigem Absturz. Zu breite Flügel bewirken wegen des Flächen-Effektes (Kapitel 4.2) ebenfalls ein zu starkes Flachlegen mit den o.g. Folgen. Experimentieren Sie also ruhig einmal mit sehr schmalen und sehr langen Flügeln.

Als Richtwert kann gelten, dass die Flügel nicht breiter als 4 cm (in Ausnahme-Fällen 5 cm) und mindestens 3-mal so lang wie breit sein sollten. Das bedeutet, dass man durch einfaches Vergrößern eines 'guten' Bumerangs nicht unbedingt wieder einen 'guten' Bumerangs erhält. Die Flügel werden dann häufig zu breit, müssen also bei dem vergrößerten Bumerang entsprechend schmaler gemacht werden (Beispiele sind die Modelle 'Libra', Libra-Mittel' und 'Libra-Groß', in den Kapiteln 13.5, 13.6 und 13.7).

Insbesondere bei flachen, unprofilierten Flügeln aus relativ dicken Materialien (dicker Karton wie z.B. Schreibblock-Rückdeckel oder Wellpappe) kann aufgrund des großen Luftwiderstandes das Problem des zu starken Abbremsens auftreten. Der Bumerang verliert zu sehr an Rotation und stürzt ggfs. ab. In diesem Falle müssen die Flügel verlängert oder mit Gewichten versehen werden.

Bei einem Bumerang, bei dem die Flügel nicht im Schwerpunkt, sondern weiter außen angesetzt sind ('Solaris', Kapitel 13.4, 'Großer-Ring', Kapitel 15.5), kann man ihren Ansatz-Winkel relativ zum Bumerang mehr nach vorne (in Flugrichtung) oder mehr nach hinten legen (Abb. 7.1). Aufgrund der damit verbundenen Änderung des Angriffs-Punktes der Auftriebs-Kraft führt ersteres zu einem niedrigeren, letzteres zu einem höheren Flug (Kapitel 4.10, Abb. 4.14). Dieser Effekt kann bei der Konstruktion von Kuriositäten (z.B. 'Bierdeckel-Bumerang', Abb. 7.6) gezielt eingesetzt werden.

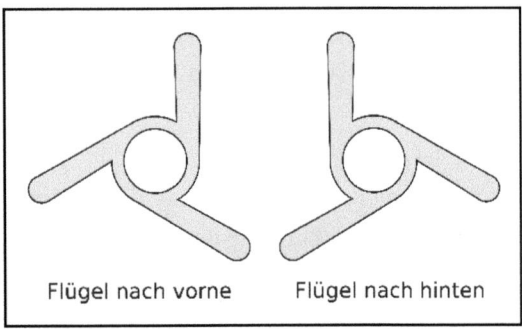

Abb. 7.1: Der Ansatz-Winkel der Flügel bei 'Solaris'

7.4 Material, Masse und Trägheitsmoment

Ausführliche Informationen zu den Materialien, die für Leicht- und Zimmer-Bumerangs geeignet sind, finden Sie in Kapitel 6.2, Tab. 6.1.

Über die Flug-Weite eines (homogenen) Bumerangs entscheidet ganz wesentlich die Flächen-Masse (Kapitel 4.9, 6.3, Tab. 6.2) und damit das Material, wenn wir einmal von zusätzlichen Gewichten und von Verbund-Bumerangs absehen, denn mit größer Flächen-Masse wird der Bumerang insgesamt schwerer.

Ein schwererer Bumerang hat immer sowohl eine größere Masse als auch ein größeres Trägheitsmoment, was während des Fluges sowohl zu einem größeren Impuls als auch zu einem größeren Drehimpuls und zu einer größeren Flug-Weite führt.

Mit zusätzlichen Gewichten kann das Flugverhalten eines Bumerangs, insbesondere die Flug-Weite, in weiten Bereichen beeinflusst werden.

Für die Masse ist es gleichgültig, wo die Gewichte angebracht werden, für das Trägheitsmoment hingegen nicht. Letzteres und somit die Flug-Weite sind umso größer, je weiter die Gewichte vom Dreh-Punkt (Schwerpunkt) entfernt sind (quadratische Abhängigkeit). Doppelter Abstand bedeutet also vierfache Flug-Weite. Das zeigt, wie empfindlich ein Bumerang auf die Verteilung der Gewichte reagiert. Sind die Gewichte zu groß oder zu weit vom Dreh-Punkt entfernt, so kehrt der Bumerang nicht vollständig zurück.

Dicht am Dreh-Punkt erhöhen Gewichte nur die neutrale Masse und damit den Impuls, nicht aber das Trägheitsmoment und den Drehimpuls des Bumerangs. Gewichte haben dort also wenig Sinn, sie führen zu einem stärkeren Geradeausflug mit Flachlegen, sodass der Bumerang häufig stark aufsteigt und dann vor dem Werfer abstürzt. Bei symmetrischen Mehr-Flüglern ist meistens der Platz etwas weiter außen von der Flügel-Mitte (Kapitel 4.5) aus eine gute Wahl, und zwar eher an der Vorder-Kante des Flügels, nicht an der Hinter-Kante (Kapitel 6.9).

Es gibt Bumerangs aus sehr leichten Materialien (z.B. aus Styrofoam oder Balsa-Holz), die Gewichte brauchen, um ein ausreichendes Trägheitsmoment für einen stabilen Flug ohne zu großen Rotations-Verlust zu erreichen. Solche Bumerangs sind für das Tragen von Beleuchtungs-Einheiten besonders geeignet (Kapitel 9.3, 'Libra-Groß', Kapitel 13.7).

Auch Bumerangs mit sehr kurzen Flügeln haben oft ein zu kleines Trägheitsmoment. Ein Beispiel dafür ist der Postkarten-Bumerang (Kapitel 13.12), bei dem die Flügel-Länge durch die maximal zulässige Postkarten-Größe begrenzt ist. Er braucht als Gewichte an jedem Flügel drei Büro-Tacker-Klammern.

Gewichte können auch gezielt eingesetzt werden, um den Schwerpunkt eines asymmetrischen Bumerangs so zu verschieben dass die Flügel maximalen Auftrieb erzeugen können ('Libellen-Bumerang', Abb. 7.2).

7.5 Verbund-Bumerangs

Bei Verbund-Bumerangs werden die verschiedensten Materialien kombiniert. Es ist insbesondere ein großer Vorteil, für den Mittel-Teil bzw. den Ring ein anderes Material zu verwenden als für die Flügel, da diese beiden Bumerang-Teile auch völlig verschiedene Funktionen haben. Der Mittel-Teil soll die Flügel fixieren und dabei möglichst wenig Fläche haben, aber stabil und leicht sein. Die Flügel sind für den Auftrieb, aber auch für ein gewisses Trägheitsmoment verantwortlich, das den Flug beeinflusst und stabilisiert.

Verbund-Bumerangs bieten eine Reihe an Vorteilen.

- Maximale Freiheit bei der Wahl der Materialien.
- Beliebige Massen-Verteilungen auf Mittel-Teil und Flügel.
- Die Kombination der Material-Vorteile für Mittel-Teil und Flügel.
- Die Realisierung von Ring-Bumerangs mit sehr großen Ringen.
- Die Realisierung sehr ungewöhnlicher Bumerang-Formen.
- Der Bau von Bumerangs aus den verschiedensten Materialien des täglichen Lebens (z.B. 'Bierdeckel-Bumerang', Kapitel 15.7).
- Die Möglichkeit, verschiedenste Experimente zum Flugverhalten von Bumerangs durchzuführen und dabei alle Parameter einfach, dauerhaft und reproduzierbar einzustellen und unabhängig voneinander systematisch zu testen.

Neben allen auch für die anderen Bumerangs üblichen Materialien (Kapitel 6.2, Tab. 6.1) eignen sich für Verbund-Bumerangs auch beispielsweise dickerer Karton oder Aluminium-Lochraster-Blech für das Mittel-Teil sowie dünnes (unter 1 mm) Flugzeug-Sperrholz für die Flügel (Kapitel 6.2). Die Flügel müssen nicht unbedingt selbst plastisch verformbar sein, wenn der notwendige Anstell-Winkel am Ansatz des Flügels am Mittel-Teil (z.B. Ring) durch dessen Verformung (z.B. bei Aluminium) oder durch Keile realisiert werden kann.

Ein Verbund-Bumerang ist einfach und schnell 'umzubauen', um zu experimentieren und das Flugverhalten zu verändern. Die Flügel können abgenommen und anders, z.B. in einem anderen Winkel, wieder angebracht werden (Kapitel 4.8).

7.6 Kuriositäten

Unter Kuriositäten verstehe ich Bumerangs, die Formen von Dingen aus unserer Umgebung haben. Das können Tiere wie eine Libelle, Pflanzen wie ein Kaktus oder sonstige Gegenstände wie ein (Ampel-) Männchen sein.

Es kann sich aber auch um einen Gegenstand selbst des täglichen Lebens handeln, an den in geeigneter Weise Flügel angebracht werden ('Bierdeckel-Bumerang', Abb. 7.6). Dann entsteht ein Verbund-Bumerang.

Die Formen sind dabei also weitgehend vorgegeben, man kann sie allerdings in gewissen Grenzen verändern, solange sie noch als das zu erkennen sind, was sie darstellen sollen. Daher bedeutet die Konstruktion von Kuriositäten-Bumerangs eine besondere Herausforderung.

Hier ist eine Liste von Konstruktions-Merkmalen, auf die Einfluss genommen werden kann.

- Die Flügel-Länge und die Flügel-Breite verändern.
- Die Fläche, insbesondere die neutrale Fläche, verändern.
- Den Schwerpunkt so wählen, dass die Funktion der Flügel optimiert wird.
- Bei Verbund-Bumerangs die Flügel so anbringen, dass der Bumerang ein gutes Flugverhalten hat.

Die Flügel-Länge und die Flügel-Breite verändern

Häufig haben Objekte eine eher kompakte Form. Dann müssen die Teile, die zu Flügeln werden, ggfs. entsprechend länger und schmaler gemacht werden ('Männchen-Bumerang', Abb. 7.3). Es ist aber darauf zu achten, dass der Bumerang eine stabile Form behält und nicht zu 'wabbelig' wird.

Die Fläche, insbesondere die neutrale Fläche, verändern

Häufig haben Objekte eine zu große Fläche, insbesondere in der Nähe des Schwerpunktes (neutrale Fläche). Es kann dann oft helfen, größere Löcher einzuarbeiten.

Das hat den positiven Nebeneffekt, dass auch die Masse in diesem Bereich kleiner wird ('Männchen-Bumerang', Abb. 7.3).

Den Schwerpunkt optimal wählen

Der Schwerpunkt sollte so liegen, dass die Flügel ihre Funktion optimal erfüllen können. Das ist meistens dann der Fall, wenn der Schwerpunkt dort liegt, wo die Flügel ansetzen ('Libellen-Bumerang', Abb. 7.2).

Bei Verbund-Bumerangs die Flügel optimal anbringen

Wollen wir einen Gegenstand zu einem Bumerang machen, indem wir einfach Flügel an ihm anbringen, dann wir der Gegenstand meistens automatisch zum (neutralen) Mittel-Teil. Dieses kann kaum verändert werden, auch wenn es beispielsweise zu viel Masse und vor allem zu viel Fläche hat. In diesem Fall bietet sich die Möglichkeit, die Flügel lang genug zu machen und so anzusetzen, dass der Ansatz-Winkel den Flächen-Effekt ausgleicht ('Bierdeckel-Bumerang', Abb. 7.6).

Welche Maßnahmen im speziellen Fall zu ergreifen sind, hängt sehr stark von der Form des Objektes ab. In jedem Falle sind einige Erfahrungen notwendig. Fehlen sie, dann ist das auch nicht schlimm, dann muss eben entsprechend experimentiert werden, um eben diese Erfahrungen zu sammeln.

Daher hier einige Anmerkungen zu den Kuriositäten, die in diesem Buch als Modelle vorgestellt werden.

- Der Libellen-Bumerang.
- Der Männchen-Bumerang.
- Der Kaktus-Bumerang.
- Der Große-Ring (das ist eigentlich keine Kuriosität, sondern ein Verbund-Bumerang).
- Der Bierdeckel-Bumerang (das ist ein Verbund-Bumerang).

Der Libellen-Bumerang

Bei diesem Bumerang (Kapitel 13.16) stellt die Lage des Schwerpunktes ein gewisses Problem dar. Damit er mit dem Ansatz-Punkt der Flügel zusammenfällt, habe ich einerseits den langen Schwanz schmal und anderseits den Kopf recht breit gemacht. Außerdem haben die kopf-seitigen Flügel deutlich mehr Masse als die schwanz-seitigen.

Dadurch, dass letztere sehr schmal sind, wird auch die Gesamt-Fläche des Bumerangs etwas verringert, was einem zu starken Flachlegen entgegenwirkt. Das ist bei Bumerangs mit vielen Flügeln häufig ein gewisses Problem.

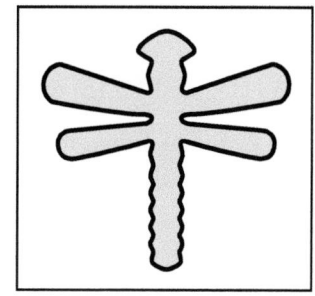

Abb. 7.2: 'Libelle'

Der Männchen-Bumerang

Das Männchen (Kapitel 13.14, dem 'Ampel-Männchen' nachempfunden) ist von 'Natur' aus zu kompakt. In der Mitte hat es zu viel Fläche und auch zu viel Masse, die Arme und Beine sind zu kurz und zu breit. Also habe ich Arme und Beine zunächst einmal länger und schmaler gemacht. Dann ist in der Mitte ein Loch hinzugekommen, um die Fläche und die Masse zu reduzieren. Dieses Loch sollte also möglichst groß sein, aber auch nicht zu groß, um die Stabilität des Bumerangs nicht zu gefährden. Schließlich habe ich den Kopf so groß gemacht, dass der Schwerpunkt auf Armhöhe liegt, also im Ansatz-Punkt der Flügel, in der Mitte des Loches.

Abb. 7.3: 'Männchen'

Der Kaktus-Bumerang

Es ging mir darum, den Kaktus vom Logo der 'Deutschen Kakteen-Gesellschaft' zu einem Bumerang (Kapitel 13.15) zu machen.

Die Original-Form führt zu einem eher instabilen Bumerang ('wabbelig'), insbesondere wegen der langer Flügel (Kaktus-Arme) und einer länglichen Gesamt-Form. Daher habe ich die Flügel etwas auseinander gebogen, sodass Höhe und Breite des Bumerangs nicht mehr so verschieden sind. Dann habe ich sie gerade lang genug gemacht, um genügend Auftrieb und Drehimpuls zu erzeugen, aber nicht zu lang, damit der Bumerang noch stabil bleibt. Der Schwerpunkt ist dorthin gelegt, wo die Flügel aufeinander treffen.

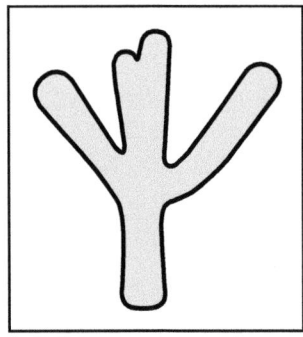

Abb. 7.4: 'Kaktus'

Der Große-Ring

Der 'Große-Ring' (Kapitel 15.5) ist eigentlich keine Kuriosität, er verdeutlicht aber einige Konstruktions-Möglichkeiten. Es bietet sich ein Verbund-Bumerang an. Damit der große Ring leicht und gleichzeitig stabil ist, habe ich ihn aus Styrofoam (Kapitel 6.2) gefertigt. Für die Flügel habe ich mich für 0,5 mm Polystyrol entschieden. Es ist dünn genug, um nicht zu viel Luftwiderstand zu erzeugen und schwer genug, um für ausreichend Trägheitsmoment und damit Drehimpuls zu sorgen.

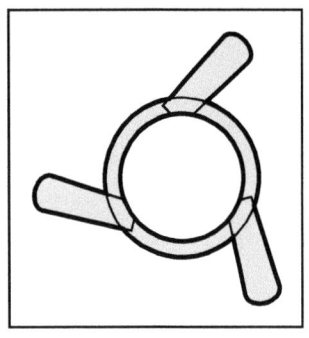

Abb. 7.5: 'Großer-Ring'

Eine solche Form wäre als klassischer Bumerang kaum denkbar. Nur als Verbund-Bumerang mit einem recht dicken, festen Ring wird eine ausreichende Stabilität der gewährleistet.

Wegen der sehr geringen Fläche legt sich der Bumerang kaum flach und fliegt daher sehr tief. Um dem entgegenzuwirken, habe ich den Ansatz-Winkel der Flügel um 30° nach hinten versetzt (Kapitel 4.10, Abb. 4.14).

Es bestünde auch noch die Möglichkeit, die Fläche zu vergrößern, indem man den Ring oder die Flügel etwas breiter macht oder die Anzahl der Flügel erhöht. Bei 6 Flügeln könnte der Bumerang dann sogar an das Steuerrad eines Schiffes erinnern und so zu einer 'echten' Kuriosität werden.

Der Bierdeckel-Bumerang

Um einen Bierdeckel zum Bumerang (Kapitel 15.7) zu machen, müssen Flügel angebracht werden, es wird also ein Verbund-Bumerang. Aus den o.g. Gründen habe ich mich wieder für 0,5 mm Polystyrol als Flügel-Material entschieden. Sie müssen lang genug sein, um die recht große Masse zu tragen.

Wegen der sehr großen Fläche in der Mitte legt sich der Bumerang stark flach und fliegt daher sehr hoch. Um dem entgegenzuwirken, habe ich den Ansatz-Winkel der Flügel um 30° nach vorne versetzt (Kapitel 4.10, Abb. 4.14).

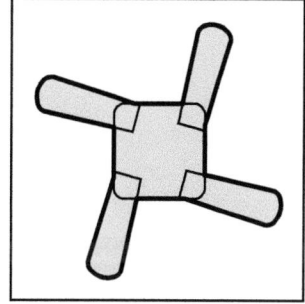

Abb. 7.6: 'Bierdeckel'

7.7 Was mache ich, wenn...?

Hier folgt eine Auswahl von häufigen Wünschen an den Bumerang-Flug mit den Möglichkeiten, diese zu erreichen.

- **Der Bumerang soll niedriger fliegen.**
    - Die Fläche verkleinern.
    - Den Ansatz-Winkel der Flügel nach vorne verändern.
    - Den Bumerang ggfs. vergrößern, insbesondere die Flügel verlängern bzw. sie in einem größeren Abstand vom Schwerpunkt ansetzen (z.B. größerer Ring bei Ring-Bumerangs), um das Trägheitsmoment und damit den Drehimpuls zu vergrößern (geringeres Flachlegen).

- **Der Bumerang soll höher fliegen.**
    - Die Fläche vergrößern.
    - Den Ansatz-Winkel der Flügel nach hinten verändern.
    - Bei einem Ring-Bumerang ggfs. den Durchmesser des Ringes verkleinern.

- **Der Bumerang soll nicht so weit fliegen.**
    - Ein Material mit einer kleineren Flächen-Masse verwenden.
    - Den Auftrieb der Flügel vergrößern, also den Anstell-Winkel vergrößern bzw. bei profilierten Flügeln ein stärkeres Profil an der Ober- und vor allem an der Unter-Seite ('Bevel') anbringen.

- **Der Bumerang soll weiter fliegen.**
    - Ein Material mit einer größeren Flächen-Masse verwenden.
    - Gewichte an den Flügeln anbringen.
    - Den Auftrieb der Flügel verringern, also den Anstell-Winkel verringern bzw. bei profilierten Flügeln weniger Profil an der Ober- und vor allem an der Unter-Seite ('Bevel') anbringen.

8 Das Manipulieren von Bumerangs

8.1 Allgemeines

Es wird hier vorausgesetzt, dass der benutzte Bumerang korrekt geworfen wird. Abwurf-Fehler und deren Korrektur finden Sie in Kapitel 5. In diesem Kapitel geht es hingegen um die Möglichkeiten, den Bumerang-Flug durch Manipulationen[1] am Bumerang zu verändern, beispielsweise um ihn den Umgebungs-Bedingungen wie Zimmer-Größe oder Zimmer-Höhe anzupassen.

Dabei werden nur solche Veränderungen angesprochen, die am fertigen Bumerang nachträglich gemacht werden können, es geht nicht um den Bau eines neuen Bumerangs. Das Bauen von Bumerangs wird in Kapitel 6 besprochen.

Es wird hier nur auf die Effekte der Manipulationen eingegangen, nicht auf die physikalischen Gründe, warum das so ist. Diesbezügliche Informationen finden Sie in Kapitel 4.

Wie sich Veränderungen auswirken, kann insbesondere bei Zimmer-Bumerangs mit flachen Flügeln sehr schnell und unkompliziert ausprobiert werden. An Universalität sind dabei die Modelle aus Verbund-Materialien unschlagbar, da die Flügel leicht abgenommen und anders wieder angesetzt werden können.

In Kapitel 8.2 werden die einzelnen Manipulations-Möglichkeiten mit ihren jeweiligen Auswirkungen besprochen. In Kapitel 8.3. können Sie nachsehen, was zu tun ist, wenn Sie den Bumerang-Flug in einer bestimmten Weise verändern möchten.

8.2 Die Auswirkungen von Manipulationen

Mit Manipulationen kann der der Bumerang-Flug stark verändert und damit gezielt den speziellen Anforderungen angepasst werden. Hier eine Liste an Flug-Eigenschaften, die Sie leicht beeinflussen können.

---

[1] Unter 'Manipulation' wird hier völlig wertneutral jeder Art der Veränderung an einem Bumerang verstanden, um sein Flugverhalten gezielt zu verändern.

- Die Flug-Weite.
- Die Flug-Höhe bzw. das Flachlegen.
- Die Stabilität und die Form der Flugbahn.
- Die Translations- und Rotations-Geschwindigkeit und die Abbremsung.

Die Manipulationen lassen sich in die folgenden drei Gruppen einordnen.

- Das Biegen.
- Das Anbringen von Gewichten.
- Das Verändern der Bumerang-Form.

Das Biegen

Das Biegen kann immer an den Flügeln selbst durchgeführt werden. Im Falle von Verbund-Bumerangs ist es ggfs. darüber hinaus möglich, am Ansatzpunkt der Flügel das Mittel-Teil zu verbiegen.

Die Flügel nach oben oder unten biegen

Biegen Sie die Flügel nach oben (oben ist die Seite, die beim Abwurf zum Kopf hin zeigt), ohne den Anstell-Winkel zu verändern, so führt das zu einem höheren Flug bei gleicher Reichweite (Kapitel 4.10).

Umgekehrt hat ein Herunterbiegen der Flügel einen niedrigeren und oft schnelleren Flug zur Folge. Im Extrem-Fall fliegt der Bumerang gegen die Decke oder stürzt ab.

Die Flügel mehr oder weniger stark verdrehen bzw. anknicken

Ein stärkeres Verdrehen bzw. Anknicken der Flügel bedeutet einen größeren Anstell-Winkel und somit ein größeres Drehmoment ('Kippmoment'), was zu einer kleineren Flug-Weite führt. Gleichzeitig nimmt aber auch der Luftwiderstand zu, der Bumerang wird also stärker abgebremst, was zu einer kleineren Geschwindigkeit, insbesondere aber zu einer kleineren Rotations-Frequenz führt. Der Werfer muss dem Bumerang also beim Abwurf mehr Drehung mitgeben, damit er während des Fluges nicht abstürzt (Kapitel 4.9).

Umgekehrt bewirkt ein schwächeres Verdrehen bzw. Anknicken der Flügel eine größere Flug-Weite. Im Extrem-Fall reicht das Drehmoment für einen Rückkehrflug nicht mehr aus, der Bumerang fliegt mehr oder weniger geradeaus und kehrt nicht zurück.

Das Anbringen von Gewichten

Gewichte erhöhen immer sowohl die Masse als auch das Trägheitsmoment, was während des Fluges sowohl zu einem größeren Impuls als auch zu einem größeren Drehimpuls und zu einer größeren Flug-Weite führt. Für die Masse ist es gleichgültig, wo die Gewichte angebracht werden, für das Trägheitsmoment hingegen nicht. Letzteres und somit die Flug-Weite sind umso größer, je weiter die Gewichte vom Schwerpunkt entfernt sind (quadratische Abhängigkeit). Sind die Gewichte zu groß oder zu weit vom Schwerpunkt entfernt, so kehrt der Bumerang nicht vollständig zurück.

Bei sehr leichten Bumerangs (z.B. aus Styrofoam oder Balsa-Holz) oder sehr kleinen Bumerangs (z.B. der Postkarten-Bumerang) können Gewichte benutzt werden, um das ansonsten ggfs. zu kleine Trägheitsmoment zu erhöhen, damit der Bumerang nicht zu sehr an Rotation verliert.

Gewichte im oder dicht am Schwerpunkt erhöhen nur die Masse und damit den Impuls, nicht aber das Trägheitsmoment und den Drehimpuls. Gewichte haben dort also wenig Sinn, sie führen zu einem stärkeren Geradeausflug mit Flachlegen, sodass der Bumerang häufig stark aufsteigt und dann vor dem Werfer abstürzt. Bei symmetrischen Mehr-Flüglern ist meistens der Platz etwas weiter außen von der Flügel-Mitte aus eine gute Wahl. Gewichte sollten sich generell eher an der Vorder-Kante als an der Hinter-Kante des Flügels befinden.

Gewichte sollten möglichst so angebracht werden, dass der Schwerpunkt dabei nicht verändert wird, also im Allgemeinen symmetrisch. In besonderen Fällen können Gewichte aber auch genutzt werden, um den Schwerpunkt gezielt zu verschieben, beispielsweise um ihn mit dem Figuren-Mittelpunkt zusammenzulegen oder um ihn so zu legen, dass die Flügel einen optimalen Auftrieb erzeugen können (z.B.

bei einem asymmetrischen Bumerang wie der Libelle, Kapitel 7.6, Abb. 7.2, Kapitel 13.16).

Näheres zu Gewichten finden Sie in Kapitel 6.9.

Das Verändern der Bumerang-Form

Ohne einen komplett neuen Bumerang zu bauen, kann man nur die Fläche und ggfs. bei Verbund-Bumerangs den Ansatz-Winkel der Flügel verändern.

Die Fläche verändern

Eine Vergrößerung der Fläche, insbesondere im neutralen Teil dicht am Schwerpunkt, führt zu einem stärkeren Flachlegen und somit zu einem höheren Flug, eine Verkleinerung der Fläche entsprechend zu einem niedrigeren Flug (Kapitel 4.10). Dieser Effekt kann beispielsweise bei Bumerangs mit einem großen Ring in der Mitte ('Solaris', 'Ring-Bumerang') sehr gut beobachtet werden, wenn man den offenen Ring ganz oder teilweise mit einem leichten Material abklebt (Kapitel 7.6, Abb. 7.5).

Den Ansatz-Winkel der Flügel verändern

Bei einem Verbund-Bumerang lassen sich häufig die Flügel leicht abnehmen und anders wieder anbringen. Sind die Flügel nicht im Schwerpunkt, sondern weiter außen angesetzt ('Solaris', 'Ring-Bumerang'), dann kann man ihren Ansatz-Winkel am Bumerang mehr nach vorne (in Flugrichtung) oder mehr nach hinten verändern (Kapitel 7.3, Abb. 7.1). Aufgrund der damit verbundenen Änderung des Angriffs-Punktes der Flügel führt ersteres zu einem niedrigeren, letzteres zu einem höheren Flug (Kapitel 4.10, Abb. 4.14).

8.3 Was mache ich, wenn...?

Hier eine Auswahl von häufigen Wüschen an den Bumerang-Flug mit den jeweiligen Möglichkeiten, dies zu erreichen.

- **Der Bumerang soll niedriger fliegen.**
  - Die Flügel herunterbiegen.
  - Die Fläche verkleinern.
  - Den Ansatz-Winkel der Flügel nach vorne verändern.

- **Der Bumerang soll höher fliegen.**
  - Die Flügel hochbiegen.
  - Die Fläche vergrößern.
  - Den Ansatz-Winkel der Flügel nach hinten verändern.

- **Der Bumerang soll nicht so weit fliegen.**
  - Die Flügel stärker verdrehen bzw. anknicken (größerer Anstell-Winkel).

- **Der Bumerang soll weiter fliegen.**
  - Die Flügel weniger stark verdrehen bzw. anknicken (kleinerer Anstell-Winkel).
  - Gewichte an den Flügeln anbringen.

9 Die Beleuchtung von Bumerangs

9.1 Allgemeines

Ein beleuchteter Bumerang am Nacht-Himmel ist ein phantastischer Anblick. Nicht umsonst gibt es davon eine Reihe bekannter Fotos von Wilhelm Bretfeld, Ulf Valentin, Roger Perry oder Kevin Moran, der einen beleuchteten Bumerang vor dem Hintergrund der Oper von Sidney warf. Mein weltweit veröffentlichtes Foto mit der Berliner Mauer (Kapitel 10.3, Abb. 10.5) gehört natürlich auch dazu. Einen entsprechenden Artikel gibt es der Zeitschrift 'Bumerang-Welt'[1].

Für ungeübte Zuschauer ist es oft ein Problem, einen Bumerang während des Fluges im Freien überhaupt zu sehen. Sie können die Flugbahn, die Entfernung und die Geschwindigkeit nur schwer einschätzen. Es helfen leuchtende Farben, insbesondere sogenannte Tages-Leuchtfarben, mit denen beispielsweise Feuerwehr-Fahrzeuge lackiert sind. Nebel-Spuren, wie man sie von Flugzeugen oder auch von Drachen kennt, scheiden aus, da die Gerätschaften, um sie zu erzeugen, für einen Bumerang viel zu schwer sind.

Es bleiben also Leucht-Mittel, die einerseits leicht genug, anderseits hell genug sind. Leucht-Mittel kann man aber nur bei Dunkelheit wirklich gut sehen, selbst sehr helle wie Wunderkerzen sind bei Tageslicht kaum zu erkennen. Man ist also auf die Nacht oder das abgedunkelte Zimmer angewiesen.

Lange Zeit konnten nur Wunderkerzen alle diese Anforderungen erfüllen, freilich nur für den Gebrauch im Freien an relativ schweren, 'richtigen' Bumerangs. Das hat sich seit einigen Jahren geändert, insbesondere durch die rasante Entwicklung der Opto-Elektronik in Form der leistungsstarken LEDs. Seit Anfang unseres Jahrtausends ist in diesem Bereich unglaublich viel passiert, viel mehr, als ich mir jemals hätte vorstellen können.

Es musste aber eine zweite Entwicklung hinzukommen, um diese Technik auch bei den leichten Zimmer-Bumerangs einsetzen zu können. Man braucht eine leistungsstarke Stromversorgung bei gleichzeitig geringem Gewicht. Auch in diesem Bereich

---

[1] [7] Gerhard Bertling, Bumerang-Welt 1/1998, Produktion Eckhard Mawick, Herausgeber Wilhelm Bretfeld, Bumerang-Verlag.

ist viel passiert, man denke an die Lithium-Technik in Batterien und Akkumulatoren oder an die Super-Kondensatoren ('GoldCap') in Miniatur-Form.

Damit sind die Voraussetzungen seitens der Licht-Technik gegeben, um auch Zimmer-Bumerangs beleuchten zu können. Leider waren die meisten Modelle aus Karton oder Polystyrol völlig und auch die aus Balsa-Holz weitgehend ungeeignet. Sie sind schon vom Material her zu schwer, um auch noch die Leucht-Mittel tragen zu können.

Da ich aber unbedingt beleuchtete Zimmer-Bumerangs haben wollte, musste ein anderes Material her. Ich fand es in Form von Styrofoam (Kapitel 6.2), im Rahmen der Vorbereitungen für dieses Buch. Es ist stabil und so leicht wie Styropor, kann aber gut bearbeitet werden, ohne dabei zu zerbröseln. Das war der Durchbruch. Alle beleuchteten Zimmer-Bumerangs, die auf den Fotos der Abb. 9.5 zu sehen sind, habe ich aus diesem Material gefertigt.

Das ist ein weiterer Aspekt, der mir immer sehr wichtig war, nämlich das Fotografieren des Bumerangs-Fluges. Dessen Schönheit wird erst so in vollem Umfang sichtbar.

Für das Fotografieren muss die Beleuchtung noch deutlich heller sein, als es für das menschliche Sehen notwendig ist. Die Empfindlichkeit einer chemischen Foto-Emulsion oder eines elektronischen Foto-Sensors ist nicht annähernd mit der unserer Netzhaut zu vergleichen. Das Auge ist unschlagbar.

Das Fotografieren des Bumerang-Fluges ist mir noch aus einem weiteren Grund wichtig. Man kann damit, insbesondere, wenn man die Belichtungszeiten geschickt variiert und die Leucht-Mittel blinken lässt, sehr gut Messungen beispielsweise zur Flug-Geschwindigkeit oder Rotations-Frequenz von Bumerangs durchführen (Kapitel 4.11).

9.2 Licht und Leucht-Mittel

Um Licht und Leucht-Mittel objektiv beurteilen zu können, braucht man entsprechende physikalisch-technische Größen mit ihren Einheiten, so wie man eine Entfernung in Metern als Einheit der Länge angibt. Leider ist die Sache bei der Licht-

Technik nicht so einfach. Es gibt eine ganze Reihe von Größen, die zur Beschreibung einer Lichtquelle notwendig, aber mehr oder weniger unanschaulich sind.

Hinzu kommt, dass unser Auge Licht physiologisch anders wahrnimmt, als es physikalisch wirklich ist. So empfinden wir ein grünes Licht als etwa 15-mal heller als ein rotes mit gleicher physikalischer Helligkeit. Schon bei der Auswahl eines vermeintlich 'normalen' Leucht-Mittels, früher einmal einfach eine 'Glühbirne' mit bestimmter Leistung, dürfte viele Kunden an den langen Regalen der Baumärkte heute der Schrecken packen. Die diversen unverständlichen technischen Angaben machen einen Vergleich schier unmöglich, ob ein bestimmter Preis gerechtfertigt ist oder in den Sternen steht.

Prinzipiell gibt es vier Größen, die für die physiologische Beurteilung von Licht relevant sind.

- Die Licht-Stärke, Einheit Candela, cd.
- Der Licht-Strom, Einheit Lumen, lm.
- Die Beleuchtungs-Stärke, Einheit Lux, lx.
- Die Leucht-Dichte, Einheit Candela pro Quadrat-Meter, cd/m^2.

Das Thema ist sehr komplex, sodass ich den diesbezüglich interessierten Leser auf die entsprechende Fachliteratur verweisen möchte. Ein meines Erachtens recht verständliches Physik-Buch ist 'Physik für Ingenieure' von Helmut Lindner[1], das ich auch für alle weiteren physikalischen Themen vorschlage, die in meinem Buch hier nur kurz angerissen werden können (Aerodynamik, Kreisel-Physik, etc.).

Daher hier nur eine kurze Definition der einzelnen lichttechnischen Größen.

---

[1] [6] Helmut Lindner, Physik für Ingenieure, Fachbuchverlag Leipzig im Carl Hanser Verlag, 2001.

Die Licht-Stärke

Die Licht-Stärke mit der Einheit Candela (cd, sprachlich abgeleitet von 'Kerze') ist eine der 7 Basis-Einheiten unseres SI-Einheiten-Systems[1]. Sie ist der Licht-Strom ('Licht-Menge'), den eine Strahlungs-Quelle in einen bestimmten Raumwinkel ausstrahlt.

Der Licht-Strom

Der Lichtstrom mit der Einheit Lumen (lm) beschreibt die Strahlung, die eine Lichtquelle in Form von sichtbarem Licht insgesamt, also in alle Richtungen, abgibt (Licht-Strom = Licht-Stärke mal Raumwinkel).

Die Beleuchtungs-Stärke

Die Beleuchtungs-Stärke mit der Einheit Lux (lx) beschreibt den flächenbezogenen Lichtstrom, der auf ein beleuchtetes Objekt trifft. Sie beschreibt also keine Licht-Quelle, sondern einen beleuchteten Gegenstand, der selbst nicht leuchtet.

Die Leucht-Dichte

Die Leucht-Dichte mit der Einheit Candela pro Quadrat-Meter (cd/m^2) einer Fläche beschreibt, mit welcher Helligkeit das Auge diese Fläche wahrnimmt.

Für den Beobachter eines beleuchteten Bumerangs ist die Leucht-Dichte die entscheidende Größe, denn sie gibt an, wie hell einem Menschen eine Fläche erscheint. Der Bereich, den das Auge wahrnehmen kann, ist sehr groß und umfasst viele Größenordnungen, weil das Auge logarithmisch[2] arbeitet (wie auch das Gehör und

---

[1] Das 1971 endgültig eingeführte Internationale Einheiten-System SI (französisch: Systeme international d'unites) ist das weltweit verbreitetste Einheiten-System für physikalische Größen. In den meisten Industrieländern, so auch in Deutschland, ist sein Gebrauch für den amtlichen und geschäftlichen Verkehr gesetzlich vorgeschrieben.

[2] Das bedeutet beispielsweise, das eine physikalisch zehnfache Helligkeit nur als doppelt so hell oder eine hundertfache nur als dreimal so hell empfunden wird.

andere Empfindungen). Unser Sehen beginnt bei ca. 3 Mikro-Candela pro Quadrat-Meter mit dem Nachtsehen (Stäbchen) und endet mit dem Blenden beim Tagsehen (Zapfen) bei ca. 100.000 Candela pro Quadrat-Meter, das ist etwa das 30-milliardenfache (eine 3 mit 10 Nullen). Kein technischer Sensor ist auch nur annähernd dazu in der Lage. Die Natur ist unschlagbar.

Hier eine Übersicht über die Leucht-Dichten einiger Lichtquellen.

Lichtquelle	Leucht-Dichte in cd/m²	Bemerkungen
Sonne am Mittag	> 1.500.000.000	Nicht direkt hineinsehen!
LED	50 - 500.000.000	Nach oben fast keine Grenzen, nicht direkt hineinsehen!
Wunderkerze klein	ca. 100.000	Geschätzt, voller Raumwinkel.
Power-LED 5mm (wie von mir benutzt)	50.000 - 100.000	Berechnet, siehe Kapitel 9.7 (volle Leistung nicht ausgenutzt). Das ist unterhalb der Blend-Grenze.
Glühlampe 60 W matt	ca. 50.000	Fast voller Raumwinkel.
Klarer Himmel	5.000 - 10.000	
Kerze	ca. 7.500	Fast voller Raumwinkel.
Bedeckter Himmel	1.000 - 5.000	
Leuchtstoff-Lampe	ca. 3.000	Klassische, 'alte' Form.
Knicklicht LED	ca. 3.000	Geschätzt, fast voller Raumwinkel.
Mond	ca. 2.500	
TFT-Bildschirm	500 - 1.000	
Knicklicht chemisch	ca. 300	Geschätzt, fast voller Raumwinkel, Chemo-Lumineszenz.
Elektro-Leucht-Folie	30 - 300	Elektro-Lumineszenz.
Leucht-Folie (nachleuchtend)	ca. 200	Geschätzt, nur sehr kurzfristig, Phosphoreszenz.

Tab. 9.1: Leucht-Dichten einiger Lichtquellen

Hier eine Übersicht über die für Bumerangs relevanten Leucht-Mittel und deren Eigenschafen.

Leucht-Mittel	Masse in g	Brenn-Dauer	Bemerkungen
Wunderkerze klein	ca. 1,8	40 - 60 Sekunden	17 cm, Ø 3 / 0,8 mm. Nur im Freien verwendbar wegen der Brandgefahr. Vorteil ist die große Helligkeit über den kompletten Raumwinkel. War bis Anfang unseres Jahrtausends die einzige Möglichkeit der wirklich gut sichtbaren Beleuchtung. Nachteile sind die kurze Brenndauer, das Problem beim Fangen und das recht große Gewicht für Leicht- und Zimmer-Bumerangs.
Knicklicht chemisch	ca. 0,7	2 - 5 Stunden	38 mm / Ø 4,5 mm, verschiedene Farben und Helligkeiten. Deutlich dunkler als LED-Knicklicht, Indoor bedingt geeignet, Outdoor eher ungeeignet, da zu dunkel. Vorteil ist der fast komplette Raumwinkel, Nachteil die recht unregelmäßige Leucht-Dichten-Verteilung.
Knicklicht LED incl. Batterie	ca. 0,6	10 - 20 Stunden	35 mm / Ø 4,5 mm, verschiedene Farben und Helligkeiten. Deutlich heller als chemisches Knicklicht, aber kein Vergleich zu superhellen LEDs. Indoor geeignet, Outdoor nur bedingt geeignet, da zu dunkel. Vorteil ist der fast komplette Raumwinkel durch den Diffusor.
LED, 5 mm superhell	ca. 0,3	1 - 3 Stunden mit Akku VL 2020	Diverse Farben und Helligkeiten. Mit Akku und Miniatur-Schalter Masse ca. 3,2 g. Auch Outdoor geeignet, so hell wie eine Wunderkerze bzw. sogar heller. Nachteile sind der begrenzte Raumwinkel und der elektrotechnische Aufwand.
Leucht-Folie 1 cm^2	ca. 0,06	1 - 5 Minuten, nach einigen Minuten Beleuchtung	Grün, selbstklebend. Annähernd so hell wie ein chemisches Knicklicht (Leucht-Dichte), aber großflächig einsetzbar, dadurch recht gut sichtbar. Indoor geeignet, Outdoor nur bedingt geeignet, da zu dunkel. Kann beliebig oft aufgeladen werden, z.B. durch Beleuchten mit einer hellen Taschenlampe.

Tab. 9.2: Leucht-Mittel und deren Eigenschaften

Die Besprechung der einzelnen Leucht-Mittel finden Sie in den Kapiteln 9.4 bis 9.7.

9.3 Das Masse-Problem

Gewichte verändern das Flugverhalten eines Bumerangs, insbesondere erhöhen sie die Flug-Weite (Kapitel 4.9). Das ist gerade bei Zimmer-Bumerangs unerwünscht. Sind die Gewichte zu groß, stürzt der Bumerang sogar ab. Die leichten Modelle aus Karton oder Polystyrol in 0,5 mm sind daher kaum für eine Beleuchtung geeignet. Sie können allenfalls die Leucht-Folie in kleineren Flächen tragen.

Bei Bumerangs mit profilierten Flügeln aus sehr leichtem Material wie beispielsweise Styrofoam sieht das zum Glück anders aus. Sie brauchen sogar Gewichte, um das nötige Trägheitsmoment für einen stabilen Flug zu erreichen (Kapitel 6.9). So verträgt das Modell 'Libra-Groß' (Kapitel 13.7) problemlos Gewichte von einigen Gramm pro Flügel und kann somit mit allen der vorgestellten Leucht-Mittel bestückt werden. Selbst eine komplette Mikroprozessor-Einheit wie der 'Attiny 85' (eine abgespeckte Version des 'Arduino') kann eingesetzt werden und komplexe Steuerungs-Funktionen beispielsweise von LEDs (Abb. 9.5, unten rechts, unterbrochene Leuchtspur) oder auch Mess-Sensoren realisieren, um das Flugverhalten von Bumerangs zu untersuchen (Kapitel 4.11).

Zur Anordnung der Leucht-Mittel an einem Bumerang und deren Montage lesen Sie bitte die entsprechenden Kapitel über das Bauen und Konstruieren (Kapitel 6, 7).

Hier eine Übersicht über die Massen von Objekten, die bei der Beleuchtung von Leicht- und Zimmer-Bumerangs von Bedeutung sind.

9.3 Das Masse-Problem

Objekt	Masse in g	Bemerkungen
1-Cent-Stück	2,30	Zum Vergleich.
Leucht-Folie, 1 cm^2	0,06	Grün, selbstklebend.
Wunderkerze klein	1,80	Länge 17 cm, Ø 3 / 0,8 mm.
Knicklicht chemisch 38 mm / Ø 4,5 mm	0,70	Verschiedene Farben und Helligkeiten.
Knicklicht LED 35 mm / Ø 4,5 mm	0,60	Verschiedene Farben und Helligkeiten, incl. Batterie.
LED, 5 mm	0,30	Diverse Farben und Helligkeiten, incl. Anschluss-Stiften ungekürzt.
Akkumulator 2020 20 x 20 x 2 mm^3	2,20	VL-Technologie, mit Lötfahne, 3,0 V.
Akkumulator 2032 20 x 20 x 3,2 mm^3	2,70	LIR-Technologie, ohne Lötfahne, 3,6 V.
Batterie 2032 20 x 20 x 3,2 mm^3	2,80	CR-Technologie, ohne Lötfahne, 3,0 V.
Batterie 2016 20 x 20 x 1,6 mm^3	1,70	CR-Technologie, ohne Lötfahne, 3,0 V.
Halterung für 2032, 2016	2,20	Kunststoff mit Lötfahne, 23 x 28 x 7 mm^3.
Super-Kondensator GoldCap 0,22 F, 10 x 10 x 4 mm^3	1,10	Doppelschicht-Kondensator, mit Lötfahne, 5,5 V. Auf Polarität achten!
Widerstand 0,25 W	0,20	Incl. Anschluss-Stiften ungekürzt.
Miniatur-Schalter 4 x 4 x 8 mm^3	0,20	Schiebe-Schalter incl. Anschluss-Stiften ungekürzt.
Mini-Potentiometer	0,70	Ø 10 mm, Stärke 4 mm.
Platine, Glasfaser	0,15	1 cm^2, Stärke 1,0 mm.
Attiny 85 Mikroprozessor-Einheit	2,80	Komplett mit Spannungs-Regler und USB-Anschluss zur Programmierung.
LED-Akku-Einheit	3,20	Einheit aus LED, Akku und Schalter, wie von mir benutzt, Abb. 9.3.
LED-GoldCap-Einheit	1,60	Einheit aus LED, GoldCap und Schalter, wie von mir benutzt, Abb. 9.4.

Tab. 9.3: Gewichte einiger Leucht-Mittel

9.4 Wunderkerzen

Wunderkerzen sind preisgünstig, sie lassen sich leicht beschaffen und problemlos am Bumerang anbringen. Sie sind aber aufgrund ihres recht großen Gewichtes nur für gewisse Zimmer-Bumerangs und auch bei Leicht-Bumerangs nur in kleineren Formen bedingt verwendbar. Man kann sie nur im Freien benutzen (Brandgefahr), die Brenn-Dauer ist kurz und man muss sie nach einmaligem Gebrauch wegwerfen. Sie können den Bumerang beschädigen, insbesondere, wenn er aus Kunststoff oder Karton gefertigt ist. Der Bumerang kann nicht oder nur mit Schutz-Handschuhen gefangen werden. Trotzdem waren sie bis Anfang unseres Jahrtausends die einzigen Leucht-Mittel, die hell genug waren, um einen fliegenden Bumerang gut sehen und fotografieren zu können.

Seitdem hat es eine rasante Entwicklung bei den Leucht-Dioden (LED) gegeben, sie sind inzwischen teilweise heller als Wunderkerzen. Trotzdem ist die Wunderkerze bis heute eine preisgünstige, schnelle und einfache Möglichkeit, einen Bumerang zu beleuchten. Zudem leuchtet sie mit gleicher Helligkeit in den gesamten Raumwinkel und ist somit von allen Seiten gut zu sehen.

9.5 Knicklichter

Knicklichter sind eine gute Möglichkeit, einen Bumerang preisgünstig und unkompliziert zu beleuchten. Sie waren zwar ursprünglich als Angler-Bedarf bekannt worden, finden aber inzwischen auch im Deko- und Party-Bereich in vielen verschiedenen Formen eine große Anwendung. Dadurch sind sie sehr preisgünstig geworden.

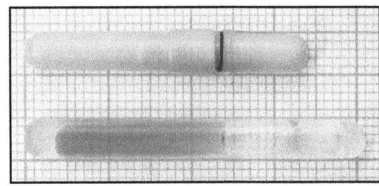

Abb. 9.1: Knicklichter chemisch (unten) und in LED-Ausführung

Lange Zeit waren sie nur in der 'echten' Ausführung mit einer speziellen Flüssigkeit erhältlich, heute gibt es sie auch als sogenannte 'LED-Knicklichter'. Das sind eigentlich keine 'Knicklichter', sondern kleine LED-Lampen, die aber die Form der echten Knicklichter haben (s.u.).

Ein Knicklicht kann gut an der Vorderkante der Flügel mit klarem Klebe-Film befestigt werden. Wer sich viel Mühe geben will, der kann auch Schlitze in die Flügel einarbeiten und sie darin einsetzen. Das spart Gewicht und verringert auch die aerodynamischen Auswirkungen auf das Flugverhalten. Trotzdem ist das Gewicht bei leichten Zimmer-Bumerangs ein Problem.

Ein Knicklicht leuchtet fast den kompletten Raumwinkel aus und ist daher von fast allen Seiten gut sichtbar.

Knicklichter chemisch

Das Leuchten dieser Knicklichter beruht auf der Chemo-Lumineszenz. Es entsteht beim Vermischen zweier Flüssigkeiten, die sich getrennt in einem Röhrchen befinden und beim Knicken durch das Zerbrechen der Trennwand in Verbindung kommen.

Es gibt diese Knicklichter in vielen verschiedenen Farben mit zum Teil recht unterschiedenen Helligkeiten. Meines Erachtens sind die grün/gelben am hellsten. Dennoch sind sie recht dunkel und daher im Freien bei größeren Entfernungen nur schwer zu erkennen und nicht zu fotografieren. Im Innen-Bereich sind sie gut zu erkennen und mäßig gut zu fotografieren.

Ein Vorteil ist die große Leucht-Dauer von einigen Stunden, wenn auch bei einer recht unregelmäßiger Leucht-Dichte-Verteilung. Ein Nachteil ist es, dass sie nicht wieder verwendbar sind. Man kann sie allenfalls 'abschalten', indem man sie in ein Tiefkühl-Fach legt. Sie leuchten dann noch nach einigen Tagen oder sogar Wochen, wenn man sie wieder herausholt, allerdings mit deutlich verringerter Helligkeit.

Knicklichter LED

Das sind eigentlich keine 'Knicklichter', sondern kleine LED-Lampen, die aber die Form und das Gewicht der echten Knicklichter haben und ebenso wie diese benutzt werden können. Die Batterie ist eingebaut und kann gewechselt werden, Akkus gibt es dafür derzeit leider nicht. Die Auswahl an Farben ist begrenzt. Sie haben gegenüber den chemischen Knicklichtern aber unschlagbare Vorteile.

Sie sind deutlich heller als chemische Knicklichter, wenn auch nicht vergleichbar mit den superhellen LEDs. Im Innen-Bereich sind sie sehr gut zu sehen und zu fotografieren.. Im Außen-Bereich kann man sie mäßig gut sehen, für Fotos sind sie dennoch eher zu dunkel. Sie haben eine große Leucht-Dauer von bis zu 20 Stunden. Zudem können sie mit einem Dreh-Mechanismus jederzeit ab- und wieder angeschaltet werden. Das erhöht die effektive Dauer der Verwendbarkeit um ein Vielfaches.

Ein Vorteil gegenüber LEDs ist die Ausleuchtung des fast kompletten Raumwinkels bei regelmäßiger Leucht-Dichte-Verteilung. Das wird durch die matte Oberfläche erreicht, die als Diffusor wirkt.

Gewisse Nachteile sind der relativ hohe Preis von derzeit (2016) einigen Euro und die nicht so gute Verfügbarkeit im Handel.

Ich halte diese Art Knicklichter für die Beleuchtung von Bumerangs sowohl im Innen- als auch im Außen-Bereich für hervorragend geeignet. Sie sind die ideale Lösung für alle, die eine ausreichende Helligkeit auch für das Fotografieren benötigen, aber nicht mit den deutlich helleren Power-LEDs arbeiten möchten, die in der Handhabung doch recht aufwändig sind (Kapitel 9.7).

9.6 Leucht-Folien

Diese Folien leuchten aufgrund der Phosphoreszenz grünlich nach, wenn sie vorher eine Zeit lang (mehrere Minuten oder länger) möglichst hellem Licht ausgesetzt worden sind. Dieser Vorgang kann beliebig oft wiederholt werden. Das Nachleuchten hält allerdings nur kurz an und klingt sehr schnell ab. Beleuchtet man die Folie beispielsweise mit einer sehr hellen LED-Taschenlampe eine Minute lang, so leuchtet sie dann wenige Minuten erkennbar nach, die erste Minute immerhin fast so hell wie ein chemisches Knicklicht. Allerdings kann die Fläche sehr groß ausgelegt werden, sodass die Folie dann sowohl im Innen- als auch im Außen-Bereich gut sichtbar ist. Besser zu fotografieren wird sie dadurch allerdings nicht, weil für den Kontrast auf dem Foto nur die Leucht-Dichte relevant ist, nicht aber die Größe der leuchtenden Fläche.

Die Folie hat jedoch mehrere Vorteile. Sie ist leicht und damit das einzige Leucht-Mittel, das selbst bei kleinen, leichten Zimmer-Bumerangs mit flachen Flügeln eingesetzt werden kann. Die Form kann sich sehr gut dem Bumerang anpassen. In der Ausführung als Klebe-Folie kann man sie leicht befestigen und wieder entfernen.

Es gibt übrigens auch Farben, die sich bei entsprechend dickem Auftrag ähnlich phosphoreszierend verhalten.

9.7 LEDs

LEDs (Leucht-Dioden) gibt es inzwischen in den verschiedensten Farben, Helligkeiten und Formen, sie sind das universellste, was man sich als Leucht-Mittel vorstellen kann. Eine leistungsstarke 'Power-LED' ist heller als eine Wunderkerze, man sollte nicht direkt hineinschauen. Sie kennen das von den LED-Taschenlampen. Die superhellen Ausführungen brauchen aufgrund ihres großen Energieverbrauches Kühlkörper, um nicht zu verbrennen.

LEDs eignen sich gleichermaßen für den Innen- und Außen-Bereich, sie sind hervorragend zu sehen und lassen sich sehr gut fotografieren. Da sie in allen Farben verfügbar sind, kann man mit seinem Leucht-Bumerang wunderschöne 'Bilder' in die Luft malen.

So variabel Leuchtdioden auch eingesetzt werden können, haben sie dennoch einen wesentlichen Nachteil. Sie brauchen eine Spannungs-Versorgung und eine gewisse elektronische Ansteuerung (Abb. 9.2), im einfachsten Fall nur einen Vorwiderstand und einen Ein/Aus-Schalter. Das Ganze muss dann irgendwie zusammengelötet werden, es ist also ein gewisser Aufwand notwendig. Wer diesen scheut, der kann auf die oben beschriebenen

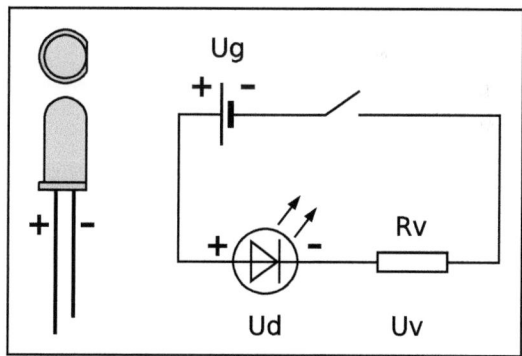

Abb. 9.2: LED in 5-mm-Ausführung mit Beschaltung

LED-Knicklichter (Kapitel 9.5) zurückgreifen. Wer aber seinen Bumerang sehr hell und individuell beleuchten will, für den sind LEDs die erste Wahl. Ich gebe hier nur einen ganz kurzen Abriss zum Einsatz von LEDs. Wer noch mehr wissen möchte, der findet im Internet problemlos eine große Menge an Informationen oder er zieht entsprechende Fach-Literatur zu Rate.

Anders als Glühlampen gehorchen Leuchtdioden nicht dem Ohm'schen Gesetz, sondern ihrer individuellen Kennlinie. Für deren Licht-Stärke und elektrische Leistung ist ausschließlich der sie durchfließende Strom entscheidend. Um ihn entsprechend anzupassen bzw. zu begrenzen, kann man im einfachsten Fall einen Vorwiderstand einsetzen. Unter gewissen Bedingungen kann man ihn sogar weglassen, weil jede Spannungsquelle selbst immer einen gewissen Innen-Widerstand hat. Reicht dieser zur Strombegrenzung bereits aus, kann man so verfahren. Diese Möglichkeit hängt aber stets von der speziellen Spannungsquelle und der speziellen LED ab.

Für den praktischen Einsatz zur Beleuchtung von Bumerangs halte ich die klassische LED-Bauform (5 mm oder 3 mm, Abb. 9.2) für am besten geeignet. Die Handhabung ist unkompliziert und die Einsatz-Möglichkeiten sind groß. Die Leistung sollte so bemessen sein, dass die LED einerseits hell genug ist, anderseits aber auch nicht blendet (Gefahr beim direkten Hineinsehen) und keinen zusätzlichen Kühlkörper benötigt. Ich habe bei allen Vorbereitungen zu diesem Buch Midi-Power-LEDs (keine Hochleistungs-LEDs) in der 5 mm-Ausführung mit einer Licht-Stärke in der Größenordnung von 10 cd benutzt. Dabei habe ich auf einen großen Raumwinkel von 70° oder mehr geachtet, damit man die LEDs auch möglichst gut von der Seite sieht.

Der begrenzte Raumwinkel (selten über 100°) ist ein generelles Problem bei Leucht-Dioden, das meines Erachtens den Einsatzbereich aber nicht wesentlich einschränkt. Man kann sich behelfen, indem man einen Diffusor (matte Folie) verwendet, mehrere LEDs einsetzt oder die LEDs so ausrichtet, dass sie einen Teil des Flügels beleuchten.

Ob man die LEDs getrennt von der Stromversorgung, dem Vorwiderstand und dem Schalter anordnet oder aber kleine komplette Leucht-Einheiten (wie das LED-Knicklicht) zusammenbaut, hängt von der Anwendung und dem Geschmack des Werfers ab. Die kompletten Einheiten haben den großen Vorteil, dass sie leicht an-

9.7 LEDs

und abgebaut werden können und der Bumerang selbst nicht unbedingt verändert werden muss. In Abb. 9.3 sehen Sie eine solche Einheit mit dem Akkumulator VL 2020 als Stromversorgung. Ich habe dabei den Vorwiderstand weggelassen (s.o.) und bin so mit dem Akkumulator, dem Schalter und der LED auf ein Gesamt-Gewicht der Einheit von 3,2 Gramm gekommen.

Obwohl also eine LED selbst sehr leicht ist, so führt doch das ganze 'Drumrum', insbesondere die Stromversorgung, zu einem erheblichen Gewicht von einigen Gramm (Tab. 9.3). Damit scheiden LEDs für die leichten Zimmer-Bumerangs mit flachen Flügeln aus Karton oder 0,5 mm Polystyrol aus. Für die Modelle mit profilierten Flügeln insbesondere aus Styrofoam sind sie aber bestens geeignet.

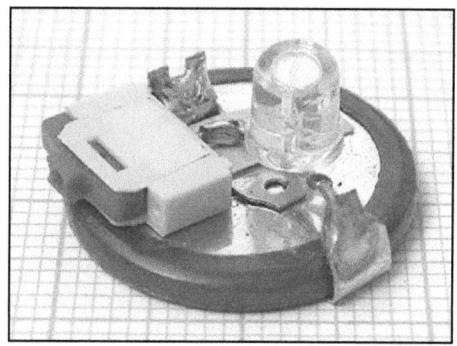

Abb. 9.3: LED-Einheit mit Akkumulator

Es stellt sich also die Frage nach geeigneten Stromversorgungen bzw. Spannungsquellen. Da sie nicht mehr als 2 oder 3 Gramm wiegen dürfen, ist man auf die Knopf-Zellen (als Batterie oder als Akkumulator) angewiesen. Man findet sie in zahllosen kleinen elektronischen Geräten, sodass es eine sehr große Anzahl an verschiedenen Größen und Formen gibt. Für Bumerangs bieten sich eher flache als dicke Formen an, da sie die Aerodynamik weniger stören.

Bei der Auswahl der Spannungen muss man eine Eigenart von Leuchtdioden bedenken. Damit überhaupt ein Strom fließt, brauchen sie eine gewisse Mindest-Spannung, die sogenannte 'Durchlass-Spannung'. Sie hängt wesentlich von der LED-Farbe ab und liegt im Bereich von knapp 2 Volt. Für eine vernünftige Helligkeit braucht man daher Spannungen von mindestens 3 Volt.

Knopfzellen mit einer Spannung von 3 Volt sind erhältlich als sogenannte CR-Typen (Lithium-Batterie, z.B. CR 2016 oder CR 2032) oder VL-Typen (Lithium-Akkumulator, also wieder aufladbar, z.B. VL 2020). Bei dieser Spannung kann man häufig auf einen Vorwiderstand verzichten (s.o.).

Akkumulator-Knopfzellen als LIR-Typ haben oft eine Spannung von 3,6 Volt (z.B. LIR 2032). Bei dieser Spannung ist meistens ein Vorwiderstand notwendig.

Mit diesen Knopfzellen können die o.g. LEDs bis zu einigen Stunden lang betrieben werden. Es ist zu beachten, dass eine Batterie die drei- bis sechsfache Energie-Menge enthält wie ein Akkumulator mit gleichem Gewicht und gleichen Abmessungen.

Knopfzellen lassen sich leicht am Bumerang befestigen. Es gibt für sie eine Reihe verschiedener Halterungen, um sie schnell wechseln zu können. Oft reicht sogar doppelseitiges Klebeband.

Schließlich gibt es Doppelschicht-Kondensatoren mit extrem hohen Kapazitäten in der Größenordnung von 0,1 bis 1 Farad ('Super-Kondensator', 'GoldCap'), die auch nur wenige Gramm wiegen. Sie können im Gegensatz zu Akkumulatoren[1] schnell und problemlos wieder aufgeladen werden. Allerdings reichen sie nur für eine Leucht-Dauer im Minuten-Bereich. Sie haben eine Spannung von 5,5 Volt, es ist also ein Vorwiderstand notwendig. Abb. 9.4 zeigt eine Leucht-Einheit mit einem 0,22 Farad-GoldCap und einem Vorwiderstand von 220 Ohm. Sie hat ein Gewicht von 1,6 Gramm.

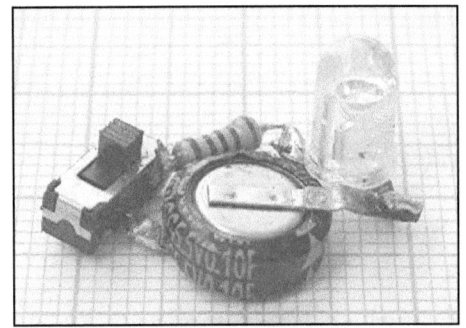

Abb. 9.4: LED-Einheit mit GoldCap

---

[1] Akkumulatoren, insbesondere diejenigen in Lithium-Technologie, sollte man keinesfalls mit selbst gebauten Schaltungen aufladen, sondern unbedingt Ladegeräte aus dem Fachhandel verwenden. Für Knopfzellen gibt es spezielle Ladegeräte bei den großen Elektronik-Lieferanten. Der Ladevorgang ist kompliziert und besteht aus zwei Phasen. Zunächst muss einige Stunden lang mit konstantem Strom, anschließend mit konstanter Spannung geladen werden, bis der Strom auf ein gewisses Minimum absinkt. Bei einem GoldCap ist das anders. Es reicht aus, ein bis zwei Minuten lang eine konstante Spannung von 5,5 Volt anzulegen. Dabei ist aber unbedingt auf die Polarität zu achten, obwohl es Kondensatoren sind.

9.7 LEDs

Wie viele LEDs mit einer einzigen Spannungsquelle versorgt werden können, hängt von der speziellen Spannungsquelle und den speziellen LEDs ab. Der maximale Strom der Spannungsquelle, der wesentlich von deren Innen-Widerstand bestimmt wird, muss für den Gesamt-Strom aller LEDs ausreichen. Oft kann eine kleine Knopfzelle nur eine helle LED treiben (Strom von 50 bis 100 mA).

9.8 Fotos

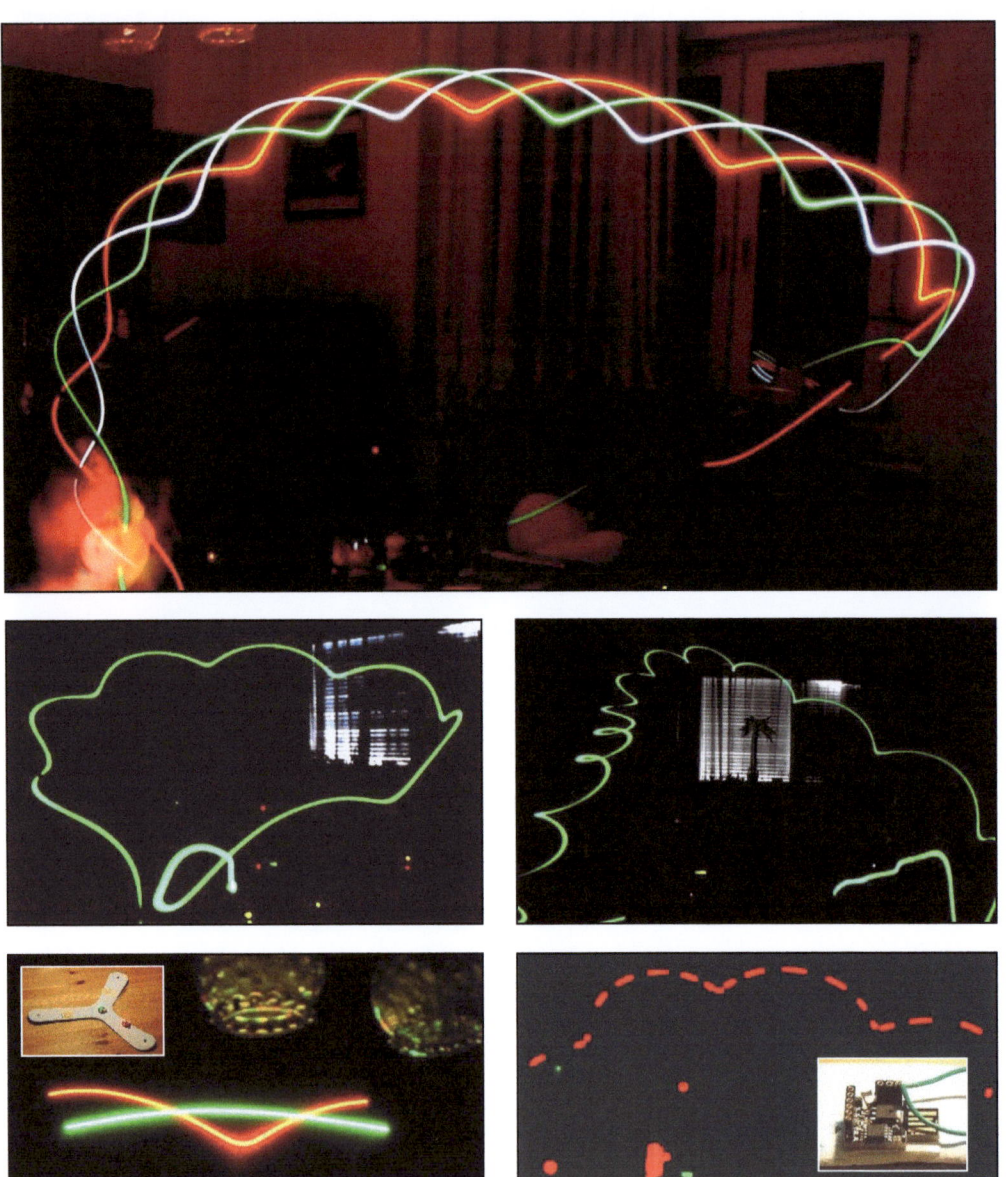

Abb. 9.5: Fotos beleuchteter Zimmer-Bumerangs

10 Aktionen und Einzel-Themen

10.1 Die sportlichen Bumerang-Disziplinen

Der Bumerang-Sport, insbesondere das Hobby-Werfen, erfreut sich in der Bevölkerung immer größerer Beliebtheit. Dies liegt sicherlich nicht zuletzt daran, dass beim Bumerang-Werfen verschiedenste Wissensgebiete kombiniert werden: von der Geschichte der Ureinwohner Australiens über die Mystik des unverstandenen Zurückkehrens weggeworfener Gegenstände bis hin zu den modernen, physikalischen Erkenntnissen der Aerodynamik. Zudem, und das ist nicht unwichtig, ist der Bumerang ein Spielzeug. Kinder werfen damit, ohne viel nachzudenken. Die Eltern probieren es auch einmal - mit mehr oder weniger großem Erfolg. Dabei ist es, wenn man einige Grundregeln beachtet, ganz einfach!

Das Bumerang-Werfen ist ein Sport, es ist ein Hobby, eine Freizeit-Beschäftigung, ein Spaß. Ein Spaß an der Physik, ohne es zu wissen, ein Spaß an der sportlichen Betätigung, ein Spaß an dem Unglaublichen, an dem Unverstandenen.

Das ist gut so. Doch Sport bedeutet auch das Streben nach Leistungs-Steigerung, das Erlernen neuer Fertigkeiten und das Verstehen von Zusammenhängen. Und das bedeutet, sich mit dem Bumerang-Sport etwas näher auseinanderzusetzen.

Es stellt sich zunächst die Frage, was am Bumerang-Werfen überhaupt Sport ist. Dazu einige Bemerkungen eines nicht mehr jungen, aber begeisterten Werfers.

- Das Werfen an sich.
- Der Bumerang soll nach dem Wurf gefangen werden. Also Werfen, Schauen, Schreck über den schlechten Wurf, Rennen, Fangen, ... oder auch nicht. Pulsschlag 200.
- Der Bumerang muss gebaut werden. Da die spezielle Form, Größe und Art wesentlich vom Werfer abhängt, baut fast jeder Aktive seine Bumerangs selbst. Das bedeutet Sägen, Feilen, Polieren, Lackieren und am Ende Testen.

Wie bei anderen Sportarten gibt es beim Bumerang-Werfen eine große Anzahl verschiedener Disziplinen, von denen hier nur die wichtigsten genannt sein sollen. Bei allen Disziplinen muss der Bumerang mindestens 20 Meter weit fliegen.

Das Weitwerfen

Der Bumerang muss möglichst weit fliegen und zurückkehren, er muss aber nicht gefangen werden (Weltrekord ca. 240 Meter).

Das Langzeit-Werfen

Der Bumerang soll möglichst lange in der Luft bleiben und er muss gefangen werden (Weltrekord ca. 6 Minuten).

Das schnelle Fangen

Der Bumerang wird in möglichst kurzer Zeit fünfmal geworfen und gefangen. Dabei darf der Fang maximal zwei Meter von der Abwurfstelle entfernt erfolgen (Weltrekord ca. 15 Sekunden).

Das Genauigkeits-Werfen

Der Bumerang soll nach dem Werfen möglichst nahe an der Abwurfstelle landen. Er wird nicht gefangen.

Das Jonglieren

Es wird mit zwei Bumerangs geworfen und gefangen, von denen mindestens einer immer in der Luft sein muss. Gezählt wird die Anzahl der Würfe, bevor ein Bumerang zu Boden fällt (Weltrekord ca. 140 Fänge).

Das Ununterbrochene Fangen

Ein Bumerang muss möglichst oft hintereinander geworfen und gefangen werden (Weltrekord ca. 2550 Fänge).

Fänge in 5 Minuten

Ein Bumerang soll innerhalb von 5 Minuten möglichst oft geworfen und gefangen werden (Weltrekord ca. 80 Fänge).

Die Australische Runde

Sie stellt eine kombinierte Disziplin dar, bei der es auf Weite, Genauigkeit und Fangen ankommt.

Darüber hinaus gibt es eine Vielzahl ähnlicher oder kombinierter Disziplinen.

Auf der Wettkampf-Ebene finden regelmäßig Deutsche Meisterschaften, Europa-Meisterschaften und Welt-Meisterschaften sowie zahlreiche regionale Turniere statt. Bei allen diesen Veranstaltungen gehören die deutschen Bumerang-Werfer seit Jahrzehnten zur Weltspitze.

Für private Turniere können natürlich alle Disziplinen entsprechen verändert werden. Einige Vorschläge finden Sie in Kapitel 10.8.

10.2 Die Deutsche Meisterschaft 1989 in Berlin

Nachdem ich 1988 auf der 9. Deutschen Bumerang-Meisterschaft in Münster meinen Universal-Bumerang Solaris vorgestellt hatte und auch ansonsten durch viele Aktivitäten aufgefallen war, beauftragte mit der Deutsche Bumerang Club (DBC) mit der Ausrichtung der 10. Deutschen Bumerang-Meisterschaft 1989 in Berlin. Ich nahm gerne an und hatte dabei einige neue Vorstellungen.

- Der Bumerang sollte einem breiten Publikum bekannt gemacht werden.
- Ich wollte den Bumerang-Sport aus seinem Dornröschenschlaf erwecken und die Veranstaltungen zu einem volksfestartigen Treffen für Jung und Alt machen. Dazu war ein interessantes, umfangreiches Rahmen-Programm mit Vorführungen und Aktionen zum Mitmachen notwendig, begleitet von einer großen Anzahl interessanter Verkaufs-Stände. Presse, Rundfunk und Fernsehen mussten eng eingebunden werden.

- Es sollte eine Verbindung der Freizeit-Sportarten hergestellt werden, zu denen ich Bumerang-Werfen, Drachen-Fliegen, Frisbee-Sport oder auch das Jonglieren zähle. Das hat für alle Beteiligten Vorteile. Bläst beispielsweise bei einem Bumerang-Festival ein starker Wind, können keine Bumerangs geworfen, aber Drachen steigen gelassen werden. Umgekehrt kann bei einem Drachen-Festival bei Windstille mit Bumerangs geworfen werden.

- Als Grenzgänger zwischen den politischen Blöcken, der seine Kindheit und Jugend gleichermaßen in West- und Ost-Berlin verbracht hatte, wollte ich mit dem Bumerang-Sport ein Bindeglied zwischen West und Ost schaffen und die Grenze ein wenig durchlässiger machen. Unterstrichen habe ich diesen Wunsch mit einem internationalen Treffen der Bumerang-Werfer in Ost-Berlin unter Aufsicht von Polizei und Stasi. Die Meisterschaft in Berlin hatte für mich von Anfang an auch eine politische Komponente.

Alles das ist gelungen, fast genau 100 Tage vor dem Fall der Berliner Mauer und der politische Wende. Die Meisterschaft in Berlin wurde zu einem riesigen Publikums-Erfolg und zu einem Wendepunkt bei der Durchführung von Bumerang-Veranstaltungen. Leider waren damals nicht alle glücklich darüber. Ich jedenfalls war es und zähle die Meisterschaft zu den schönsten und wichtigsten Ereignissen meines Lebens, ohne die ich dieses Buch niemals geschrieben hätte.

Die Berichterstattung überlasse ich an dieser Stelle neutralen Beobachtern wie dem 'Grandseigneur' des Deutschen Bumerang-Sportes Wilhelm Bretfeld, dem Berliner Bumerang-Werfer und Mitveranstalter der Meisterschaft Gerhard Bertling oder einfach der Presse.

Abb. 10.1: Bericht über die Meisterschaft in der 'Bild Berlin' vom 7.8.1989

10 Aktionen und Einzel-Themen   10.2 Die Deutsche Meisterschaft 1989 in Berlin

Abb. 10.2: Bericht über die Meisterschaft in der [7] 'Bumerang-Welt' von Wilhelm Bretfeld

10.2 Die Deutsche Meisterschaft 1989 in Berlin

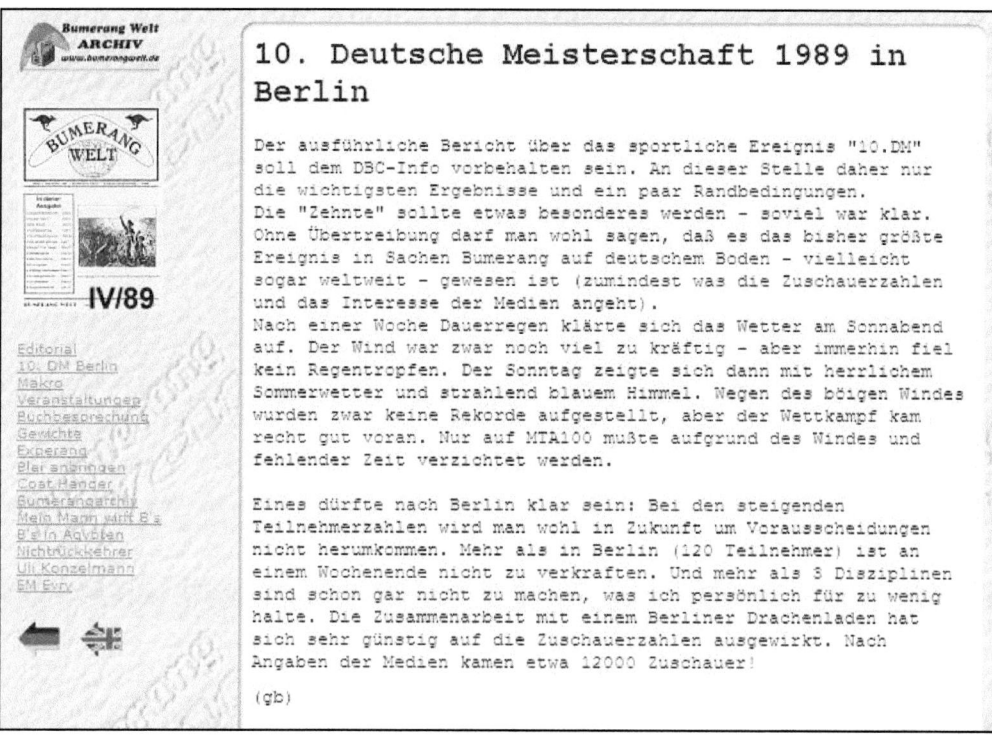

Abb. 10.3: Bericht über die Meisterschaft in der [7] 'Bumerang-Welt' von Gerhard Bertling

10 Aktionen und Einzel-Themen   10.2 Die Deutsche Meisterschaft 1989 in Berlin

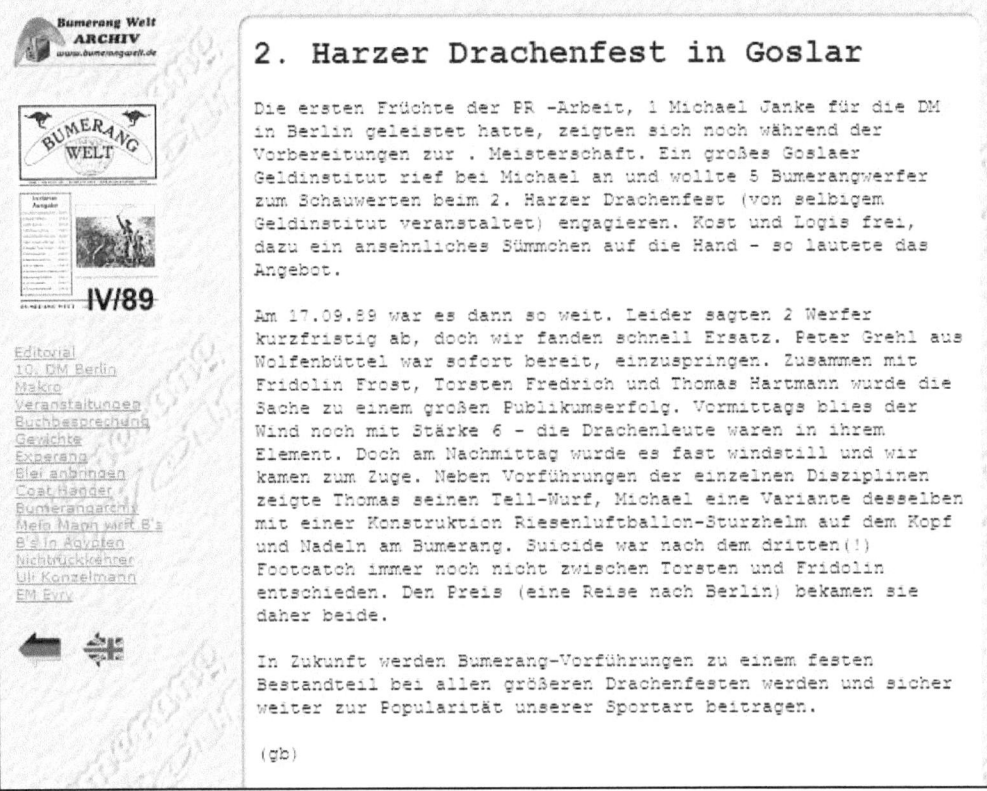

Abb. 10.4: Bericht über ein Drachen-Fest in der [7] 'Bumerang-Welt' von Gerhard Bertling

Ich möchte abschließend etwas zu einem persönlichen Highlight sagen.

Es war in der Nacht vor der 10. Deutschen Meisterschaft vom 4. auf den 5. August 1989. Der bekannte ehemalige deutsche Meister Thomas Hartmann und der damals eher unbekannte Fridolin Frost, später allerdings mehrfacher Europa- und Weltmeister, haben bei mir zu Hause übernachtet. Wir haben uns die halbe Nacht mit Zimmer-Bumerangs beschäftigt und immer wieder neue Formen ausprobiert.

Spätestens in dieser Nacht ist mir klar geworden, wie viel Spaß man mit Zimmer-Bumerangs haben kann.

10.3 Die Berliner Mauer

Die Berliner Mauer hatte schon lange Bumerang-Werfer animiert, einen Bumerang über den 'Eisernen Vorhang' zu werfen und zurückkehren zu lassen. Daher hatte ich dieses Motiv für eine Postkarte gewählt und es in der Wende-Nacht vom 9. November 1989 aus purer Freude in die Welt gefaxt, natürlich ohne Copyright und zur freien Verwendung für jedermann. Es ist weltweit veröffentlicht worden.

Abb. 10.5: Mauer-Foto Janke mit einem beleuchteten Bumerang (Wunderkerze)

Ich muss gestehen, dass das Foto an dieser Stelle, am Brandenburger Tor, nur eine Fotomontage ist. Dort in Ruhe Fotos zu machen hatte die West-Polizei verhindert. Nicht verhindern konnte sie, dass anlässlich der 10. Deutschen Bumerang-Meisterschaft fast genau 100 Tage vor dem Mauerfall Teilnehmer verschiedener Nationalitäten an dieser Stelle tatsächlich Bumerangs über die Mauer geworfen haben, allerdings ohne Beleuchtung und ohne ein Foto zu machen.

Tatsächlich haben wir damals aber mehrmals beleuchtete Bumerangs im sogenannten 'Eiskeller' am nördlichen Rand von Berlin über die Mauer geworfen und fotografiert. An dieser gottverlassenen Stelle mitten im Wald war genug Zeit, bevor die Polizei hätte anrücken können.

10.4 Die Wende-Jahre 1989/1990

Die Zeit zwischen dem Mauerfall am 9. November 1989 und der Deutschen Wiedervereinigung am 3. Oktober 1990 war die intensivste meines Lebens. Sie zeichnete sich unter anderem dadurch aus, das gerade gedruckte Zeitungen beim Lesen häufig schon veraltet waren. Das meistgebrauchte Wort in dieser Zeit: Wahnsinn.

Der 9. November 1989 - der Tag, an dem die Mauer fiel

Es war gegen 19:00 Uhr, als Günter Schabowski in einer Pressekonferenz mehr oder weniger versehentlich die Grenze zwischen Ost- und West-Deutschland geöffnet hatte. Wirklich geglaubt haben es die Menschen aber erst, als Hanns Joachim Friedrichs das schier Unglaubliche in den Tagesthemen verkündete. Es folgte ein Sturm der Ost-Berliner auf die Berliner Mauer, dem sie nur kurz standhalten konnte. Gegen 23:00 Uhr gab es die Mauer nicht mehr.

In dieser Nacht habe ich aus purer Freude beschlossen, eine gemeinsame Ost-West-Berliner Bumerang-Meisterschaft durchzuführen. Ich habe mein Foto von dem Leucht-Bumerang über der Mauer zusammen mit diesem Entschluss an alle großen Nachrichten-Agenturen gefaxt. In den folgenden Tagen ist es dann weltweit erschienen.

10.4 Die Wende-Jahre 1989/1990

Abb. 10.6: Bericht über die geplante 1. Gesamt-Berliner Bumerang-Meisterschaft in der 'BZ Berlin' vom 14.11.1989

Die Zusammenarbeit mit den Bumerang-Werfern der DDR

Aufgrund meiner persönlichen Lebensgeschichte hatte ich immer engen Kontakt mit den Bumerang-Werfern der DDR, insbesondere mit Matthias Kutschera. Es lag also nahe, gemeinsam den ersten - und einzigen - Bumerang-Club der DDR zu gründen. Das geschah am 10. März 1990.

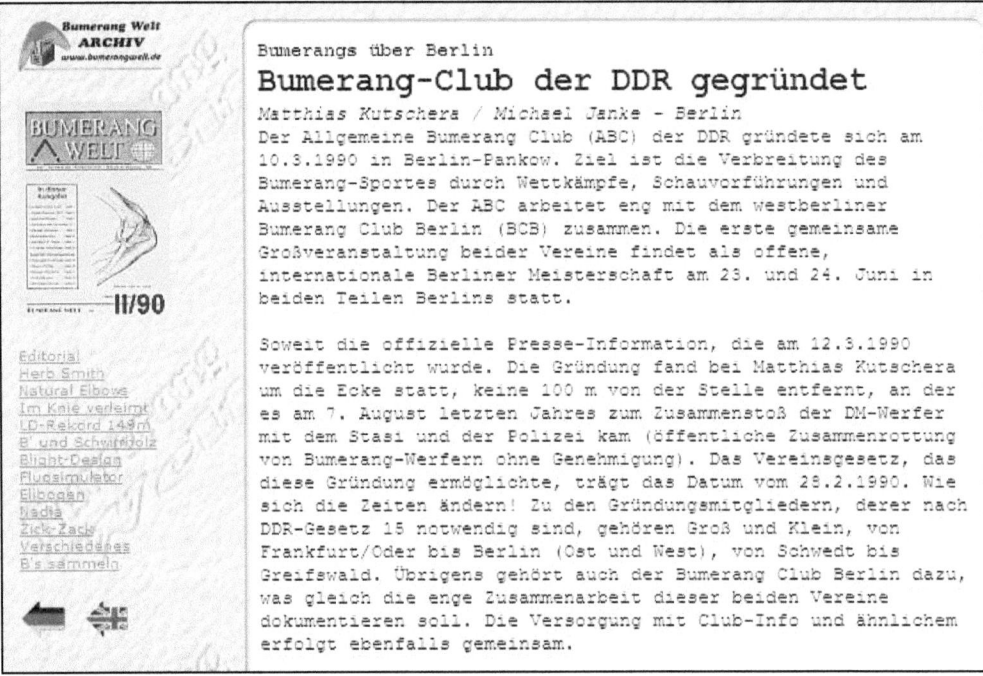

Abb. 10.7: Bericht über die Gründung des Bumerang-Clubs der DDR in der
[7] 'Bumerang-Welt' von den Vorsitzenden der Bumerang-Clubs der DDR
und West-Berlins, Matthias Kutschera und Michael Janke

Die erste gemeinsame Ost-West-Berliner Meisterschaft 1990

Am 23./24. Juni 1990 war es dann soweit. Um die Gemeinsamkeit zu verdeutlichen, haben wir die Meisterschaft am Samstag in Marzahn in Ost-Berlin und am Sonntag im Schiller-Park/Wedding in West-Berlin durchgeführt.

Der Aufwand war dadurch immens. Aber unerwartet hatten wir Helfer, die uns tatkräftig in großer Zahl und technisch bestens ausgerüstet unterstützt haben, und das sogar kostenlos. Ich rede von den Soldaten der 'NVA', der 'Nationalen Volks-Armee' der DDR[1]. Es waren eben ungewöhnliche Zeiten.

Ich möchte auch hier etwas zu einem für mich besonderen Ereignis sagen. Es war in der Nacht vom 23. auf den 24. Juni 1990. Die Teilnehmer der Meisterschaft waren in einem riesigen leerstehenden Militär-Objekt in Hoppegarten/Ost-Berlin untergebracht, die Veranstalter selbstverständlich im sogenannten 'Führer-Bunker'. Dort saßen Eckhard Mawick, Vorsitzender des Deutschen Bumerang-Clubs, Michael Steltzer, Inhaber eines großen Drachen-Ladens und ich die halbe Nacht zusammen und haben über den Bumerang-Sport insbesondere in den 'veränderten Zeiten' diskutiert. Es war irgendwie gespenstisch in dieser Umgebung. Ich denke, alle Beteiligten werden diese Nacht niemals vergessen.

---

[1] Es gab natürlich einen Grund für diese Hilfe. Ich war Gründungsmitglied des 'ABC' (Allgemeiner Bumerang-Club der DDR). Der Bumerang-Sport wurde aber in der DDR nicht dem Sport, sondern dem Modell-Bau zugeordnet. Somit war sein Dachverband der 'BTSV' (Bund Technischer Sport-Verbände), der seit der Wende die Nachfolge-Organisation der paramilitärischen Jugend-Organisation 'GST' (Gesellschaft für Sport und Technik) war, die wiederum als Unter-Organisation der 'NVA' angesehen werden konnte. Das war schon verrückt. Die Bumerang-Werfer der DDR gehörten also formal irgendwie zum Militär. Noch verrückter war es, dass ich, als West-Berliner, kurz nach der Meisterschaft zum Vorsitzenden des 'BTSV Marzahn' gewählt wurde und somit bis zur Wiedervereinigung am 3. Oktober 1990 also formal auch irgendwie zur Volks-Armee der DDR gehörte. Alles verrückt.

10 Aktionen und Einzel-Themen 10.4 Die Wende-Jahre 1989/1990

Bumerang-Meisterschaften

Erstmals fliegen die Bumerangs in Ost und West

(tui) Im letzten Jahr haben wir die 10. Deutschen Bumerang-Meisterschaften in Berlin durchgeführt. Mit ca. 12 000 Besuchern wurden sie zum größten Bumerang-Festival, das es weltweit jemals gab. Als sich die westdeutschen Werfer sowie Vertreter der Niederlande, Schwedens, Frankreichs und Englands inoffiziell in Ost-Berlin mit den Bumerang-Sportlern aus der DDR trafen, wurde die Veranstaltung durch Polizei und Stasi aufgelöst. Am Vorabend hatte das holländische Team bereits seine Erfahrungen mit der Grenzpolizei gemacht, als es am Brandenburger Tor Bumerangs über die Mauer warf und natürlich zurückkehren ließ.

Diese Zeiten sind vorbei. Grund genug, die ersten internationalen Bumerang-Meisterschaften durchzuführen, selbstverständlich in beiden Teilen der Stadt, organisiert von den Klubs der DDR und West-Berlins.

Selbstverständlich gibt es neben dem reinen Bumerang-Werfen wieder ein umfangreiches Rahmenprogramm. Dazu gehören einerseits Informationen und Aktivitäten um den Bumerang herum, wie etwa eine historische Ausstellung, eine Bau-Werkstatt oder ein Kinder-Wurf-Platz mit Leicht-Bumerangs. Andererseits sollen jedoch auch Frisbees, Drachen, Ballons, Blasrohre und ähnliches gezeigt werden. Mitmachen und mitgewinnen heißt die Devise für das Publikum. Zwei Reisen, viele Gutscheine und noch mehr Bumerangs warten auf ihre Gewinner. Für die aktiven Sportler stehen Geldpreise im Wert von 2500 Mark bereit.

Nächster Wettkampf

Die Meisterschaft wird am 23. Juni auf dem Rasensportplatz Allee der Kosmonauten, Nähe S-Bahn Springpfuhl in Ost-Berlin, und am 24. Juni auf der großen Wiese im Schillerpark, Ungarnstraße/Ecke Edinburger Straße, U-Bahn Seestraße in West-Berlin ausgetragen. Beginn der Veranstaltungen ist jeweils um 10 Uhr, Ende um 19 Uhr.

Bumerangs über Berlin
(Foto: Bumerang-Klub Berlin)

Abb. 10.8: Bericht über die 1. Gesamt-Berliner Bumerang-Meisterschaft in der 'TU Intern' von 06/1990

Wahnsinn!

Das war wohl das meistgebrauchte Wort in den Wende-Jahren. Es beschrieb gleichermaßen das Empfinden der Menschen als auch die objektiven Tatsachen.

Wer mit der Mauer aufgewachsen war, für den war sie selbstverständlich. Und nun war sie plötzlich weg, über Nacht, ohne Ankündigung. Man konnte einfach über die Bornholmer Brücke zwischen Ost- bzw. West-Berlin und selbst über die Glienicker Brücke zwischen Berlin und Potsdam gehen. Man konnte diese Brücke überqueren, die zu DDR-Zeiten ironischerweise 'Brücke der Einheit' hieß, aber wie nur wenige Bauwerke die Teilung Deutschlands symbolisierte. Es ist die Brücke, an der Jahrzehnte lang die Top-Agenten zwischen den politischen Systemen ausgetauscht worden waren.

Gleichzeitig war es, vor allem in der DDR, in gewissem Sinne eine gesetzlose Zeit. Die DDR existierte noch, hatte also auf ihrem Gebiet rein formal noch die territoriale Hoheit, die aber niemand mehr ernst nahm. Ich habe so etwas niemals vorher oder nacher nocheinmal erlebt. Die Polizei der DDR war verunsichert und die Bundesrepublik hatte auf DDR-Gebiet noch keinerlei Rechte. Man konnte weitgehend tun, was man wollte und kaufen, was man wollte. Als ich für die Bumerang-Meisterschaft ein großes 100-Mann-Zelt brauchte, hat mir ein NVA-Soldat für ein paar West-Mark einfach eines aus Militär-Beständen verkauft. Andere Leute haben sich mal so eben günstig ein Flugzeug gekauft, von jemandem, dem es eigentlich bestimmt nicht gehört hat.

Es waren eben ungewöhnliche Zeiten.

10.5 Der Tell-Schuss

Jeder kennt die Geschichte von Wilhelm Tell, der seinem Sohn einen Apfel vom Kopf schießt. Doch was hat der Tell-Schuss mit dem Bumerang-Werfen zu tun? Klare Sache, der Werfer schießt sich mit seinem Bumerang selbst einen Apfel vom Kopf. Publikumswirksam vorgeführt hat das der damalige Deutsche Meister im Bumerang-Werfen, Thomas Hartmann, in der Sendung 'Wetten, dass...?' bei Frank Elstner. Er hat dafür übrigens einen drei-flügligen Bumerang benutzt.

Ich habe, angesichts meiner nicht so guten Werfer-Eigenschaften, den Apfel durch einen deutlich größeren Luftballon ersetzt und meine Bumerangs mit Nadeln versehen. Da treffe dann selbst ich und das Ganze macht optisch mehr her. Vorgeführt habe ich das zum ersten Mal auf der 1. Gesamt-Berliner Bumerang-Meisterschaft 1990 in West- und Ost-Berlin. Bei mir kam selbstverständlich mein Universal-Bumerang 'Solaris' zum Einsatz (Abb. 10.9).

Den Tell-Schuss vorzuführen ist bei Veranstaltungen immer eine ganz besondere Attraktion, die auch gerne von Presse und Fernsehen festgehalten wird.

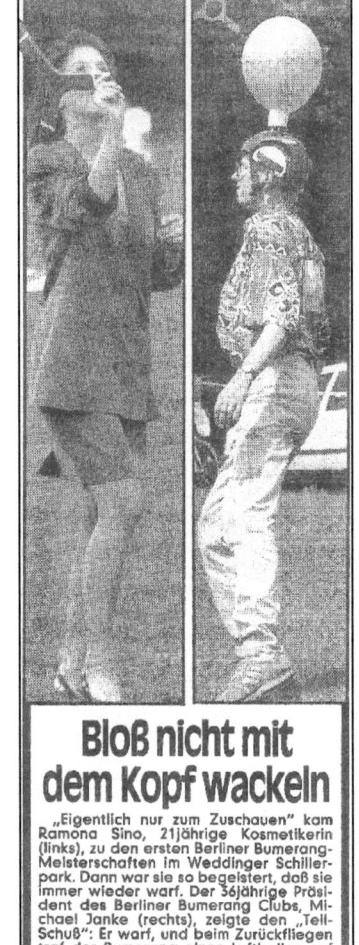

Bloß nicht mit dem Kopf wackeln

„Eigentlich nur zum Zuschauen" kam Ramona Sino, 21jährige Kosmetikerin (links), zu den ersten Berliner Bumerang-Meisterschaften im Weddinger Schillerpark. Dann war sie so begeistert, daß sie immer wieder warf. Der 36jährige Präsident des Berliner Bumerang Clubs, Michael Janke (rechts), zeigte den „Tell-Schuß": Er warf, und beim Zurückfliegen traf der Bumerang einen Luftballon auf seinem Kopf.
Attraktion: Bumerangs aus Trabbi-Teilen. Aus dem Pappe-Kunstharz-Gemisch werden Weitwurf-Bumerangs.

Abb. 10.9: Der Tell-Schuss von Michael Janke 1990 in Berlin in der 'BZ Berlin' vom 25.6.1990

10.6 Der Trabbi-Bumerang

Es gibt eine schöne Geschichte von den Aborigines, den Ureinwohnern Australiens. Sie haben das Holz für ihre Bumerangs aus den Bäumen herausgebrochen. Allerdings durfte der Baum dabei niemals so stark verletzt werden, dass er starb. In der Folge entstand eine mystische Beziehung zwischen dem Baum, seinem Bumerang und dem, der diesen Bumerang wirft.

Auf der ersten gemeinsamen Ost- West- Meisterschaft wollte ich eine Brücke schlagen zwischen dieser Tradition und der Veranstaltung und natürlich auch zwischen Ost- und West-Berlin. Die Idee war es, Bumerangs aus Türen, Dach und Motorhaube von Trabbis[1], einem Symbol der DDR, herauszuschneiden. Natürlich durfte der Trabbi dabei nicht ernsthaft verletzt werden. Um das zu demonstrieren, fuhr er nach der Aktion fröhlich davon (Abb. 10.10).

Abb. 10.10: Der Bumerang-Trabbi 1990 in Berlin in der 'BZ Berlin' vom 25.6.1990

---

[1] Die Karosserie von Trabbis besteht aus Pertinax, einem Hart Papier (Verbund aus Papier und Kunstharz) mit einer Material-Stärke von 3 mm, wie es in kleineren Stärken auch für Platinen in der Elektrotechnik benutzt wird. Wegen seine großen Dichte von ca. 1,35 g/cm³ wird es im Bumerang-Bau für Weitwurf-Bumerangs verwendet.

Vorgeführt wurde das Ganze von Matthias Wiese, einem Bumerang-Werfer aus Berlin, der sich auf den Bau von Massiv-Holz-Bumerangs aus einheimischen Hölzern wie z.B. Kirsche spezialisiert hatte.

Einen der Original-Bumerangs, die damals entstanden sind, signiert von Matthias Wiese mit dem Datum der Meisterschaft, sehen Sie in Abbildung 10.11.

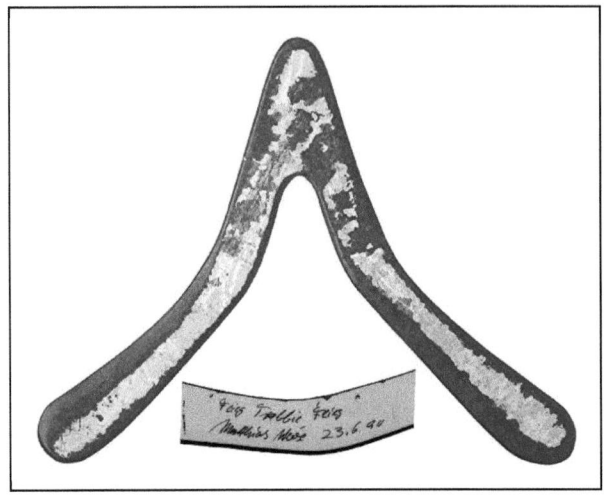

Abb. 10.11: Ein Original-Trabbi-Bumerang

10.7 Bumerangs und MRT Kernspin-Tomographie

Dass ein Bumerang zurückkehrt, liegt ganz wesentlich daran, dass er im Flug rotiert und somit als Kreisel den entsprechenden physikalischen Gesetzen (Kapitel 4.7) unterliegt. Ein in diesem Fall entscheidendes Gesetz ist der Drehimpuls-Erhaltungssatz (Kapitel 4.6).

Eine moderne Anwendung dieses Gesetzes findet sich in der Untersuchungs-Methode MRT. Dabei macht man sich den Eigendrehimpuls (Spin) von Atomkernen, insbesondere des Protons als Kern des Wasserstoff-Atoms, zunutze. Er macht den Kern zu einem kleinen magnetischen Kreisel. Legt man ein starkes äußeres Magnetfeld an, so übt es eine kippende Kraft auf den Kreisel aus, der daraufhin eine Präzessions-Bewegung mit einer bestimmten Frequenz (Larmor-Frequenz) ausführt. Diese Bewegung hat eine elektromagnetischen Strahlung zur Folge. Aus deren Messung kann man dann mit einigen Tricks die Bilder des untersuchten Gewebes erzeugen.

Zwischen dem ersten Bumerang und dem MRT-Gerät von heute liegen mehr als 25.000 Jahre Menschheits-Geschichte. Und dennoch funktionieren beide nach dem gleichen physikalischen Prinzip.

10.8 Workshops

Bumerang-Workshops, beispielsweise bei Kinder- oder Sommer-Festen, sind immer etwas Besonderes, an das sich alle Beteiligten gerne zurückerinnern. Für viele ist es der erste Kontakt mit Bumerangs, der zu Verwunderung und Begeisterung führt. Ach das Bemalen von Bumerangs stellt oft eine interessante Aufgabe dar, die gerne angenommen wird.

Vorführungen und kleinere Turniere bringen den Menschen den Bumerang näher, erste Erfolge beim Werfen haben den Wunsch zur Folge, sich intensiver mit diesem Spiel- und Sportgerät zu beschäftigen.

Hier eine kurze Liste mit abgewandelten Disziplinen, die sich bei solchen Veranstaltungen bewährt haben (Kapitel 10.1).

- Das schnelle Fangen.
- Möglichst viele Fänge in 2 statt der üblichen 5 Minuten.
- Das ununterbrochene Fangen.
- Das Genauigkeits-Werfen.
- Das Ziel-Werfen um einen Gegenstand herum.

Entsprechende Exposees zur Durchführung von Workshops finden sich auf meiner Website 'www.leicht-bumerangs.de'. Sie können zur freien Nutzung heruntergeladen werden.

Für viele lustige Spiele mit Bumerangs möchte ich auf das Buch 'Zimmer-Bumerangs' von Eckhard Mawick (Literatur-Verzeichnis [1], Kapitel 21) verweisen, das speziell für Kinder und alle, die privat oder beruflich mit Kindern zu tun haben, geschrieben ist.

11 Solaris - der Universal-Bumerang

11.1 Das Copyright hat die Natur

Das Entscheidende an einem Bumerang ist einerseits seine Kreisel-Eigenschaft, anderseits der aerodynamische Auftrieb seiner Flügel. Also liegt es nahe, ihn auf diese Eigenschaften zu reduzieren und alles wegzulassen, was nicht notwendig ist oder sogar stört. Dazu gehört bei Bumerangs das 'neutrale' Mittel-Teil[1], denn es trägt weder zum Auftrieb noch wesentlich zum Trägheitsmoment bei. Also sollte das Mittel-Teil weggelassen bzw. auf ein Minimum reduziert werden.

Das war meine Idee, inspiriert von den sehr effektiven Nur-Flügel-Flugzeugen, die es seit dem Anfang des 20. Jahrhunderts gibt. Der Österreicher Igo Etrich hat in den Jahren 1903 - 1906 den ersten Nur-Flügler der Luftfahrt (Abb. 11.2) nach dem Vorbild des Flug-Samens der 'Zanonie' (Alsomitra macrocarpa, Abb. 11.1), einem tropischen Kürbisgewächs, entwickelt. Mit einer Spannweite von bis zu 15 cm kann der Samen einige Kilometer weit gleiten.

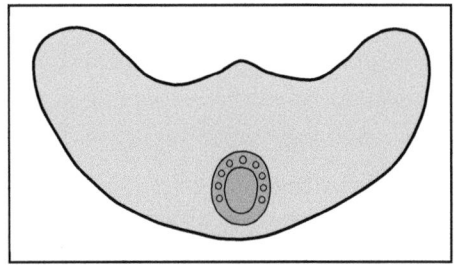

Abb. 11.1: Flug-Same der Zanonie

Im Jahre 1910 wurde dann das 'Nurflügelpatent' von Hugo Junkers angemeldet. Die Idee wurde später sowohl von den deutschen Gebrüdern Horten ab ca. 1933 in Deutschland, als auch ab 1929 in den

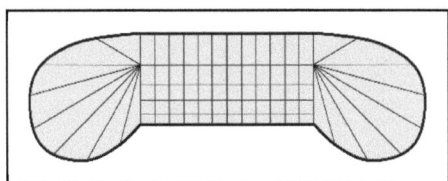

Abb. 11.2: Nur-Flügler von Igo Etrich, 1907

---

[1] Bei einem symmetrischen Mehr-Flügler ist das 'Mittel-Teil' wirklich in der Mitte, dort sind die Flügel angebracht. Bei einem klassischen Zwei-Flügler ist es die gedachte neutrale Mitte, die im Flug durch die Rotation des Bumerangs um den Schwerpunkt entsteht und fast nichts zum Auftrieb beiträgt. Nur der Teil der Flügel-Enden, der über diesen Bereich herausragt, bewirkt einen Auftrieb.

USA von der 'Northrop Corporation' unter Jack Northrop weiterentwickelt, der auch für die Firmen 'Lockheed' und 'Douglas' gearbeitet hatte.

Es entstand in Deutschland der Tarnkappen-Bomber 'Horten H9' (Abb. 11.3), der gegen England eingesetzt werden sollte, aber glücklicherweise niemals die Serienreife erreichte. In den USA wurde als Nachfolger des legendären Langstrecken-Bombers 'Boeing B52' der Tarnkappen-Bomber 'Northrop B2' (Abb. 11.4) entwickelt, der am 17. Juli 1989 seinen Erstflug absolvierte und am 17. Dezember 1993 in Dienst gestellt wurde. Das ist aber nur ein Beispiel für viele erfolgreiche Nur-Flügler-Entwicklungen.

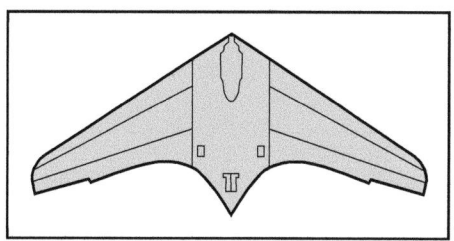

Abb. 11.3: Bomber Horten H9

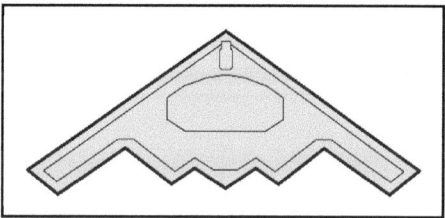

Abb. 11.4: Bomber Northrop B2

Das Copyright für alle diese Entwicklungen, somit auch für den Bumerang 'Solaris', hat also die Natur, genauer gesagt die Botanik.

11.2 Die Idee

Ich wollte einen Bumerang mit den folgenden Eigenschaften konstruieren.

- Leicht zu werfen und zu fangen und somit auch für Kinder und Anfänger geeignet.
- Möglichst unempfindlich gegen leichte Abwurf-Fehler.
- Möglichst unempfindlich gegen Wind (wenig Fläche).
- Ein stabiler, exakter und möglichst kreisförmiger, nicht zu hoher Flug.
- Eine universelle Form, geeignet für Normal-, Leicht- und Zimmer-Bumerangs (an Verbund-Bumerangs hatte ich damals noch nicht gedacht).

- Eine klare, 'mathematische' Form, die aus wenigen geometrischen Grundelementen besteht und sich somit leicht bauen und berechnen lässt.
- Möglichst viele Variations-Möglichkeiten.
- Eine mäßige Flug-Weite von ca. 15 Metern (auch geeignet für Turnhallen) in der Grund-Version, als Leicht- und Zimmer-Bumerang entsprechend weniger.

Damit ergeben sich die folgenden baulich-technischen Anforderungen (Kapitel 4, 6, 7).

- Eine symmetrische Form mit Schwerpunkt im Figuren-Mittelpunkt.
- Ein leichtes Mittel-Teil mit kleiner effektiver Fläche.
- Schmale Flügel mit großem Auftrieb.
- Eine mäßige Masse und ein mäßiges Trägheitsmoment.

Das Ergebnis war der Bumerang aus Abb. 11.5, den ich nach dem weltbekannten Roman von Stanislaw Lem über menschliche, extraterrestrische und künstliche Intelligenz 'Solaris' genannt habe. Mein Anspruch war also von Anfang an klar. Bald war auch der 'Bumerang Solaris' weltweit bekannt und wird inzwischen neben einigen anderen meiner Modelle von einer großen Spielwaren-Firma vertrieben. Er hat zwar bisher die Gesamt-Auflage der Stanislaw-Lem-Romane von 45 Millionen knapp verfehlt, aber das sollten ja jetzt meine Bücher nachholen...

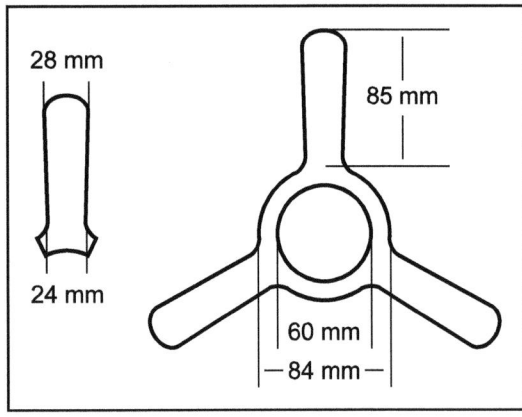

Abb. 11.5: Die Grund-Form von 'Solaris'

Ich wollte Solaris auf die Flügel als die wesentlichen Teile eines Bumerangs reduzieren, das war klar, siehe oben. Dass er so aussieht, wie er aussieht, ergibt sich fast zwingend aus den o.g. Anforderungen. Ich gehe sie hier einmal exemplarisch durch, denn das kann Ihnen vielleicht auch helfen, wenn Sie einen Bumerang mit bestimmten Eigenschaften konstruieren möchten.

Eine symmetrische Form mit Schwerpunkt im Figuren-Mittelpunkt

Ein Bumerang dreht sich im Flug automatisch um seinen Schwerpunkt. Fällt dieser mit dem Figuren-Mittelpunkt zusammen, so ergibt sich ein stabiler, regelmäßiger Flug. Also sollte Solaris symmetrisch sein. Das hat zwingend zur Folge, dass er ein Mehr-Flügler mit identischen Flügeln sein muss. Also habe ich mich für einen Drei-Flügler, den einfachsten Mehr-Flügler, entschieden.

Unabhängig von dieser Überlegung hatten meine Experimente gezeigt, dass vier oder mehr Flügel zu einem höheren Flug führen, was ich nicht wollte. Zu erklären ist das leicht durch den größeren Flächen-Effekt[1].

Ein leichtes Mittel-Teil mit kleiner neutraler Fläche

Das Mittel-Teil trägt nichts zum Rückkehr-Flug bei (s.o.). Es hat aber mehrere, im Allgemeinen negative Nebenwirkungen. Die Fläche führt durch den Flächen-Effekt nicht nur zu einem verstärkten Flachlegen des Bumerangs und damit zu einem höheren Flug, sondern auch zu einer größeren Windempfindlichkeit.

Die Masse in der Mitte erhöht kaum das Trägheitsmoment, bewirkt also nur einen größeren schädlichen Impuls (Verformung des Flug-Kreises zu einer Ellipse), ohne den nützlichen Drehimpuls zu vergrößern. Die Massen sollten daher in den Flügeln, nicht in der Mitte liegen (Kapitel 4, 6, 7).

Schmale Flügel mit großem Auftrieb

An den Flügeln entsteht durch den Auftrieb das Drehmoment ('Kippmoment'), das zusammen mit dem Drehimpuls zur Präzession (Kapitel 4.7) und damit zum Rückkehr-Flug führt. Sowohl der Auftrieb als auch das Trägheitsmoment und damit der

---

[1] Darunter verstehe ich den Effekt, dass eine Fläche generell zu einem aerodynamisch bedingten Drehmoment ('Kippmoment') führt, das dann ein gewisses Flachlegen und damit einen höheren Flug zur Folge hat (Kapitel 4.2).

Drehimpuls nehmen mit dem Abstand der Flügel von der Drehachse bzw. dem Schwerpunkt zu, sogar proportional zum Quadrat des Abstandes.

Es ist also günstig, die Flügel in einem gewissen Abstand vom Schwerpunkt anzubringen, und zwar am besten so, dass dafür in der Mitte, also in der Nähe des Schwerpunktes, möglichst wenig Masse notwendig ist (s.o.).

Daraus ergibt sich als weitgehend optimale Form ein möglichst schmaler und damit leichter Ring in der Mitte mit Flügeln daran. Der Ring darf allerdings nicht zu schmal und nicht zu groß sein, damit der Bumerang als Ganzes stabil und bruchfest bleibt. Die Flügel müssen lang genug sein, um genügend Auftrieb und Drehimpuls zu erzeugen. Letzterer sorgt nicht nur für den Rückkehr-Flug, sondern verhindert auch ein zu starkes Abbremsen der Rotation durch den Luftwiderstand und garantiert somit einen stabilen Flug. Gleichzeitig sollten die Flügel wegen des Flächen-Effektes nicht zu breit sein.

Ein größerer Ring führt stets zu einem größeren Trägheitsmoment und somit geringerem Flachlegen, also niedrigerem Flug. Ein breiterer Ring mit mehr Fläche hingegen führt wegen des Flächen-Effektes zu einem stärkeren Flachlegen, also höherem Flug (Kapitel 4.10).

Die optimalen Größen-Verhältnisse habe in unzähligen Experimenten mit weit mehr als 100 Modell-Variationen[1] ermittelt. Ich habe keinen zweiten Bumerang mit annähernd so viel Aufwand entwickelt wie ihn.

Doch dann war die optimale Form gefunden, 'Solaris' war geboren.

Eine mäßige Masse und ein mäßiges Trägheitsmoment

Die Masse insbesondere der Flügel bestimmt das Trägheitsmoment und das wiederum die Flug-Weite (Kapitel 4.9). Ohne Gewichte sollte Solaris in der Grund-

---

[1] Um wissenschaftlich gesicherte und verwertbare Ergebnisse zu erhalten, ist es unbedingt notwendig, bei einer Experiment-Serie immer nur einen variablen Parameter zu ändern und die anderen unverändert zu lassen. Sonst können die einzelnen Parameter nicht unabhängig voneinander bewertet werden und man bekommt niemals ein optimales Resultat.

Version ca. 15 Meter weit fliegen, um auch beispielsweise in Turnhallen geworfen werden können. Das ist eine eher mäßige Weite.

Damit bietet sich als Baumaterial Flugzeug-Sperrholz (Finnische Birke, Kapitel 6.2) in einer Stärke von 3 Millimetern an. Es ist 6-fach verleimt, stabil, bruchfest und biegsam. In den Versionen als Leicht- und Zimmer-Bumerang kommen natürlich dünnere bzw. leichtere Materialien zum Einsatz (Kapitel 6.2).

11.3 Eigenschaften

Die Propeller-Form von Solaris wirkt auf den ersten Blick etwas überraschend, sie entspricht nicht der bekannten Standard-Form eines Bumerangs mit 2 Flügeln.

Mehr-flüglige, symmetrische Bumerangs sind aber leichter zu werfen als die Standard-Form. Sie kehren exakter zurück, haben einen regelmäßigeren Flug und verhalten sich toleranter gegenüber leichten Abwurf-Fehlern. Zudem führen mehr Flügel auch zu einem größeren Gesamt-Auftrieb und damit zu einer kleineren Flug-Weite.

Solaris hat ein hervorragendes Flugverhalten und ist unglaublich universell. Er kann aus den verschiedensten Materialien in den verschiedensten Stärken gebaut werden und zeigt als symmetrischer Drei-Flügler trotzdem stets einen exakten und stabilen Kreis-Flug. Auch als Verbund-Bumerang ist er universell verwendbar, ich habe ihn in dieser Ausführung daher 'Solaris-U' genannt (Kapitel 15.4). Als Leicht-Bumerang aus Sperrholz heißt er Solaris-H (Kapitel 14.5).

In der Grund-Version aus 3 mm Flugzeug-Sperrholz fliegt Solaris ca. 15 Meter weit und kann daher auch in größeren Hallen wie beispielsweise Turnhallen geworfen werden. Das ist eine eher mäßige Weite, gerade für Kinder und Anfänger aber gut geeignet, weil beim Werfen nicht so viel Kraft notwendig ist.

Da Solaris eine Vielzahl an Manipulationen zulässt, ist er wie kaum ein anderer geeignet, den Bumerang-Flug mit verschiedenen Parametern zu untersuchen und zu verändern. So kann der Bumerang den äußeren Gegebenheiten wie beispielsweise der Zimmer-Größe individuell angepasst werden.

Hier eine Liste einiger Variations-Möglichkeiten.

- Das Material und die Material-Stärke.
- Die Variation der Materialien bei der Verbund-Version.
- Die Größe insgesamt.
- Der Durchmesser und die Breite des Ringes und damit die Fläche.
- Die Länge und Breite der Flügel und deren Anzahl.
- Der Winkel, mit dem die Flügel am Ring angesetzt sind.

Wie sich die verschiedenen Manipulationen auf das Flugverhalten auswirken und warum das so ist, erfahren Sie in Kapitel 4.

11.4 Modell-Gruppen

Solaris ist ein universell verwendbarer Bumerang. Hier eine Liste der Einsatz-Möglichkeiten.

- Zimmer-Bumerang (Polystyrol 0,5 mm oder 0,75 mm, verbreiteter Ring).
- Leicht-Bumerang (Polystyrol 1,0 mm bzw. leichtes Sperrholz, bei Polystyrol verbreiteter Ring).
- Verbund-Bumerang (verschiedenste Materialien, ggfs. verbreiteter Ring).
- 'Richtiger' Bumerang mit einer Reichweite von ca. 15 m (Flugzeug-Sperrholz 3,0 mm).

Modelle zu den ersten drei Gruppen finden Sie in den Kapiteln 13.4, 14.4, 14.5 und 15.4.

11.4 Modell-Gruppen

Hier ein Foto von verschiedenen Solaris-Variationen.

Abb. 11.6: Verschiedene Variationen von 'Solaris'

12 Bauanleitungen, Modelle

12.1 Allgemeines

Die sogenannten 'richtigen', schweren Bumerangs (ab 30 g) brauchen einen großen, freien Platz, um sicher geworfen zu werden. Die meisten Holz- und Kunststoff-Bumerangs, die es im Handel gibt, fliegen 20 - 40 Meter weit, einige deutlich weiter. Mit dem nötigen Sicherheitsabstand brauchen Sie also freie Flächen von mindestens 50 mal 50 Metern, besser mehr. So etwas ist nicht immer leicht zu finden.

Daher sind Leicht- und insbesondere Zimmer-Bumerangs eine gute Alternative, gerade auch für Kinder, Anfänger und alle, die sich als Kinder fühlen und Spaß haben wollen.

Unter 'Zimmer-Bumerang' verstehe ich einen Bumerang, der nicht weiter als 4 Meter fliegt, unter 'Leicht-Bumerang' einen, der nicht weiter als 10 Meter fliegt.

Die Bumerangs lassen sich unter verschiedenen Gesichtspunkten klassifizieren, dazu einige Beispiele.

- Nach der Flug-Weite und damit dem Einsatz-Ort (Zimmer, Hallen, Außen-Bereich).
- Nach dem Material (Karton, Kunststoff geschäumt/ungeschäumt, Holz, Verbund-Materialien).
- Nach der Anzahl der Flügel (2, 3, 4 und mehr Flügel).
- Nach der Form (Kreuz, Ring, Kuriosität wie Kaktus).
- Nach der Funktion und damit dem Einsatz-Gebiet (Spiel/Sport, Werbung).

Bei der Vorstellung der Modelle habe ich mich für eine Kombination zwischen der Flug-Weite (Zimmer- bzw. Leicht-Bumerangs) und dem Sonderfall Verbund-Bumerangs (Kapitel 6.8) entschieden. Innerhalb dieser Klassifizierung werden die Modelle nach ihrer Form (Bumerang-Name) eingeordnet.

Bei Verbund-Bumerangs werden die verschiedensten Materialien kombiniert und machen somit eine bislang unvorstellbare Menge an Kombinationen und damit Bumerangs der verschiedensten Eigenschaften möglich. Es ist insbesondere ein großer Vorteil, für den Mittel-Teil bzw. den Ring ein anderes Material zu verwenden als für die Flügel, da diese beiden Bumerang-Teile auch völlig verschiedene Funktionen haben.

Eine gewisse Sonderstellung nimmt 'Solaris' (Kapitel 11) ein. Dieser Bumerang hat ein hervorragendes Flugverhalten und ist unglaublich universell. Er kann aus den verschiedensten Materialien in den verschiedensten Stärken gebaut werden und zeigt trotzdem stets einen exakten und stabilen Kreis-Flug. Auch als Verbund-Bumerang ist er universell verwendbar, ich habe ihn in dieser Ausführung daher 'Solaris-U' genannt.

Einige Modelle von Zimmer-Bumerangs bestehen aus verschiedenen Materialien und sind daher 'Verbund-Bumerangs' (Kapitel 7.5). Daher werden sie in Kapitel 15 vorgestellt (z.B. der 'Bierdeckel-Bumerang', Kapitel 15.7).

Anderseits sind alle vorgestellten Verbund-Bumerangs (Kapitel 15) aufgrund ihre geringen Reichweite auch als Zimmer-Bumerangs (Kapitel 13) anzusehen.

Es gibt einige wenige Modelle (z.B. 'Solaris'), die in Abhängigkeit vom Material entweder Zimmer-Bumerangs oder Leicht-Bumerangs sind. In diesen Fällen habe ich die Modelle in beiden Kapitel beschrieben.

Mir ist die Einordnung der Modelle nicht leicht gefallen, da sich sehr viele Möglichkeiten anbieten, die jeweils zu Überschneidungen und Konflikten führen. Ich hoffe, mir ist eine halbwegs übersichtliche Ordnung gelungen.

Hier die Einordnung der Bumerangs.

- Zimmer-Bumerangs.
- Leicht-Bumerangs.
- Verbund-Bumerangs.

In jedem Unterkapitel gibt es zu jedem Bumerang eine Kurzbeschreibung und eine detaillierte Zeichnung.

Die Kurzbeschreibung enthält Angaben zu Material, Flugverhalten, Einsatzgebieten und Besonderheiten des Bumerangs, ggfs. auch Abbildungen von Beispiel-Bumerangs.

12.1 Allgemeines

Alle Zeichnungen sind im Maßstab 1:2 angefertigt und mit einem 1 cm-Raster hinterlegt. Die Bumerangs müssen also zum Bauen um 200% (das sind 2 DIN-Stufen, also nicht nur eine Stufe mit den 141% von beispielsweise DIN A4 auf DIN A3, sondern beispielsweise von DIN A5 auf DIN A3) vergrößert werden.

Die meisten Modelle haben flache Flügel (bis 1 mm Stärke), einige aber auch dickere Flügel, die entsprechend profiliert werden müssen (Kapitel 6.7). Solche Bumerangs sind in den Zeichnungen mit dem Zusatz 'Profil' hinter dem Namen gekennzeichnet. Im Falle von Sperrholz erweisen sich die Holz-Maserungen der verschiedenen Holz-Lagen ('Höhenlinien') als gutes Hilfsmittel zur gleichmäßigen Bearbeitung. Diese Höhenlinien sind in den Zeichnungen ebenfalls vorhanden. Bei homogenen Materialien ohne die Holz-Maserungen (Styrofoam, Balsa) kann man sich die Höhenlinien entsprechend vorstellen. Da sich die Profilierungen der Ober- und Unter-Seiten etwas unterscheiden, sind jeweils die Unter-Seiten der Flügel separat dargestellt. Zusätzlich finden Sie einen Querschnitt durch den Flügel.

Alle Profil-Zeichnungen gelten für Rechts-Händer-Bumerangs, für Links-Händer-Bumerangs stellen Sie sich bitte alles spiegelverkehrt vor.

Ausführlichen Informationen zum Bauen der Bumerangs finden Sie in Kapitel 6.

Alle Bumerang-Modelle in diesem Buch sind meine Kreationen, ich alleine habe alle Rechte daran. Daher kann ich hier alle in diesem Buch vorgestellten Bumerangs freigeben für jede Form der Nutzung, sei es privat oder kommerziell. Es geht mir nicht um den Profit, sondern um den Bumerang-Sport. Mein Verständnis von Forschung und Entwicklung ist es, dass sie dem Nutzen aller dienen sollen, ohne von Lizenz-Rechten behindert zu werden.

Alle hier vorgestellten Modelle sind auf meiner Website 'www.leicht-bumerangs.de' abgelegt und können zur freien Nutzung heruntergeladen werden.

Die tabellarischen Übersichten der Zimmer-, Leicht- und Verbund-Bumerangs finden sich auch noch einmal in den entsprechenden Kapiteln mit den Bauanleitungen (Kapitel 13, 14, 15). Das soll es erleichtern, die Kapitel unabhängig voneinander kopieren zu können und trotzdem den Überblick zu behalten. Kopieren ist nicht nur erlaubt, sondern erwünscht!

12.2 Übersicht nach Materialien

Material	Modelle	Flug-weite in m	Bemerkungen
Karton 250 - 500 g/m²	Libra Helios Kreuz Drei-Flügel Postkarte	1 - 3	Zimmer-Bumerang, für kleine Räume.
Wellpappe	Pizza	2 - 3	Zimmer-Bumerang, für kleine Räume.
Polystyrol 0,5 mm	Solaris Libra Libra-Mittel Libra-Groß Andromeda Männchen Kaktus Libelle	1,5 -3 (2,5 - 4)	Zimmer-Bumerang, für kleine Räume. In Polystyrol 0,75 mm jeweils ca. 1 m größere Reichweite.
Polystyrol 1,0 mm	Solaris Libra-Mittel Libra-Groß	5 - 6	Leicht-Bumerang, für große Räume und den Außen-Bereich.
Styrofoam 5 mm	Libra-Mittel Libra-Groß	1 - 4	Zimmer-Bumerang, für kleine Räume, braucht Gewichte. Profilierte Flügel.
Balsa-Holz 2,5 mm	Kreuz	1 - 4	Zimmer-Bumerang, für kleine Räume, braucht zuweilen Gewichte. Profilierte Flügel.
Balsa-Holz 5 mm	Libra-Mittel Libra-Groß	1,5 - 4	Zimmer-Bumerang, für kleine Räume. Balsa zwei Lagen quer verleimt. Profilierte Flügel.
Pappel 3 mm	Solaris-H Polaris	5 - 6	Leicht-Bumerang, für große Räume und den Außen-Bereich. Profilierte Flügel.
Ceiba 2 mm	Solaris-H Polaris	5 - 8	Leicht-Bumerang, für große Räume und den Außen-Bereich. Profilierte Flügel.
Birke 1,5 - 2,5 mm	Solaris-H Polaris	5 - 10	Leicht-Bumerang, für große Räume und den Außen-Bereich. Profilierte Flügel.
Verbund-Material	Solaris-U Großer-Ring Langer-Ring Bierdeckel	1 - 5	Zimmer-Bumerang, universell, für kleine und große Räume sowie für den Außen-Bereich.

Tab. 12.1: Übersicht der Bumerang-Modelle nach Materialien

12.3 Übersicht nach Modellen

Modell	Materialien	Flug-weite in m	Bemerkungen
Solaris	Polystyrol 0,5 mm Polystyrol 1,0 mm	1,5 - 3 5 - 6	Sehr leicht zu werfen.
Solaris-H	Holz 1,5 - 3,0 mm	5 - 10	Sehr leicht zu werfen. Birke, Ceiba, Pappel.
Solaris-U	Verbund-Materialien	1 - 5	Sehr universeller Bumerang.
Libra	Polystyrol 0,5 mm Karton	1,5 - 3	Sehr leicht zu werfen.
Libra-Mittel	Polystyrol 0,5 mm Polystyrol 1,0 mm Styrofoam 5 mm Balsa-Holz 5 mm	1,5 - 3 5 - 6 1 - 4 1,5 - 4	Sehr leicht zu werfen. In Styrofoam und Balsa-Holz mit profilierten Flügeln.
Libra-Groß	Polystyrol 0,5 mm Polystyrol 1,0 mm Styrofoam 5 mm Balsa-Holz 5 mm	1,5 - 3 5 - 6 1 - 4 1,5 - 4	Sehr leicht zu werfen. In Styrofoam und Balsa-Holz mit profilierten Flügeln.
Helios	Karton	1 - 3	Sehr leicht zu werfen. Für kleinste Räume geeignet.
Pizza	Wellpappe	2 - 3	Wellpappe mit kleiner Welle.
Kreuz	Karton Balsa-Holz 2,5 mm	1 - 3 1 - 4	Für kleinste Räume. Karton-Material in jedem Haushalt verfügbar. In Balsa-Holz mit profilierten Flügeln.
Drei-Flügel	Karton	1 - 3	Für kleinste Räume. Karton-Material in jedem Haushalt verfügbar.
Postkarte	Karton	1 - 3	Für kleinste Räume geeignet.
Andromeda	Polystyrol 0,5 mm	1,5 - 3	Zimmer-Bumerang mit 2 Flügeln.
Polaris	Holz 1,5 – 3,0 mm	5 - 10	Birke, Ceiba, Pappel.
Großer-Ring	Verbund-Materialien	1 - 5	Sehr universeller Bumerang.
Langer-Ring	Verbund-Materialien	1 - 5	Sehr ungewöhnliche Form.
Bierdeckel	Verbund-Materialien	1 - 5	Sehr ungewöhnlicher Bumerang.
Männchen	Polystyrol 0,5 mm	1,5 - 3	Etwas Übung notwendig.
Kaktus	Polystyrol 0,5 mm	1,5 - 3	Etwas Übung notwendig.
Libelle	Polystyrol 0,5 mm	1,5 - 3	Etwas Übung notwendig.

Tab. 12.2: Übersicht der Bumerang-Modelle nach Modellen

12.4 Zimmer-Bumerangs

Modell	Material	Flug-weite in m	Bemerkungen
Solaris	Polystyrol 0,5 mm	1,5 - 3	Sehr leicht zu werfen.
Libra	Polystyrol 0,5 mm	1,5 - 3	Sehr leicht zu werfen.
Libra-Mittel	Styrofoam 5 mm Balsa-Holz 5 mm	1,5 - 4 1,5 - 4	Sehr leicht zu werfen. Mit profilierten Flügeln.
Libra-Groß	Styrofoam 5 mm Balsa-Holz 5 mm	1,5 - 4 1,5 - 4	Sehr leicht zu werfen. Mit profilierten Flügeln.
Helios	Karton	1 - 3	Sehr leicht zu werfen. Für kleinste Räume geeignet.
Pizza	Wellpappe	1,5 - 3	Wellpappe mit kleiner Welle.
Kreuz	Karton Polystyrol 0,5 mm Balsa-Holz 2,5 mm	1 - 3 1 - 3 1 - 4	Für kleinste Räume. Karton-Material in jedem Haushalt verfügbar. In Balsa-Holz mit profilierten Flügeln.
Drei-Flügel	Karton Polystyrol 0,5 mm	1 - 3 1 - 3	Für kleinste Räume. Karton-Material in jedem Haushalt verfügbar.
Postkarte	Karton	1 - 3	Für kleinste Räume geeignet.
Andromeda	Polystyrol 0,5 mm	1,5 - 3	Zimmer-Bumerang mit 2 Flügeln.
Männchen	Polystyrol 0,5 mm	1,5 - 3	Etwas Übung notwendig.
Kaktus	Polystyrol 0,5 mm	1,5 - 3	Etwas Übung notwendig.
Libelle	Polystyrol 0,5 mm	1,5 - 3	Etwas Übung notwendig.

Tab. 12.3: Übersicht der Zimmer-Bumerang-Modelle

12.5 Leicht-Bumerangs

Modell	Material	Flug-weite in m	Bemerkungen
Solaris	Polystyrol 1,0 mm	4 - 6	Sehr leicht zu werfen.
Solaris-H	Holz 1,5 - 3,0 mm	4 - 10	Sehr leicht zu werfen. Sperrholz aus Ceiba, Pappel, Birke.
Libra-Mittel	Polystyrol 1,0 mm	4 - 6	Sehr leicht zu werfen.
Libra-Groß	Polystyrol 1,0 mm	4 - 6	Sehr leicht zu werfen.
Polaris	Holz 1,5 - 3,0 mm	4 - 10	Sperrholz aus Ceiba, Pappel, Birke.

Tab. 12.4: Übersicht der Leicht-Bumerang-Modelle

12.6 Verbund-Bumerangs

Modell	Material (Beispiel) (Mittel-Teil / Flügel)	Flug-weite in m	Bemerkungen
Solaris-U	Verbund-Materialien (Aluminium Lochraster-Blech / sehr dünnes Sperrholz	1 - 4	Sehr universeller Bumerang.
Großer-Ring	Verbund-Materialien (Styrofoam / Polystyrol)	1 - 4	Sehr universeller Bumerang.
Langer-Ring	Verbund-Materialien (Balsa-Holz / Karton)	1 - 4	Sehr ungewöhnliche Form.
Bierdeckel	Verbund-Materialien (Bierdeckel / Polystyrol)	1,5 - 2,5	Sehr ungewöhnlicher Bumerang.

Tab. 12.5: Übersicht der Verbund-Bumerang-Modelle

13 Bauanleitungen Zimmer-Bumerangs

13.1 Allgemeines

Zimmer-Bumerangs sind leicht zu werfen, wiegen nur einige Gramm und können somit keinen Schaden anrichten. Wegen ihrer kleinen Flug-Weite ab einem Meter brauchen sie nicht viel Platz, es reicht das Kinder-Zimmer. Tun sie nicht, was sie sollen, muss man schlimmstenfalls unter dem Tisch oder hinter dem Schrank suchen, aber nicht auf Bäume klettern, im Gras wühlen oder einen Hundertmeter-Lauf hinlegen. Sie können jederzeit und überall geworfen werden, es stören weder Wind noch Regen. Und: Einen Zimmer-Bumerang zu bauen dauert keine zwei Minuten, Material und Werkzeug finden sich in jedem Haushalt. Richtig gebaut, richtig geworfen, richtiges Zurückkommen. Versuchen Sie es einfach einmal! Hier finden Sie die Anleitungen und Regeln, die Sie beachten sollten.

Auch zum Erlernen des Werfens von 'richtigen', großen Bumerangs sind die Zimmer-Varianten hervorragend geeignet. Die Wurf-Technik ist bei allen Bumerangs gleich, ob für das Zimmer oder für den Außen-Bereich, ob groß oder klein. Der Werfer braucht nur wenig Kraft und kann sich vollständig auf die richtige Wurf-Technik konzentrieren.

Daher sind Zimmer-Bumerangs eine gute Alternative, gerade auch für Kinder, Anfänger und alle, die sich als Kinder fühlen und Spaß haben wollen.

Unter 'Zimmer-Bumerang' verstehe ich einen Bumerang, der nicht weiter als 4 Meter fliegt.

Einige Modelle von Zimmer-Bumerangs bestehen aus verschiedenen Materialien und sind daher 'Verbund-Bumerangs' (Kapitel 7.5). Daher werden sie in Kapitel 15 vorgestellt (z.B. der 'Bierdeckel-Bumerang', Kapitel 15.7).

13.2 Bauen / Material

Ausführliche Informationen zu den Materialien, die für Zimmer-Bumerangs geeignet sind, und zum Bauen finden Sie in Kapitel 6. Die richtige Wurf-Technik wird in Kapitel 5 erläutert. In Kapitel 8 erfahren Sie, wie Sie das Flugverhalten eines

Bumerangs durch einfache Manipulationen Ihren Wünschen anpassen können. Hinweise zur Beleuchtung werden in Kapitel 9 gegeben.

Als Material bieten sich Karton (250 - 500 g/m^2), Polystyrol (0,5 mm), Styrofoam (geschäumt, 2,0 - 5,0 mm) und Balsa-Holz (2,0 - 5,0 mm) an. Benutzen Sie Polystyrol in einer Stärke von 0,75 mm statt 0,5 mm, so erhöht sich die Flug-Weite um 1 bis 2 Meter.

Der Karton sollte im Allgemeinen nicht zu dick sein, da ansonsten der Luftwiderstand zu groß wird. Daher sind beispielsweise die Rückdeckel von Schreibblocks nur beding geeignet. Abhilfe können in diesem Falle allerdings Gewichte (Kapitel 6.9) schaffen, die das Trägheitsmoment und damit den Drehimpuls erhöhen. Das wird beispielsweise beim Pizza-Bumerang ausgenutzt (Kapitel 13.9).

Ich habe die Erfahrung gemacht, dass für Drei-Flügler eher Kunststoff (ersatzweise kaschierter Karton), für Vier-Flügler eher Karton geeignet ist.

Bei Karton ist es manchmal hinderlich, dass er eine Laufrichtung hat und sich somit nicht in jeder Richtung gleich gut anknicken lässt. Das gilt insbesondere für Wellpappe. Es kann hilfreich sein, die Oberseite der Flügel an den geplanten Knick-Linien mit einem Cutter-Messer leicht einzuritzen.

'Normaler' Karton zerknickt recht leicht und ist empfindlich gegen Nässe. Daher bieten sich oft kaschierte Kartons (Kapitel 6.2) an, die mit einer dünnen Kunststoff-Schicht überzogen sind. Im Haushalt finden Sie dieses Material beispielsweise als Tetra-Packs.

Die flachen Flügel aus Karton oder Polystyrol benötigen lediglich einen Anstell-Winkel (Flügel verdrehen und ggfs. anknicken), um den notwendigen Auftrieb zu erzeugen (Kapitel 6.6).

Durch das Verdrehen der Flügel (Anstell-Winkel) kann die Flug-Weite nicht nur der Zimmer-Größe, sondern durch deren Hoch- oder Herunterbiegen auch der Zimmer-Höhe angepasst werden Darüber hinaus gibt es eine Reihe weiterer Manipulationen, die das Flugverhalten verändern und sehr schnell und einfach durchgeführt werden können (Kapitel 8). Auch das ist ein Vorteil von Zimmer-Bumerangs. Dieses Anpassen ist bei großen 'richtigen' Holz-Bumerangs kaum möglich, denn sie sind, wie sie gebaut worden sind.

Bei Styrofoam und Balsa-Holz mit Stärken von über 2 mm müssen die Flügel an der Ober- und oft auch an der Unterseite ('Bevel') profiliert werden. Das simuliert einen Anstell-Winkel der Flügel und erhöht den Auftrieb (Kapitel 6.7).

Ein häufiger Fehler bei profilierten Flügeln ist es, die Profilierung nicht weit genug in den Flügel hineinzuarbeiten. Als Richtwert kann die Hälfte der Flügelbreite gelten. Die Vorder-Kanten werden dabei nicht scharf abgeschrägt, sondern halbrund herausgearbeitet. Das verringert den Luftwiderstand und erleichtert das Werfen. Links-Händer müssen beachten, dass 'Vorder-' und 'Hinterkante' auszutauschen sind.

Insbesondere bei Bumerangs, die kleine Flug-Weiten haben sollen, also einen recht großen Auftrieb an den Flügeln brauchen, muss die Unterseite ('Bevel') fast so stark angeschliffen werden wie die Oberseite.

Direkt vor dem Wurf können auch bei elastischen Materialien wie Styrofoam die Flügel leicht verdreht werden, um den Auftrieb zu vergrößern und damit die Flug-Weite zu verringern (Kapitel 4.9). Ein Hoch- oder Herunterbiegen der Flügel vergrößert bzw. verkleinert die Flug-Höhe (Kapitel 4.10). Diese Manipulationen bleiben bei elastischen Materialien allerdings meistens nur für kurze Zeit erhalten.

Styrofoam (Kapitel 6.2) ist ein Polystyrol-Hartschaum, der durch seine Feinporigkeit im Gegensatz zu Styropor recht gut schleifbar ist, ohne dabei zu zerbröseln. Geschnitten werden kann es mit einer Schere oder einem Cutter-Messer. Die Dichte liegt mit ca. 0,06 g/cm^3 (gemessen) noch deutlich unter der von allen Balsa-Hölzern. Das ist selbst für einen Zimmer-Bumerang eigentlich zu leicht, die Rotation nimmt während des Fluges zu stark ab. Der Bumerang verträgt also nicht nur, sondern braucht unbedingt Gewichte (Kapitel 6.9).

Genau das ist aber der Grund dafür, dass sich Styrofoam hervorragend für beleuchtete Bumerangs eignet. Denn ein Bumerang aus diesem Material kann problemlos einige Gramm Masse in Form von Leucht-Mitteln incl. Elektronik und Batterien (Knopfzellen als Batterie oder Akku) tragen. Nur so sind beleuchtete Zimmer-Bumerangs mit Flug-Weiten unter 3 Metern möglich, alle bisherigen entsprechend schweren Leucht-Bumerangs konnten nur im Außen-Bereich oder in großen Hallen geworfen werden. Selbst eine Mikroprozessor-Einheit zur intelligenten Ansteuerung von LEDs oder Mess-Sensoren kann mitfliegen (Kapitel 4.11).

Balsa-Holz (Kapitel 6.2) ist ein klassisches Material für Zimmer-Bumerangs, das als Voll-Material meistens in Streifen von 10 cm Breite erhältlich ist. Die Dichte liegt je nach Härtegrad (weich, mittel, hart) zwischen ca. 0,1 und 0,2 g/cm^3. Für Zimmer-Bumerangs mit Flug-Weiten unter 3 Metern sind Material-Stärken von ca. 2,5 oder 3 mm gut geeignet. Gewichte sind nicht notwendig, aber möglich, sodass die Bumerangs auch Leucht-Mittel tragen können.

Ein Problem ist die stark ausgebildete Faser-Richtung, längs der Faser ist Balsa-Holz extrem bruchempfindlich. Die Flügel sollten daher in Faser-Richtung gebaut werden. Anschließend können sie beispielsweise zu einem Kreuz-Bumerang verklebt werden. Es gibt allerdings auch die Möglichkeit, die 10 cm breiten Balsa-Streifen quer zueinander zu verkleben und so eine Art zweilagiges 'Sperrholz' herzustellen. Dieses kann dann 'normal' weiterverarbeitet werden (Libra-Mittel, Libra-Groß).

Bumerangs aus Styrofoam und Balsa-Holz brauchen meistens Gewichte von bis zu 2,5 Gramm pro Flügel (Kapitel 6.9, Tab. 6.3), um ein ausreichendes Trägheitsmoment und somit einen ausreichenden Drehimpuls zu bekommen.

Nach meiner Erfahrung ist es günstig, Gewichte so am Flügel anzubringen, als würde man die homogene Flächen-Masse erhöhen bzw. das leichte Material durch ein schwereres ersetzen. Das führt zu einem stabilen, weitgehend kreisförmigen Rückkehr-Flug. Es bedeutet im Falle eines Bumerangs mit in der Mitte angebrachten Flügeln (ohne einen Mittel-Ring), das Gewicht von der Flügel-Mitte aus gesehen etwas zum Flügel-Ende hin anzubringen (Kapitel 6.9).

Generell sollten Gewichte auf dem Flügel möglichst weit zur Vorder-Kante hin angebracht werden, dann ist der Flug stabiler, denn die Flügel werden 'gezogen', nicht 'geschoben'. Aus aerodynamischen Gründen gehören Gewichte immer auf die Flügel-Oberseite, denn dann trägt der Luftwirbel, den sie erzeugen, zum Auftrieb bei. Büro-Klammern werden einfach mit der größeren Seite nach oben von vorne auf den Flügel aufgesteckt. Knicklichter können gut direkt an der Vorder-Kante befestigt werden, dann sind sie von beiden Seiten gut sichtbar.

Weitere Informationen zum Thema 'Bauen' finden Sie in Kapitel 6.

13.3 Modelle Übersicht

Modell	Material	Flug-weite in m	Bemerkungen
Solaris	Polystyrol 0,5 mm	1,5 - 3	Sehr leicht zu werfen.
Libra	Polystyrol 0,5 mm	1,5 - 3	Sehr leicht zu werfen.
Libra-Mittel	Styrofoam 5 mm Balsa-Holz 5 mm	1,5 - 4 1,5 - 4	Sehr leicht zu werfen. Mit profilierten Flügeln.
Libra-Groß	Styrofoam 5 mm Balsa-Holz 5 mm	1,5 - 4 1,5 - 4	Sehr leicht zu werfen. Mit profilierten Flügeln.
Helios	Karton	1 - 3	Sehr leicht zu werfen. Für kleinste Räume geeignet.
Pizza	Wellpappe	1,5 - 3	Wellpappe mit kleiner Welle.
Kreuz	Karton Polystyrol 0,5 mm Balsa-Holz 2,5 mm	1 - 3 1 - 3 1 - 4	Für kleinste Räume. Karton-Material in jedem Haushalt verfügbar. In Balsa-Holz mit profilierten Flügeln.
Drei-Flügel	Karton Polystyrol 0,5 mm	1 - 3 1 - 3	Für kleinste Räume. Karton-Material in jedem Haushalt verfügbar.
Postkarte	Karton	1 - 3	Für kleinste Räume geeignet.
Andromeda	Polystyrol 0,5 mm	1,5 - 3	Zimmer-Bumerang mit 2 Flügeln.
Männchen	Polystyrol 0,5 mm	1,5 - 3	Etwas Übung notwendig.
Kaktus	Polystyrol 0,5 mm	1,5 - 3	Etwas Übung notwendig.
Libelle	Polystyrol 0,5 mm	1,5 - 3	Etwas Übung notwendig.

Tab. 13.1: Übersicht der Zimmer-Bumerang-Modelle

13 Bauanleitungen Zimmer-Bumerangs

13.3 Modelle Übersicht

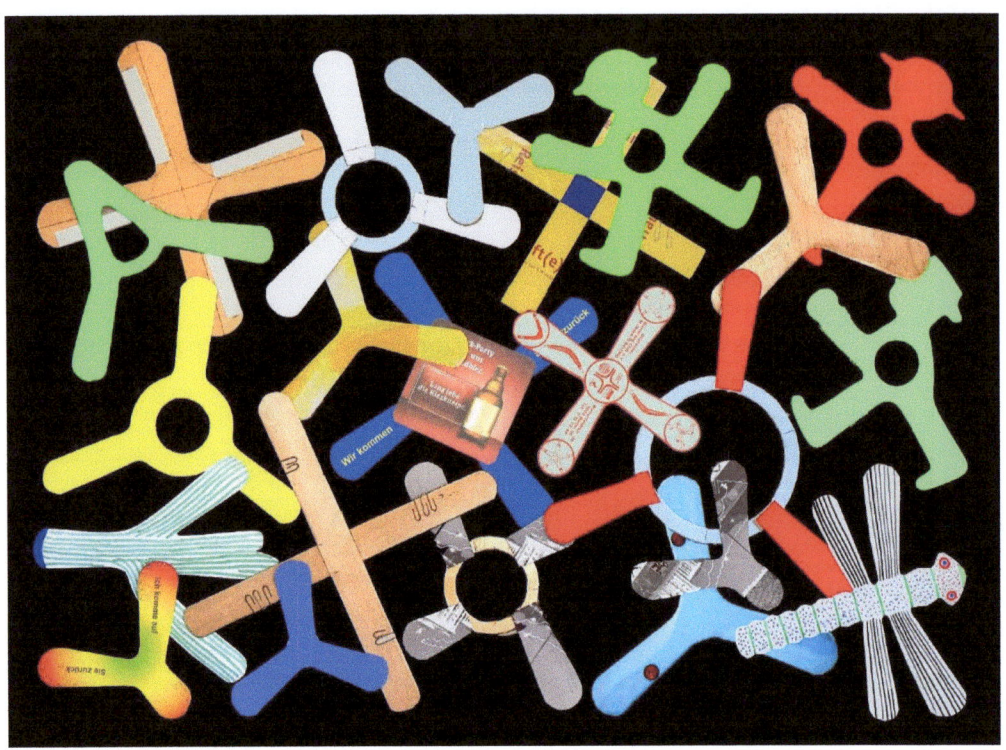

Abb. 13.1: Verschiedene Zimmer-Bumerangs

13.4 Solaris

Solaris hat ein hervorragendes Flugverhalten und ist unglaublich universell. Er kann aus verschiedensten Materialien in den verschiedensten Stärken gebaut werden (Solaris-U, Solaris-H) und zeigt trotzdem stets einen exakten und stabilen Kreis-Flug. Das liegt unter anderem an dem großen Ring und dem Ansatz-Punkt der recht schmalen Flügel, die ihn zu einem 'Nur-Flügler' machen (Kapitel 11).

Als Zimmer-Bumerang benutze ich Polystyrol in 0,5 mm. Karton ist eher ungeeignet, da der Bumerang dann wegen des großen Ringes zu instabil wird.

Die Flug-Weite beträgt 1,5 bis 3 Meter.

Im Gegensatz zum 'Original-Solaris' aus Sperrholz (Kapitel 14.5) ist der Ring hier etwas breiter, da der Bumerang sonst zu instabil wird.

Solaris ist hervorragend für Experimente bzgl. der Flug-Höhe und des Flachlegens geeignet (Kapitel 4.10). So kann die Fläche des Ringes ganz oder teilweise abgeklebt werden, was die Flug-Höhe vergrößert. Ändert man den Ansatz-Winkel der Flügel am Ring nach vorne, fliegt Solaris deutlich tiefer, ändert man ihn nach hinten, fliegt er deutlich höher.

13 Bauanleitungen Zimmer-Bumerangs

13.4 Solaris

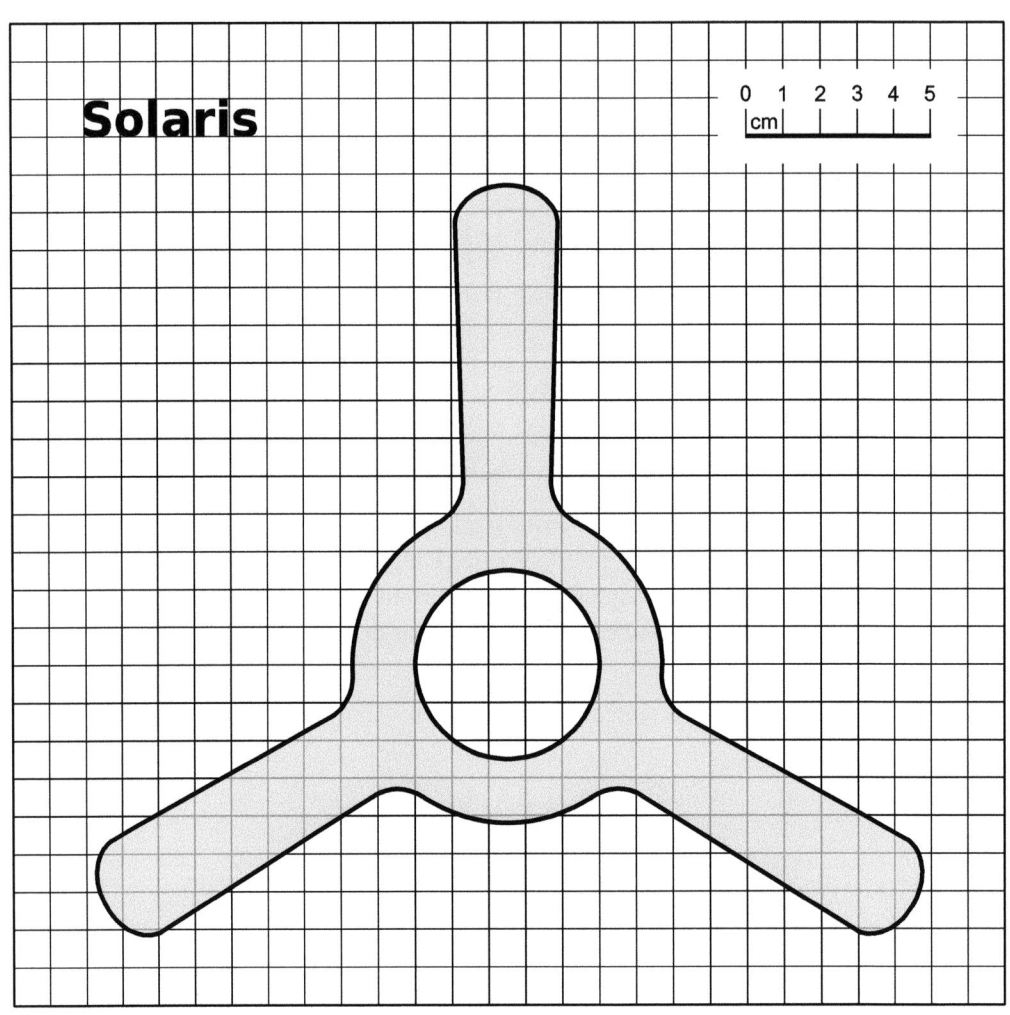

Abb. 13.2: Bauanleitung Solaris als Zimmer-Bumerang

13.5 Libra

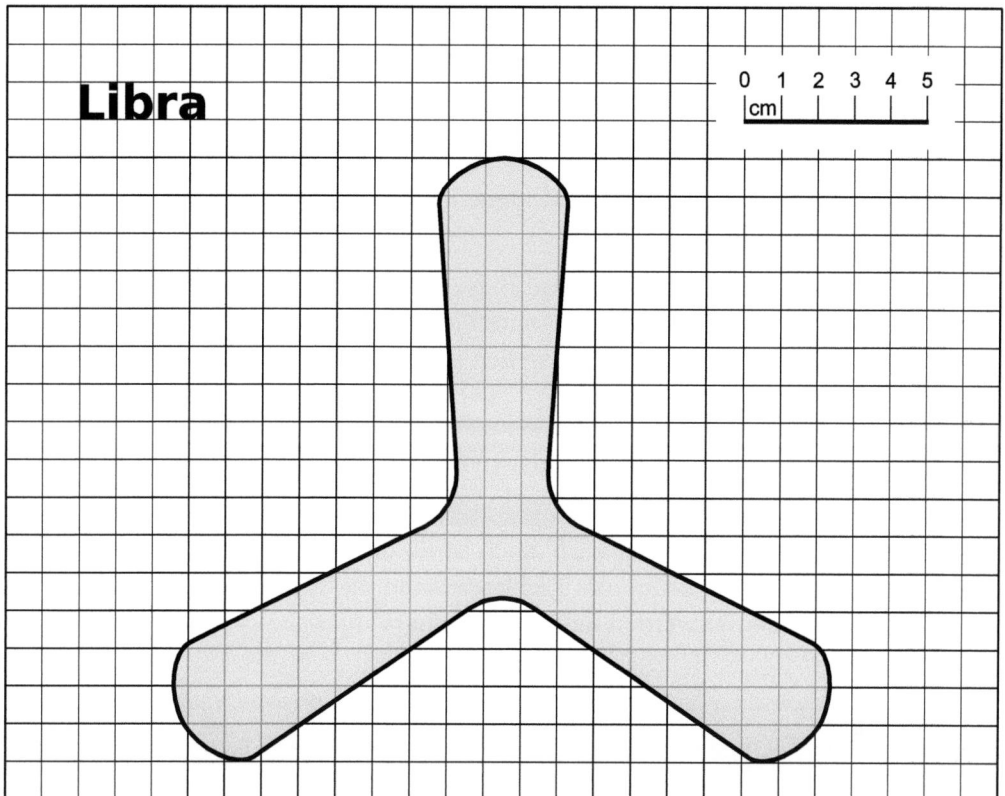

Abb. 13.3: Bauanleitung Libra

Libra hat ein hervorragendes Flugverhalten und ist sehr universell. Er kann aus verschiedenen Materialien in verschiedenen Stärken und Größen gebaut werden (Libra-Mittel, Libra-Groß) und zeigt trotzdem stets einen stabilen Flug. Er lässt sich einfach und schnell bauen, verträgt problemlos leichte Abwurf-Fehler und ist somit als Anfänger-Bumerang bestens geeignet. Bei Libra kann man fast nichts falsch machen.

Als Material für diese Original-Form bieten sich idealerweise Polystyrol in 0,5 mm, aber auch Karton mit Grammaturen von 250 - 500 g/m² an.

Die Flug-Weite beträgt 1,5 bis 3 Meter.

13.6 Libra-Mittel

Libra-Mittel hat ein hervorragendes Flugverhalten und eine optisch sehr ansprechende Form und Größe.

Als Material bieten sich Styrofoam und Balsa-Holz in 5 mm an. Bei Balsa-Holz ist es günstig, die 10 cm breiten Balsa-Streifen quer zueinander zu verkleben und so eine Art zweilagiges 'Sperrholz' herzustellen (Kapitel 6.2).

Die Flug-Weite beträgt 1,5 bis 4 Meter.

Die Flügel müssen an der Ober- und Unterseite ('Bevel') profiliert werden. Das simuliert einen Anstell-Winkel der Flügel und erhöht den Auftrieb (Kapitel 6.7).

Ein häufiger Fehler bei profilierten Flügeln ist es, die Profilierung nicht weit genug in den Flügel hineinzuarbeiten. Als Richtwert kann die Hälfte der Flügelbreite gelten. Die Vorder-Kanten werden dabei nicht scharf abgeschrägt, sondern halbrund herausgearbeitet.

Da insbesondere Styrofoam sehr leicht ist, braucht der Bumerang aus diesem Material Gewichte (wenige Gramm), beispielsweise einige Büro-Klammern je Flügel, etwa in der Mitte der Flügel oder etwas weiter außen an deren Vorder-Kante (Kapitel 6.9).

13.6 Libra-Mittel

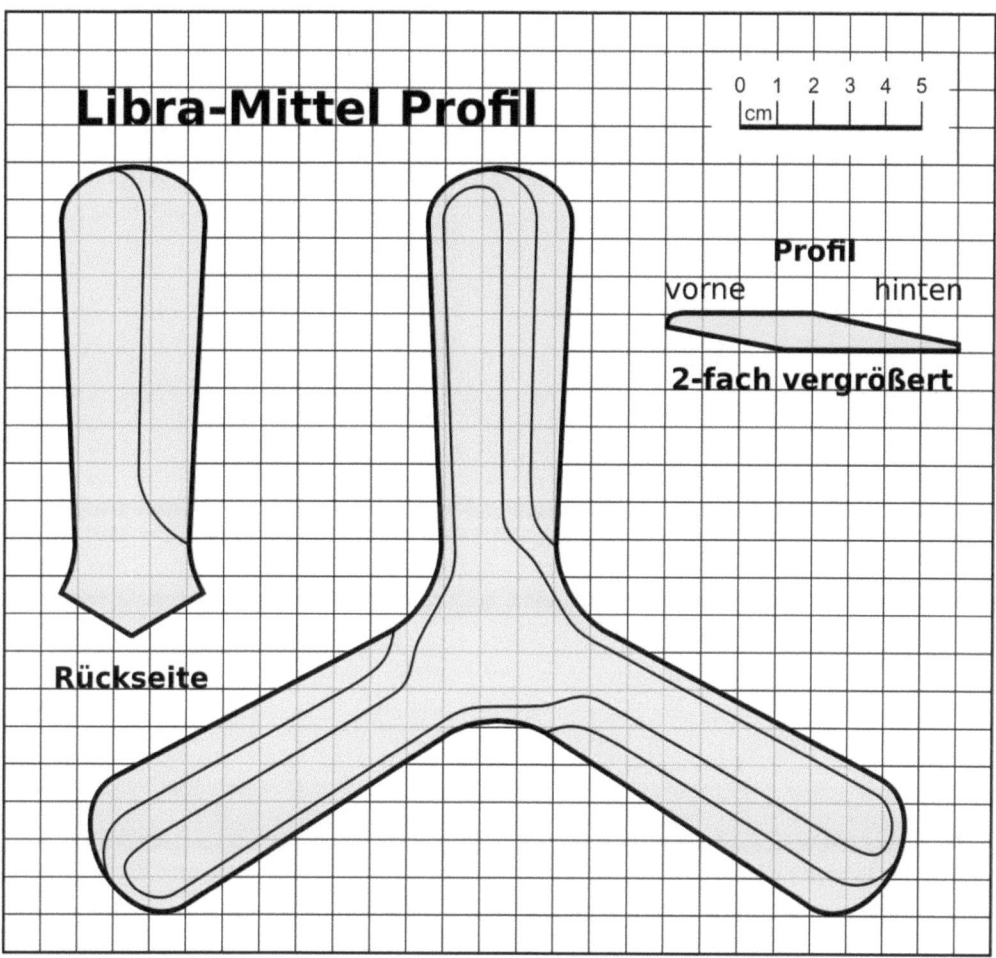

Abb. 13.4: Bauanleitung Libra-Mittel mit Profil

13.7 Libra-Groß

Libra-Groß hat ein hervorragendes Flugverhalten. Aufgrund seiner Größe ist er im Flug gut zu sehen und kann auch von Anfängern leicht gefangen werden.

Als Material bieten sich Styrofoam und Balsa-Holz in 5 mm an. Bei Balsa-Holz ist es günstig, die 10 cm breiten Balsa-Streifen quer zueinander zu verkleben und so eine Art zweilagiges 'Sperrholz' herzustellen (Kapitel 6.2).

Die Flug-Weite beträgt 1,5 bis 4 Meter.

Die Flügel müssen an der Ober- und Unterseite ('Bevel') profiliert werden. Das simuliert einen Anstell-Winkel der Flügel und erhöht den Auftrieb (Kapitel 6.7).

Ein häufiger Fehler bei profilierten Flügeln ist es, die Profilierung nicht weit genug in den Flügel hineinzuarbeiten. Als Richtwert kann die Hälfte der Flügelbreite gelten. Die Vorder-Kanten werden dabei nicht scharf abgeschrägt, sondern halbrund herausgearbeitet.

Da insbesondere Styrofoam sehr leicht ist, braucht der Bumerang aus diesem Material größere Gewichte (einige Gramm), beispielsweise ein Cent-Stück je Flügel, etwa in der Mitte der Flügel oder etwas weiter außen an deren Vorder-Kante (Abb. 13.5).

Daher ist dieser Bumerang hervorragend geeignet, um auch etwas schwerere Leucht-Mittel wie Knicklichter oder LEDs mit Stromversorgungen zu tragen. Selbst eine komplette Mikroprozessor-Steuereinheit (Kapitel 9.7) ist kein Problem. Mit diesem Modell habe ich beispielsweise die Blinklicht-Fotos aus Kapitel 4.11 und das Cover-Foto gemacht.

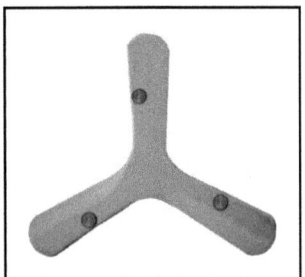

Abb. 13.5: Libra-Groß mit Gewichten

Darüber hinaus haben die Materialien eine große Steifigkeit, sodass der Bumerang sehr formstabil ist. Daher können Sie diesen Bumerang auch einmal extrem vergrößern, auf einen halben Meter Durchmesser oder sogar mehr. Er verändert dabei seine Flug-Weite nicht (Kapitel 4.9). Allerdings sollten Sie dabei die Breite der Flügel nicht wesentlich vergrößern, nur deren Länge.

13.7 Libra-Groß

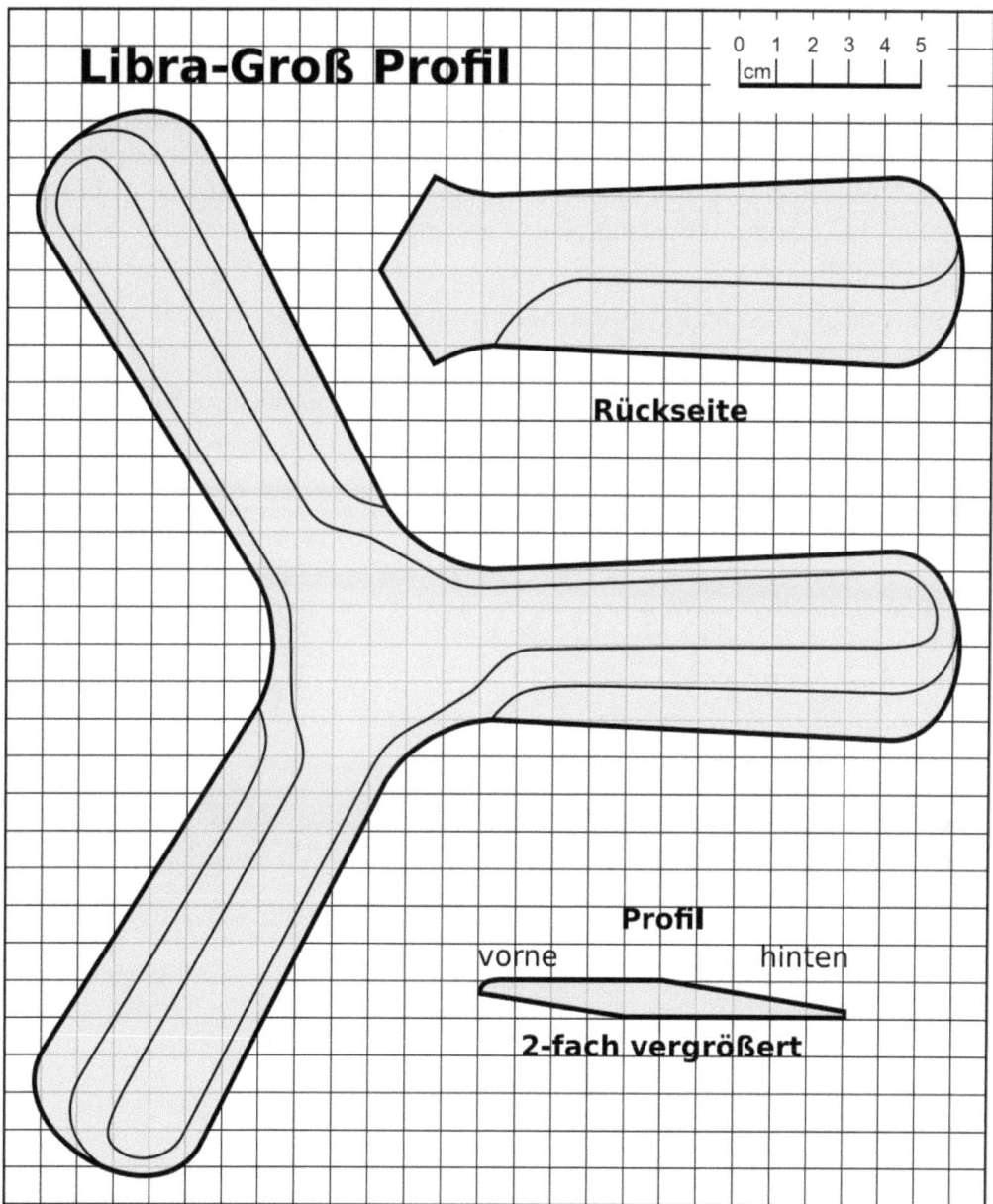

Abb. 13.6: Bauanleitung Libra-Groß mit Profil

13.8 Helios

Helios hat ein hervorragendes Flugverhalten und ist sehr universell. Er kann aus verschiedenen Materialien in verschiedenen Stärken und Größen gebaut werden ('Pizza' ist ähnlich, aber größer) und zeigt trotzdem stets einen stabilen Flug. Er lässt sich einfach und schnell bauen, verträgt problemlos leichte Abwurf-Fehler und ist somit als Anfänger-Bumerang bestens geeignet. Bei Helios kann man fast nichts falsch machen.

Als Material bieten sich idealerweise Karton mit Grammaturen von 250 - 500 g/m^2, aber auch Polystyrol in 0,5 mm an.

Die Flug-Weite beträgt 1 bis 3 Meter. Somit ist er auch für kleinste Räume hervorragend geeignet.

13.8 Helios

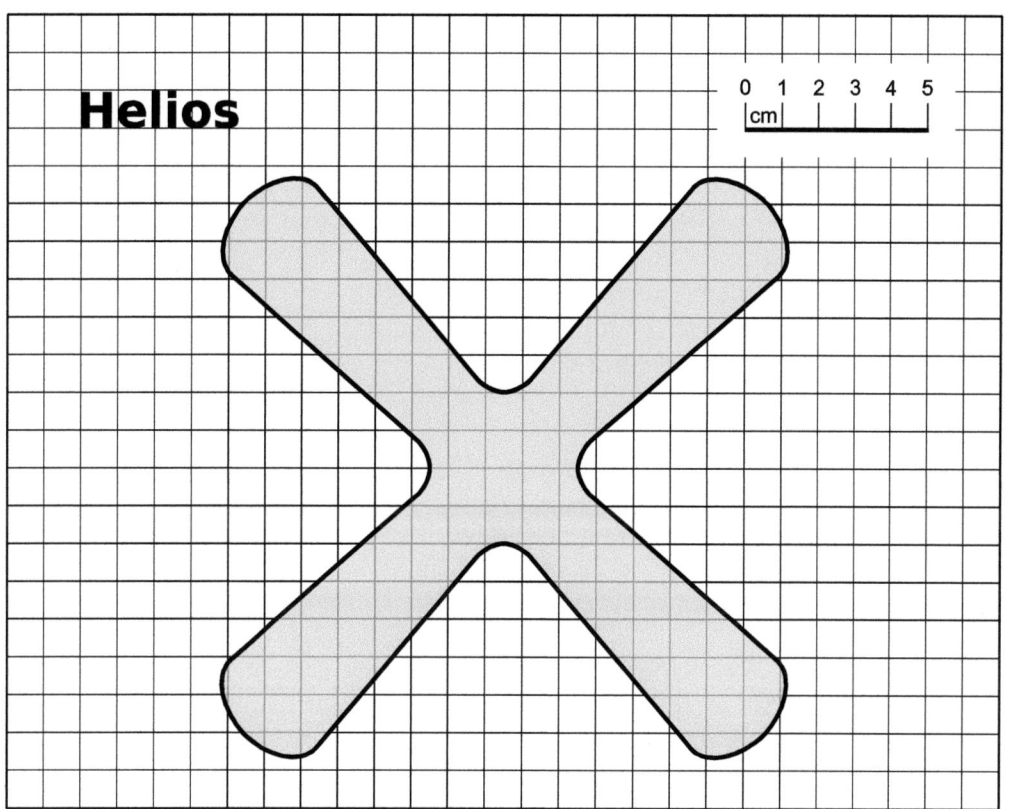

Abb. 13.7: Bauanleitung Helios

13.9 Pizza

Pizza hat eine ähnliche Form wie Libra, ist aber etwas größer und schwerer. Das Besondere an ihm ist das Material.

Es ist Wellpappe mit kleiner Welle an. Das ist genau das Material, aus dem Pizza-Kartons bestehen. Wellpappe hat durch die Welle eine sehr ausgeprägte Laufrichtung und lässt sich schwer anknicken oder verdrehen. Daher müssen die Flügel an der Oberseite mit einem Cutter-Messer leicht eingeritzt werden, um sie dann entlang der Schnitt-Linie anknicken und verbiegen zu können.

Die Flug-Weite beträgt 1,5 bis 3 Meter.

Der Bumerang braucht leichte Gewichte (Büro-Klammern), um das Trägheitsmoment und somit den Drehimpuls zu erhöhen, da der Luftwiderstand der dicken Wellpappe recht groß ist.

Dadurch ist Pizza aber auch gut geeignet, um leichte Leucht-Mittel zu tragen Es bietet sich Leucht-Folie (Kapitel 9.6) an, die selbst großflächig auf alle Flügel geklebt werden kann (Abb. 13.8).

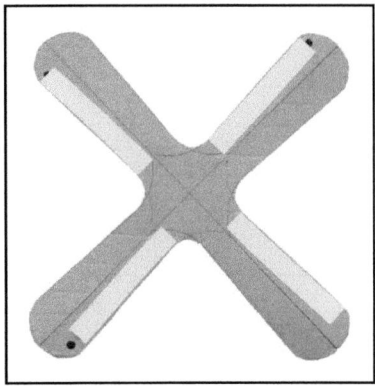

Abb. 13.8: Pizza mit Leucht-Folie

13.9 Pizza

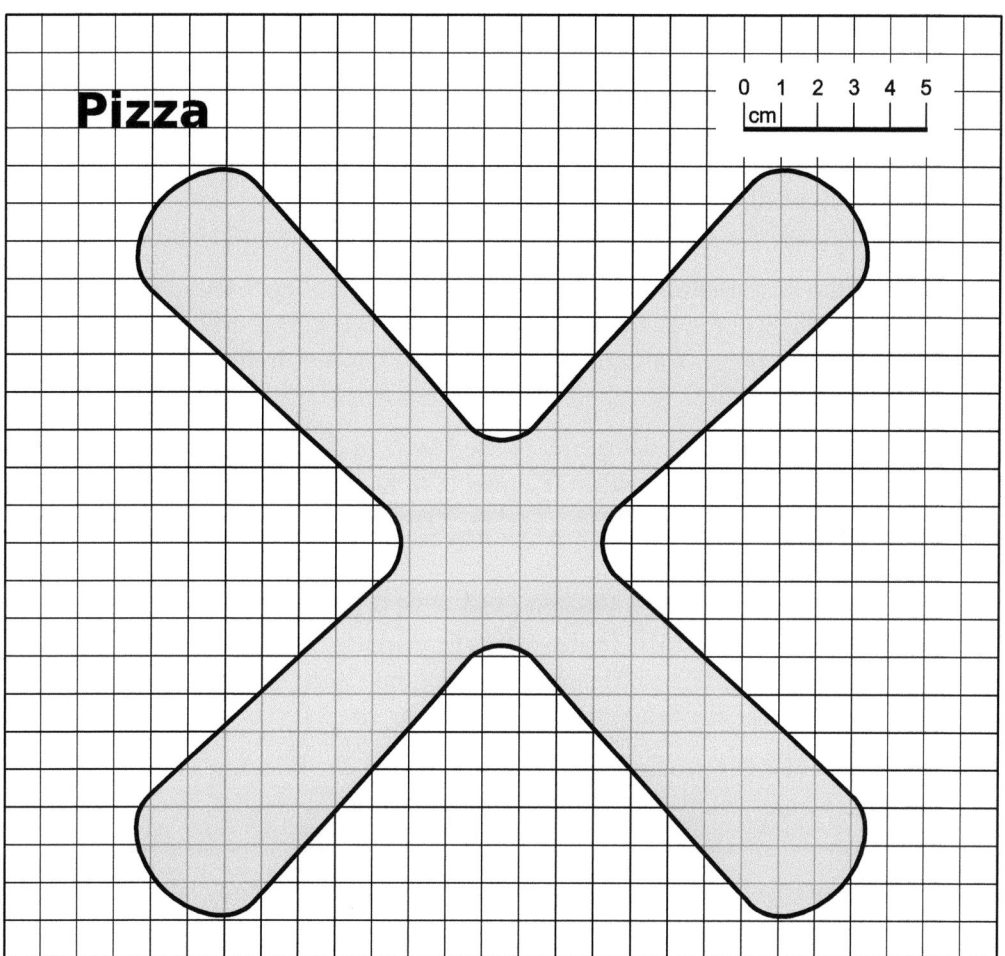

Abb. 13.9: Bauanleitung Pizza

13.10 Kreuz

Kreuz ist in der Ausführung mit flachen Flügeln (Abb. 13.10) zum schnellen Bauen eines Bumerangs geeignet, es dauert nicht länger als 30 Sekunden. Als Material können Sie fast jeden Karton (z.B. Tetra-Pack) mit Grammaturen von 250 - 500 g/m², aber auch Polystyrol in 0,5 mm verwenden. Sie schneiden aus dem Material zwei Streifen heraus, die Sie anschließend in der Mitte verbinden und leicht verdrehen.

Karton hat eine Faserrichtung, in der er eine deutlich größere Steifigkeit hat. Es ist daher günstig, die Streifen in Faserrichtung zu schneiden. Das erhöht nicht nur die Stabilität des Bumerangs, sondern erleichtert auch das Verdrehen bzw. das Anknicken der Flügel.

Eine kleine Unschönheit ist die relativ große Masse in der Mitte, die sich ungünstig auf die Flug-Eigenschaften auswirkt (Kapitel 6.9). Daher sollten Sie zum Verbinden der beiden Streifen möglichst kleine Tacker-Klammen bzw. doppelseitiges Klebeband oder Klebstoff benutzen.

Für die Ausführung mit dicken Flügeln (Abb. 13.11) ist Balsa-Holz in 2 - 3 mm ein sehr gut geeigneter Werkstoff. In diesem Falle müssen die Flügel profiliert (Ober- und Unterseite) und ggfs. mit kleineren Gewichten (Büro-Klammern oder leichte Leucht-Mittel wie Leucht-Folie) versehen werden.

Ein häufiger Fehler bei profilierten Flügeln ist es, die Profilierung nicht weit genug in den Flügel hineinzuarbeiten. Als Richtwert kann die Hälfte der Flügelbreite gelten.

Balsa-Holz hat eine noch viel stärker ausgeprägte Faserrichtung als Karton und bricht extrem leicht entlang der Faser. Die Flügel (Streifen) müssen also unbedingt in Faserrichtung gebaut werden, was sich aber ohnehin fast von selbst anbietet, da das Material meistens in Streifen von 10 cm Breite in Faserrichtung vorliegt.

Zum Verbinden der beiden Streifen eignen sich doppelseitiges Klebeband oder Klebstoff. Besonders elegant ist es, wenn Sie das Material an den Stellen, wo es sich überlappt, entsprechend aushöhlen, sodass sich ein insgesamt ebener Bumerang ergibt.

13.10 Kreuz

Die Flug-Weite beträgt 1 bis 3 Meter, bei Balsa-Holz insbesondere mit Gewichten kann es etwas mehr sein. Somit ist der Bumerang auch für kleinste Räume hervorragend geeignet.

13 Bauanleitungen Zimmer-Bumerangs　　　　　13.10 Kreuz

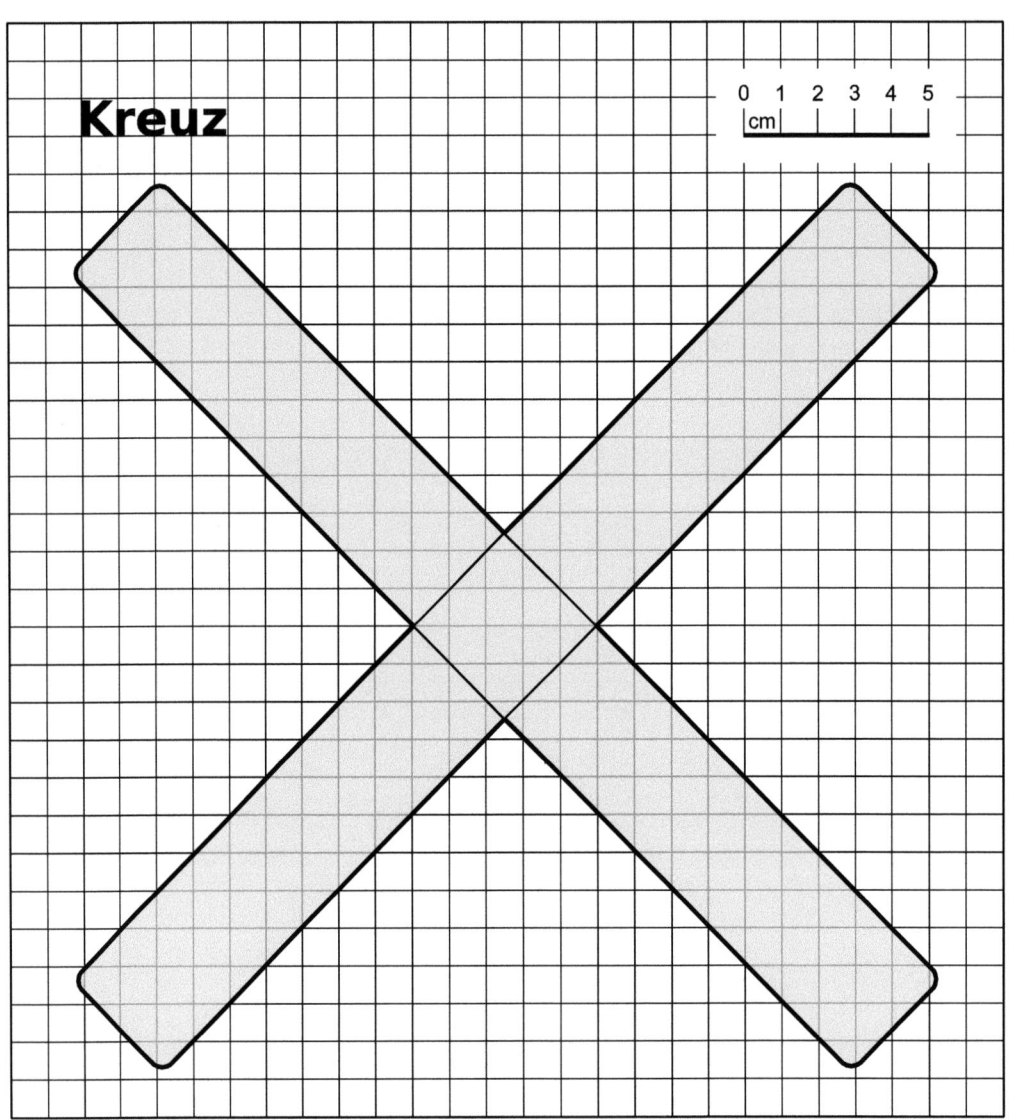

Abb. 13.10: Bauanleitung Kreuz

13.10 Kreuz

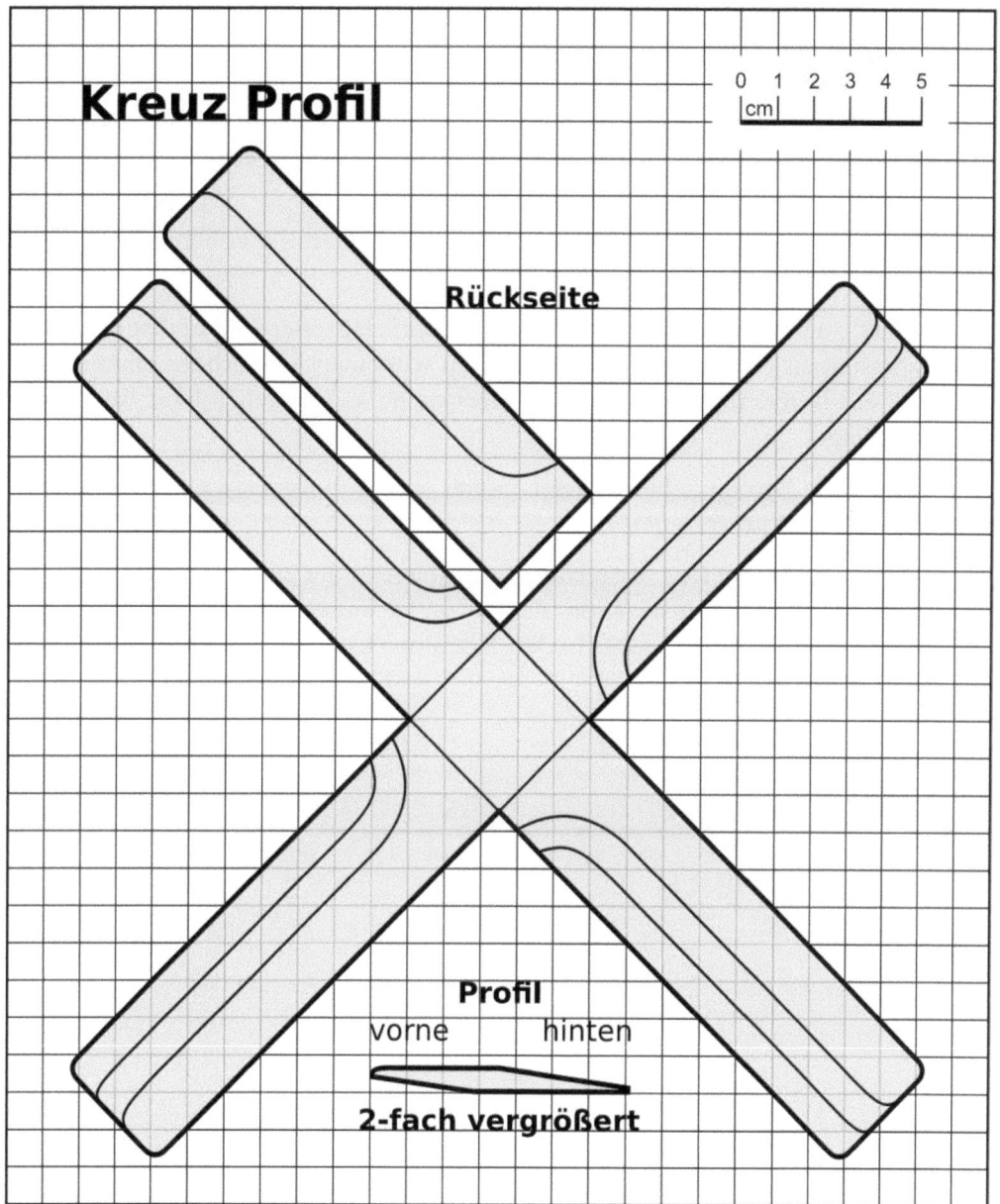

Abb. 13.11: Bauanleitung Kreuz mit Profil

13.11 Drei-Flügel

Drei-Flügel kann innerhalb von 30 Sekunden gebaut werden, Sie brauchen nicht mehr als eine Postkarte (ein Tetra-Pack tut es ebenso), eine Schere und einen Büro-Hefter. Sie schneiden aus dem Material drei Streifen heraus, die Sie anschließend an den Enden verbinden und leicht verdrehen. Fertig.

Als Material können Sie fast jeden Karton mit Grammaturen von 250 - 500 g/m², aber auch Polystyrol in 0,5 mm verwenden.

Karton hat eine Faserrichtung, in der er eine deutlich größere Steifigkeit hat. Es ist daher günstig, die Streifen in Faserrichtung zu schneiden. Das erhöht nicht nur die Stabilität des Bumerangs, sondern erleichtert auch das Verdrehen bzw. das Anknicken der Flügel.

Die Flug-Weite beträgt 1 bis 3 Meter. Somit ist der Bumerang auch für kleinste Räume hervorragend geeignet.

Eine kleine Unschönheit ist die relativ große Masse in der Mitte, die sich ungünstig auf die Flug-Eigenschaften auswirkt (Kapitel 6.9). Daher sollten Sie zum Verbinden der drei Streifen möglichst kleine Tacker-Klammen bzw. doppelseitiges Klebeband oder Klebstoff benutzen.

13.11 Drei-Flügel

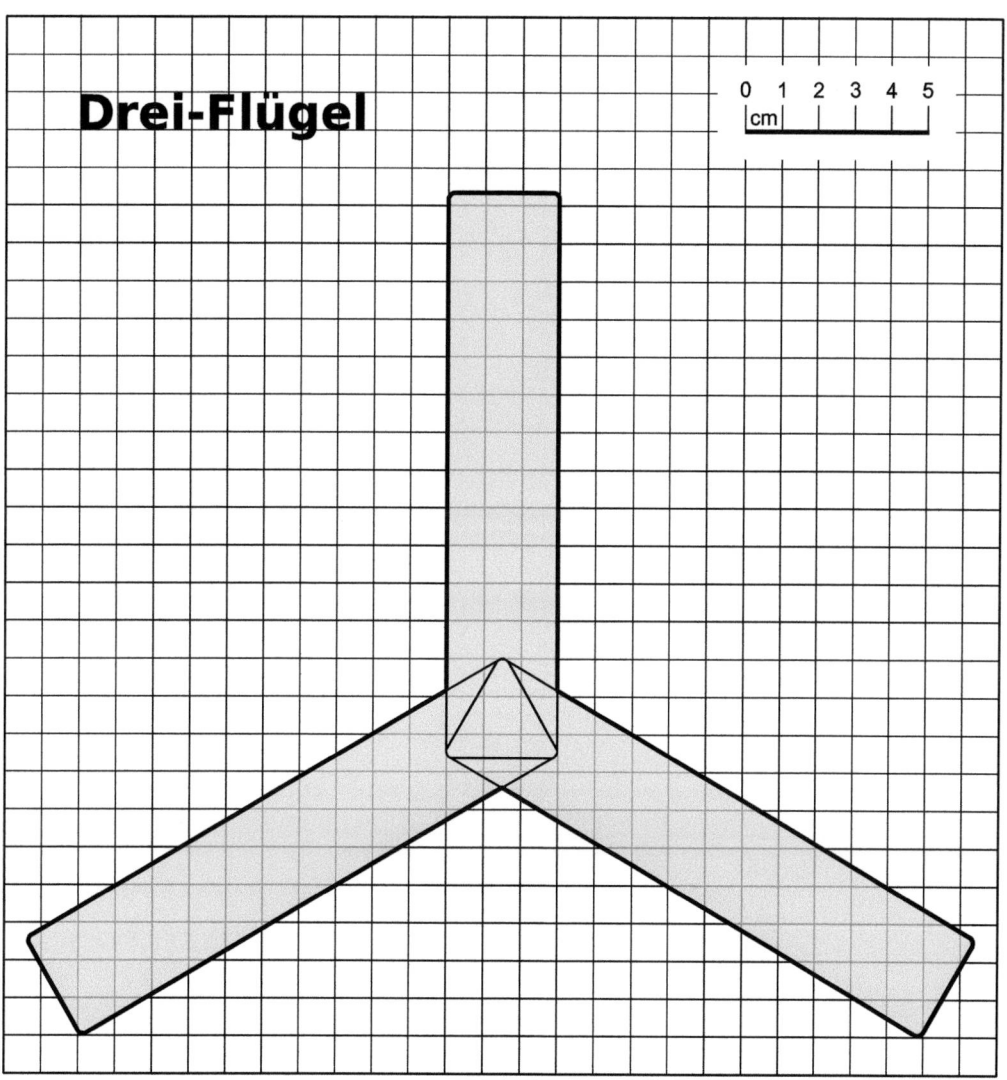

Abb. 13.12: Bauanleitung Drei-Flügel

13.12 Postkarte

Die Größe des Bumerangs ist so gewählt, dass er auf eine Postkarte (Maximal-Maße 12,5 cm mal 23,5 cm) passt und somit als 'Postkarte mit Bumerang zum Ausschneiden' verschickt werden kann (Abb. 13.13).

Als Material bietet sich Karton mit Grammaturen von 250 - 500 g/m² an. Die meisten Postkarten bestehen aus Karton von 280 - 350 g/m².

Dabei ist zu beachten, dass Kartons gleicher Grammatur durchaus sehr verschiedene Steifigkeiten haben können. So ist beispielsweise Chromo-Karton deutlich steifer und für Bumerangs daher besser geeignet als Bilder-Karton.

Die Flug-Weite beträgt 1 bis 3 Meter. Somit ist der Bumerang auch für kleinste Räume hervorragend geeignet.

Durch die Begrenzung auf Postkarten-Größe ist der Bumerang eigentlich zu klein (Kapitel 7). Um trotzdem ausreichend Trägheitsmoment und Drehimpuls für einen stabilen Flug zu bekommen, sind an den Enden der Flügel kleine Gewichte, z.B. jeweils 3 Büro-Tacker-Klammern, notwendig.

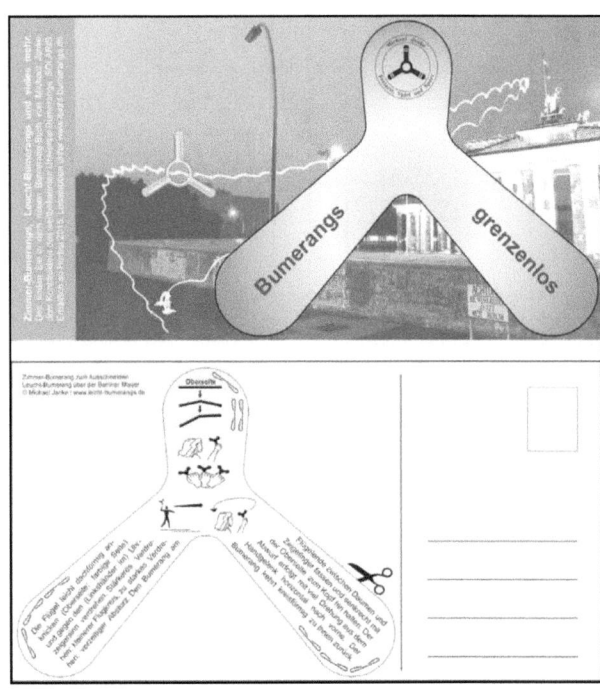

Abb. 13.13: Postkarte mit Postkarten-Bumerang zum Ausschneiden

13.12 Postkarte

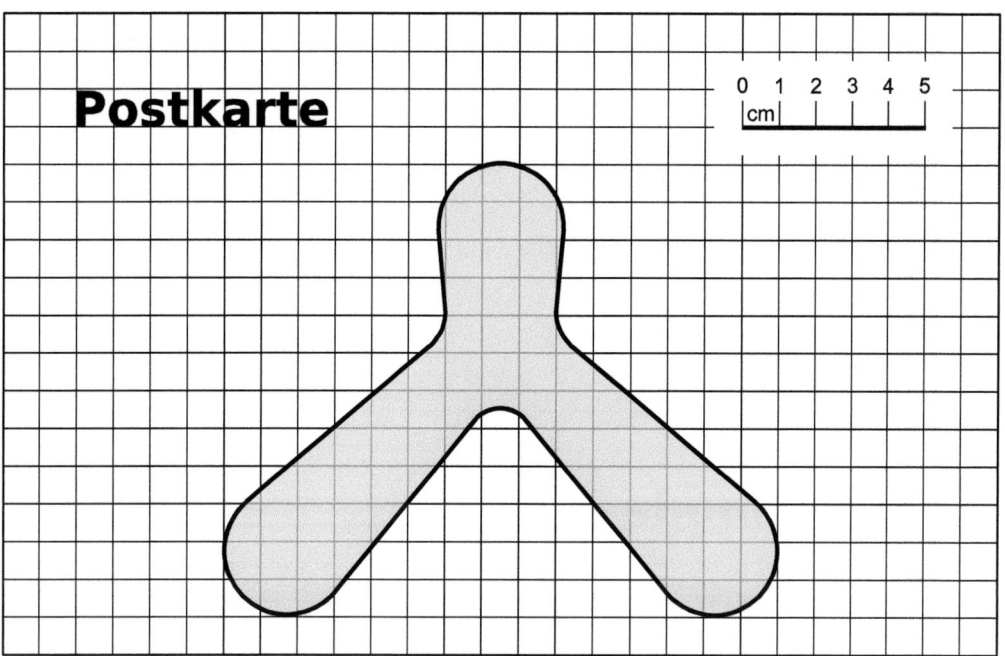

Abb. 13.14: Bauanleitung Postkarte

13.13 Andromeda

Das Besondere an Andromeda ist, dass er als Zimmer-Bumerang nur 2 Flügel und eine asymmetrische Form hat. Er sieht einem 'normalen' Bumerang damit sehr ähnlich. Das ist sehr selten bei Zimmer-Bumerangs. Um trotzdem die notwendige Stabilität zu bekommen, ist allerdings ein Steg zwischen den Flügeln notwendig.

Als Material bietet sich Polystyrol in 0,5 mm an. Karton ist eher ungeeignet, da der Bumerang dann zu instabil wird.

Die Flug-Weite beträgt 1,5 bis 3 Meter.

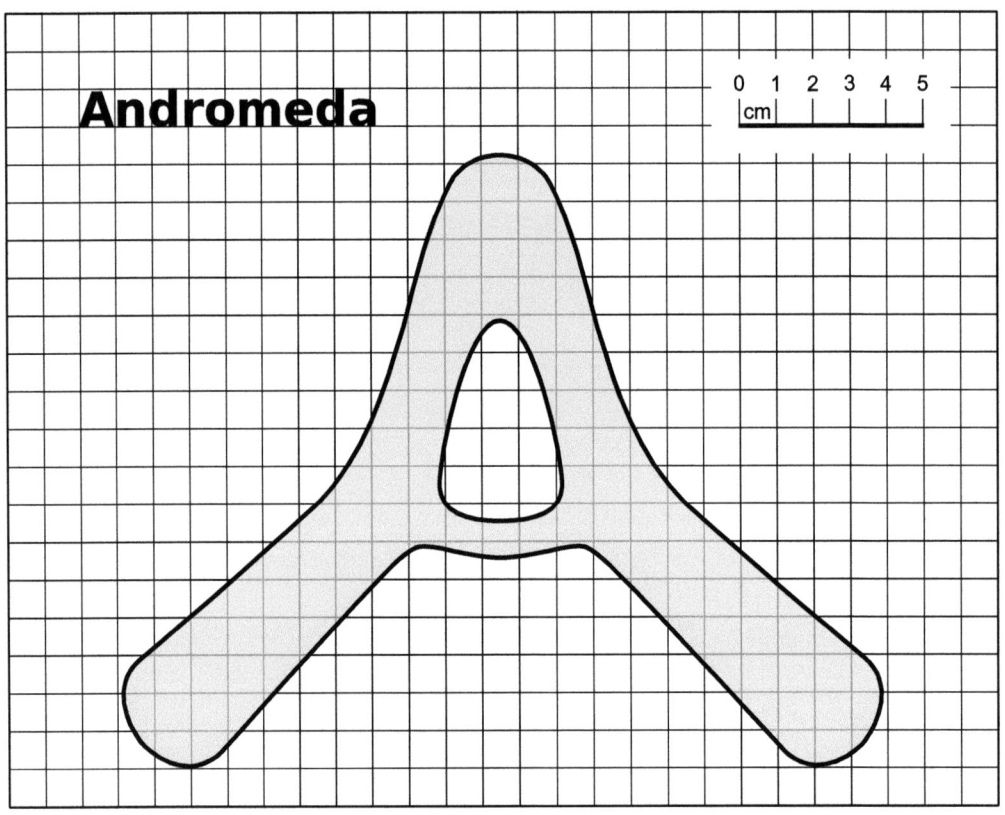

Abb. 13.15: Bauanleitung Andromeda

13.14 Männchen

Das Männchen ist eine Kuriosität, da es die Form eines Gegenstandes aus unserer Umgebung hat. Es ist dem 'Ampel-Männchen' nachempfunden, aus lizenzrechtlichen Gründen aber stark verändert.

Als Material bietet sich Polystyrol in 0,5 mm an. Karton ist eher ungeeignet, da der Bumerang dann zu instabil wird.

Die Flug-Weite beträgt 1,5 bis 3 Meter.

Das Ampel-Männchen ist von 'Natur' aus zu kompakt. In der Mitte hat es zu viel Fläche und auch zu viel Masse, die Arme und Beine sind zu kurz und zu breit. Also habe ich Arme und Beine zunächst einmal länger und schmaler gemacht. Dann ist in der Mitte ein Loch hinzugekommen, um die Fläche und die Masse zu reduzieren. Dieses Loch sollte also möglichst groß sein, aber auch nicht zu groß, um die Stabilität des Bumerangs nicht zu gefährden. Schließlich habe ich den Kopf so groß gemacht, dass der Schwerpunkt auf Armhöhe liegt, also im Ansatz-Punkt der Flügel, in der Mitte des Loches.

13 Bauanleitungen Zimmer-Bumerangs   13.14 Männchen

Abb. 13.16: Bauanleitung Männchen

13.15 Kaktus

Der Kaktus ist eine Kuriosität, da er die Form eines Gegenstandes aus unserer Umgebung hat.

Als Material bietet sich Polystyrol in 0,5 mm an. Karton ist eher ungeeignet, da der Bumerang dann zu instabil wird.

Die Flug-Weite beträgt 1,5 bis 3 Meter.

Es ging mir darum, den Kaktus vom Logo der 'Deutschen Kakteen-Gesellschaft' zu einem Bumerang zu machen.

Die Original-Form führt zu einem eher instabilen Bumerang ('wabbelig'), insbesondere wegen der langer Flügel (Kaktus-Arme) und einer länglichen Gesamt-Form. Daher habe ich die Flügel etwas auseinander gebogen, sodass Höhe und Breite des Bumerangs nicht mehr so verschieden sind. Dann habe ich sie gerade lang genug gemacht, um genügend Auftrieb und Drehimpuls zu erzeugen, aber nicht zu lang, damit der Bumerang noch stabil bleibt. Der Schwerpunkt ist dorthin gelegt, wo die Flügel aufeinander treffen.

Eine lustige Anwendung ist es, den Bumerang mit Nadeln (als 'Kaktus-Stacheln', die aber streng genommen 'Dornen' sind) zu versehen und dann den Tell-Schuss (Kapitel 10.5, Abb. 10.9) vorzuführen.

13 Bauanleitungen Zimmer-Bumerangs   13.15 Kaktus

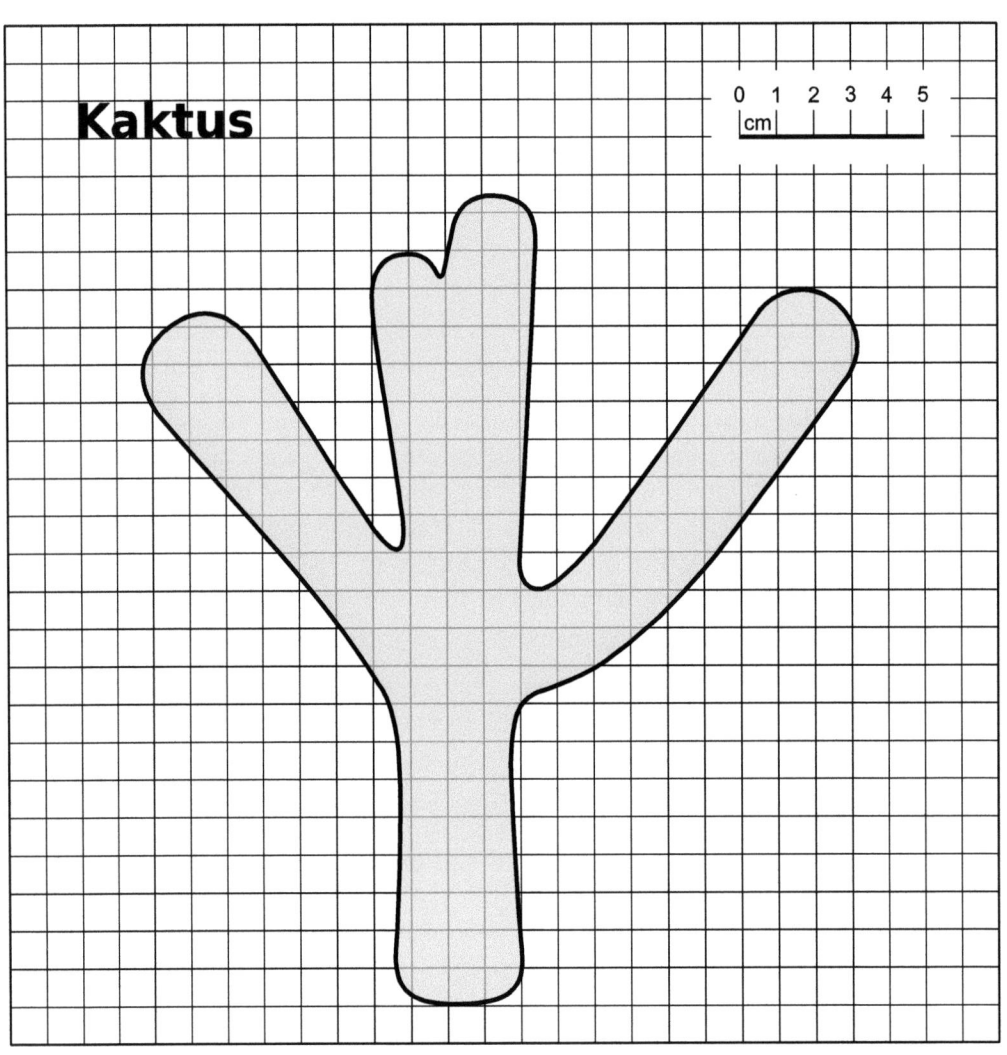

Abb. 13.17: Bauanleitung Kaktus

13.16 Libelle

Die Libelle ist eine Kuriosität, da sie die Form eines Gegenstandes aus unserer Umgebung hat.

Als Material bietet sich Polystyrol in 0,5 mm an. Karton ist eher ungeeignet, da der Bumerang dann zu instabil wird.

Die Flug-Weite beträgt 1,5 bis 3 Meter.

Bei diesem Bumerang stellt die Lage des Schwerpunktes ein gewisses Problem dar. Damit er mit dem Ansatz-Punkt der Flügel zusammenfällt, habe ich einerseits den langen Schwanz schmal und anderseits den Kopf recht breit gemacht. Außerdem haben die kopf-seitigen Flügel deutlich mehr Masse als die schwanz-seitigen.

Dadurch, dass letztere sehr schmal sind, wird auch die Gesamt-Fläche des Bumerangs etwas verringert, was einem zu starken Flachlegen entgegenwirkt. Das ist bei Bumerangs mit vielen Flügeln häufig ein gewisses Problem.

13 Bauanleitungen Zimmer-Bumerangs 13.16 Libelle

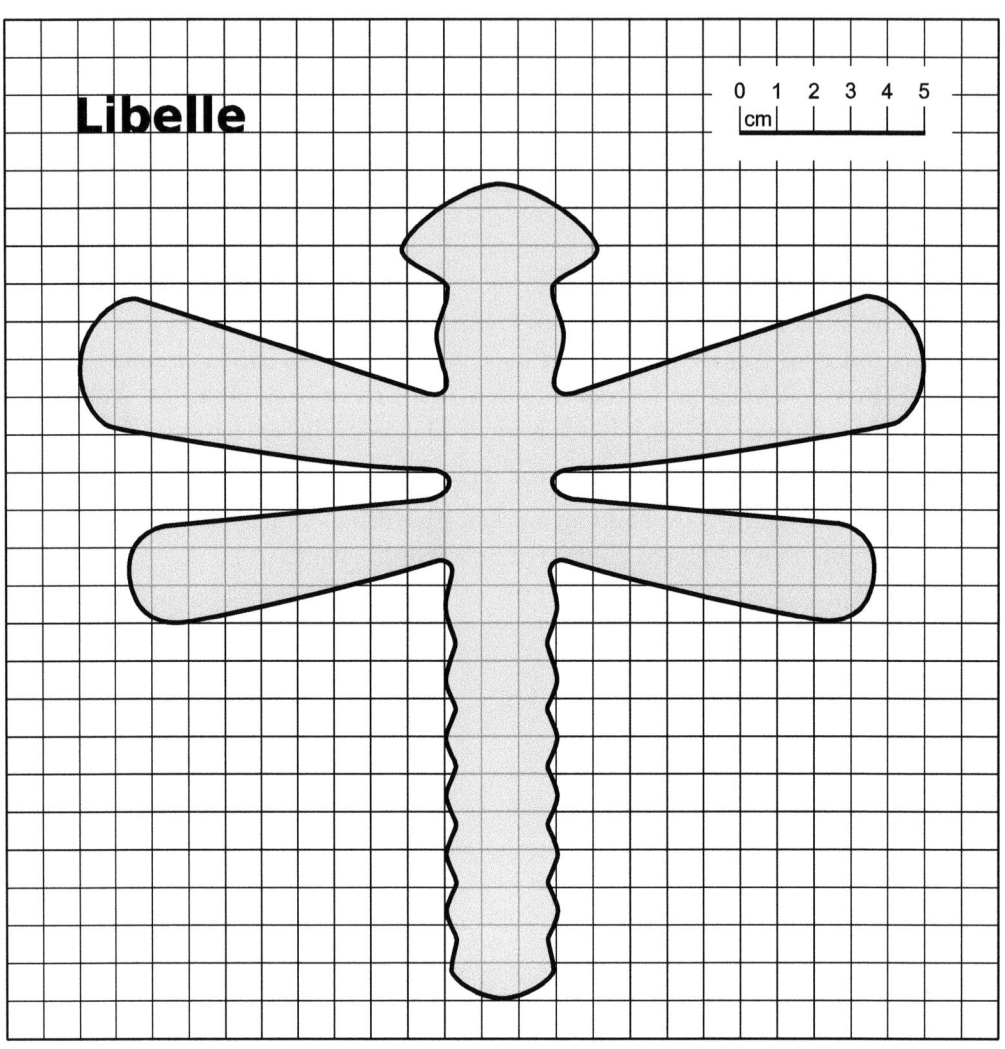

Abb. 13.18: Bauanleitung Libelle

14 Bauanleitungen Leicht-Bumerangs

14.1 Allgemeines

Die sogenannten 'richtigen', schweren Bumerangs (ab 30 g) brauchen einen großen, freien Platz, um sicher geworfen zu werden. Die meisten Holz- und Kunststoff-Bumerangs, die es im Handel gibt, fliegen 20 - 40 Meter weit, einige deutlich weiter. Mit dem nötigen Sicherheitsabstand brauchen Sie also freie Flächen von mindestens 50 mal 50 Metern, besser mehr. So etwas ist nicht immer leicht zu finden. Bei Leicht-Bumerangs sieht das deutlich besser aus, es reichen freie Flächen von 15 mal 15 Metern.

Auch zum Erlernen des Werfens von großen Bumerangs sind die Leicht-Varianten hervorragend geeignet. Die Wurf-Technik ist bei allen Bumerangs gleich, ob groß oder klein. Der Werfer braucht weniger Kraft und kann sich besser auf die richtige Wurf-Technik konzentrieren.

Daher sind Leicht-Bumerangs eine gute Alternative, gerade auch für Kinder, Anfänger und alle, die sich als Kinder fühlen und Spaß haben wollen.

Unter 'Leicht-Bumerang' verstehe ich einen Bumerang, der nicht weiter als 10 Meter fliegt.

14.2 Bauen / Material

Ausführliche Informationen zu den Materialien, die für Leicht-Bumerangs geeignet sind, und zum Bauen finden Sie in Kapitel 6. Die richtige Wurf-Technik wird in Kapitel 5 erläutert. In Kapitel 8 erfahren Sie, wie Sie das Flugverhalten eines Bumerangs durch einfache Manipulationen Ihren Wünschen anpassen können. Hinweise zur Beleuchtung werden in Kapitel 9 gegeben.

Als Material bieten sich Polystyrol in 1,0 mm und leichte Sperrhölzer an.

Polystyrol mit Stärken über 1,0 mm ist eher ungeeignet, da die Bumerangs dann zu schwer werden und während des Fluges abstürzen. Der erhöhte Luftwiderstand trägt zusätzlich zu diesem Problem bei.

Zu den leichten Sperrhölzern gehören Ceiba oder Pappel in 1,5 mm bis 3 mm. Das sehr bruchfeste, aber auch schwere Flugzeug-Sperrholz (Birke) kann für Leicht-Bumerangs bis zu einer Stärke von 1,5 mm eingesetzt werden. In größeren Stärken von 2 mm bis 3 mm ist es zwar ebenfalls bestens geeignet, die Bumerangs haben dann aber Flug-Weiten von mehr als 10 Metern.

Die flachen Flügel aus Polystyrol benötigen lediglich einen Anstell-Winkel (Flügel verdrehen und ggfs. anknicken), um den notwendigen Auftrieb zu erzeugen (Kapitel 6.6).

Bei Holz müssen die Flügel sowohl an der Ober- als auch an der Unterseite ('Bevel') profiliert werden. Das simuliert einen Anstell-Winkel der Flügel und erhöht den Auftrieb (Kapitel 6.7).

Ein häufiger Fehler bei profilierten Flügeln ist es, die Profilierung nicht weit genug in den Flügel hineinzuarbeiten. Als Richtwert kann die Hälfte der Flügelbreite gelten. Die Vorder-Kanten werden dabei nicht scharf abgeschrägt, sondern halbrund herausgearbeitet. Das verringert den Luftwiderstand und erleichtert das Werfen. Links-Händer müssen beachten, dass Vorder- und Hinterkante auszutauschen sind.

Insbesondere bei Bumerangs, die kleine Flug-Weiten haben sollen, also einen recht großen Auftrieb an den Flügeln brauchen, muss die Unterseite ('Bevel') fast so stark angeschliffen werden wie die Oberseite.

Bei Sperrhölzern erweisen sich die Holzmaserungen der verschiedenen Holz-Lagen ('Höhenlinien') als gutes Hilfsmittel zur gleichmäßigen Bearbeitung. Daher habe ich sie in den entsprechenden Konstruktions-Zeichnungen mit aufgenommen.

Zudem haben Sperrhölzer eine Faser-Richtung. Bei Mehr-Flüglern spielt sie keine Rolle. Bei Zwei-Flüglern sollte die Faser-Richtung quer zu den Flügeln verlaufen. Dann lassen sich die Flügel später ggfs. besser nach oben oder unter biegen.

Weitere Informationen zum Thema 'Bauen' finden Sie in Kapitel 6.

14.3 Modelle Übersicht

Modell	Material	Flug-weite in m	Bemerkungen
Solaris	Polystyrol 1,0 mm	4 - 6	Sehr leicht zu werfen.
Solaris-H	Holz 1,5 - 3,0 mm	4 - 10	Sehr leicht zu werfen. Sperrholz aus Ceiba, Pappel, Birke.
Libra-Mittel	Polystyrol 1,0 mm	4 - 6	Sehr leicht zu werfen.
Libra-Groß	Polystyrol 1,0 mm	4 - 6	Sehr leicht zu werfen.
Polaris	Holz 1,5 - 3,0 mm	4 - 10	Sperrholz aus Ceiba, Pappel, Birke.

Tab. 14.1: Übersicht der Leicht-Bumerang-Modelle

Abb. 14.1: Verschiedene Leicht-Bumerangs

14.4 Solaris

Solaris hat ein hervorragendes Flugverhalten und zeigt einen exakten und stabilen Kreis-Flug. Das liegt unter anderem an dem großen Ring und dem Ansatz-Punkt der recht schmalen Flügel, die ihn zu einem 'Nur-Flügler' machen (Kapitel 11).

Als Material bietet sich Polystyrol 1,0 mm an.

Die Flug-Weite beträgt 4 bis 6 Meter.

Im Gegensatz zum 'Original-Solaris', Solaris-H aus Sperrholz (Kapitel 14.5), ist der Ring etwas breiter, weil der Bumerang sonst insgesamt nicht formstabil genug ist.

Aufgrund der schmalen Flügel und somit der geringen Fläche ist Solaris recht unempfindlich gegenüber leichtem Wind.

Der Bumerang eignet sich hervorragend für Experimente bzgl. der Flug-Höhe und des Flachlegens (Kapitel 4.10). So kann die Fläche des Ringes ganz oder teilweise abgeklebt werden, was die Flug-Höhe vergrößert. Ändert man den Ansatz-Winkel der Flügel am Ring nach vorne, fliegt Solaris deutlich tiefer, ändert man ihn nach hinten, fliegt er deutlich höher.

14.4 Solaris

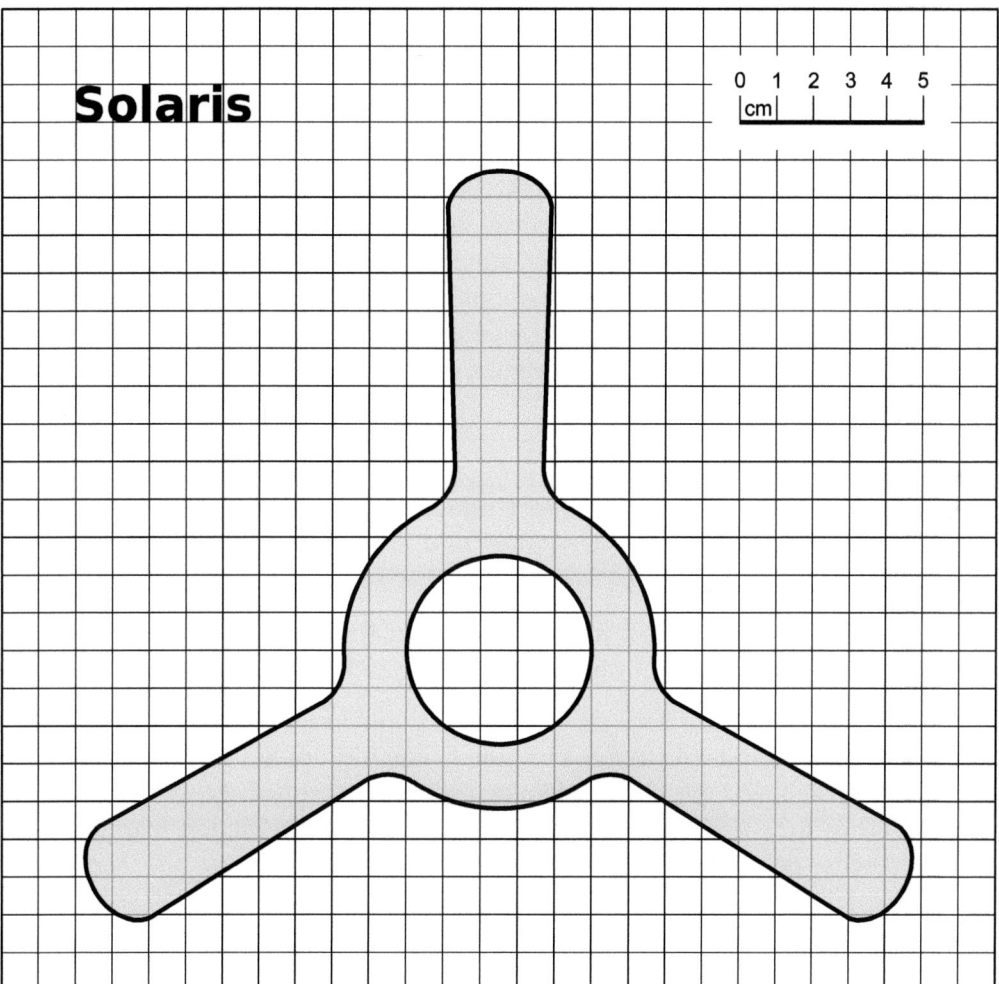

Abb. 14.2: Bauanleitung Solaris als Leicht-Bumerang

14.5 Solaris-H

Solaris-H, die 'Urform' von Solaris, hat ein hervorragendes Flugverhalten und zeigt einen exakten und stabilen Kreis-Flug. Das liegt unter anderem an dem großen Ring und dem Ansatz-Punkt der recht schmalen Flügel, die ihn zu einem 'Nur-Flügler' machen (Kapitel 11).

Als Material bieten sich leichte Sperrhölzer an, beispielsweise Ceiba oder Pappel in Stärken von 1,5 mm bis 3 mm oder auch Flugzeug-Sperrholz (Birke). Das sehr bruchfeste, aber auch schwere Flugzeug-Sperrholz kann für Leicht-Bumerangs bis zu einer Stärke von 1,5 mm eingesetzt werden. In größeren Stärken von 2 mm bis 3 mm ist es zwar ebenfalls bestens geeignet, die Bumerangs haben dann aber Flug-Weiten von mehr als 10 Metern.

Die Flug-Weite beträgt 4 bis 10 Meter.

Die Flügel müssen an der Ober- und Unterseite ('Bevel') profiliert werden. Das simuliert einen Anstell-Winkel der Flügel und erhöht den Auftrieb (Kapitel 4.2, 6.7, 14.2).

Aufgrund der schmalen Flügel und des schmalen Ringes und somit der geringen Fläche ist der Bumerang recht unempfindlich gegenüber leichtem Wind.

Der Bumerang eignet sich hervorragend für Experimente bzgl. der Flug-Höhe und des Flachlegens (Kapitel 4.10). So kann die Fläche des Ringes ganz oder teilweise abgeklebt werden, was die Flug-Höhe vergrößert. Ändert man den Ansatz-Winkel der Flügel am Ring nach vorne, fliegt Solaris deutlich tiefer, ändert man ihn nach hinten, fliegt er deutlich höher (Kapitel 4.10, Abb. 4.14).

14.5 Solaris-H

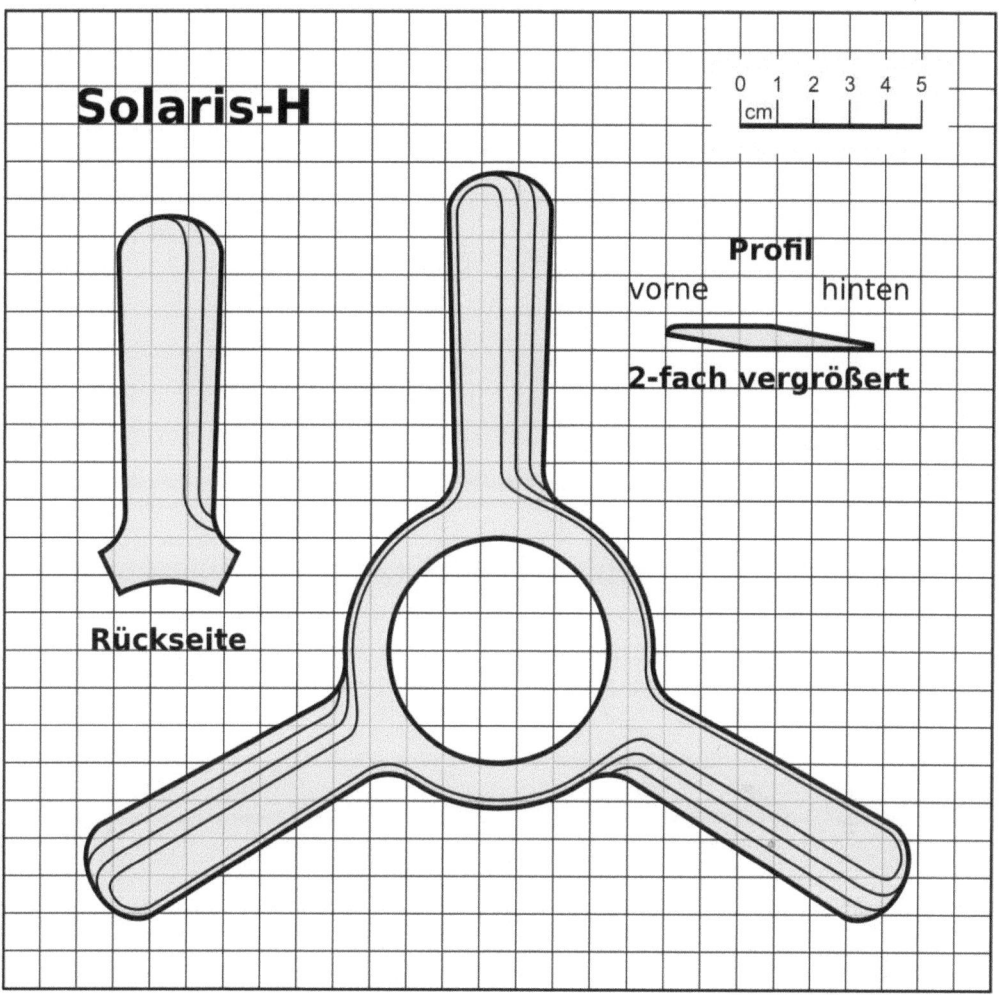

Abb. 14.3: Bauanleitung Solaris-H

14.6 Libra-Mittel

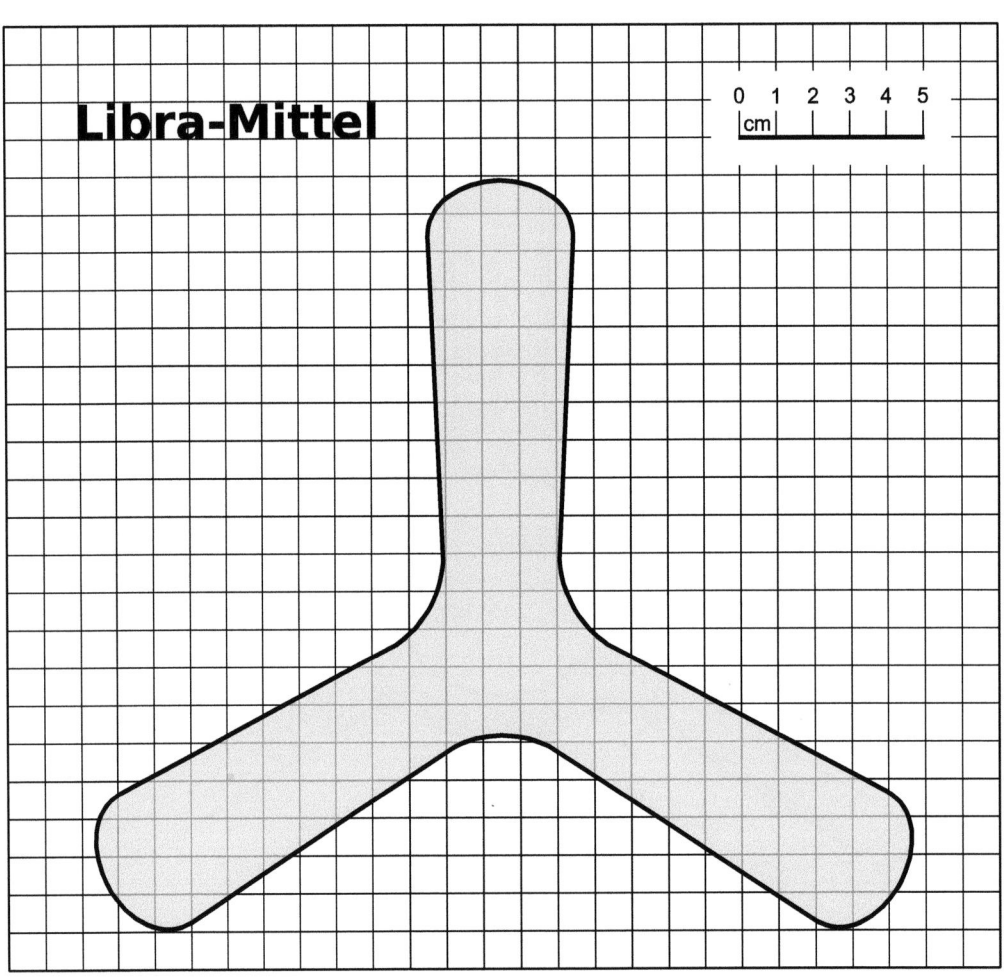

Abb. 14.4: Bauanleitung Libra-Mittel

Libra-Mittel hat ein hervorragendes Flugverhalten. Er lässt sich einfach und schnell bauen, verträgt problemlos leichte Abwurf-Fehler und ist somit als Anfänger-Bumerang bestens geeignet.

Als Material bietet sich Polystyrol 1,0 mm an.

Die Flug-Weite beträgt 4 bis 6 Meter.

14.7 Libra-Groß

Libra-Groß hat ein hervorragendes Flugverhalten. Er lässt sich einfach und schnell bauen, verträgt problemlos leichte Abwurf-Fehler und ist somit als Anfänger-Bumerang bestens geeignet.

Als Material bietet sich Polystyrol 1,0 mm an.

Die Flug-Weite beträgt 4 bis 6 Meter.

Libra-Groß verträgt leichte Gewichte (Büro-Klammern) und kann daher auch leichte Leucht-Mittel wie Knicklichter oder Leucht-Folie tragen (Kapitel 9.5, 9.6). Wird letztere großflächig auf alle Flügel geklebt, ist der Bumerang im Dunkeln sehr gut zu sehen.

14 Bauanleitungen Leicht-Bumerangs

14.7 Libra-Groß

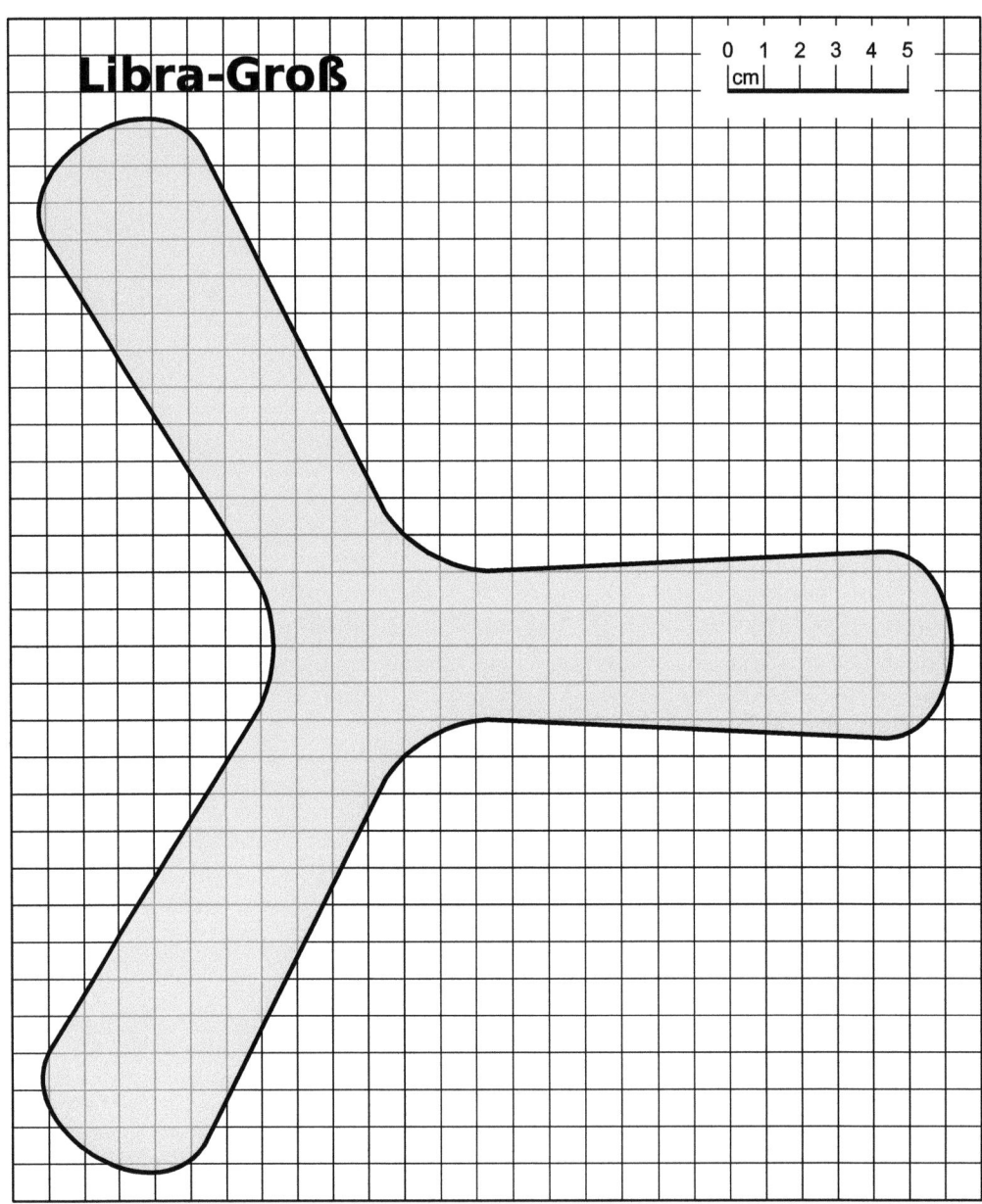

Abb. 14.5: Bauanleitung Libra-Groß

14.8 Polaris

Polaris ist zwar formal ein Zwei-Flügler, de facto wirkt aber die Spitze wie ein dritter Flügel, daher ist er auch entsprechend angeschliffen. Das erhöht den Auftrieb und verringert somit die Flug-Weite. Außerdem wird der Bumerang damit einfacher zu werfen und er verhält sich toleranter gegenüber leichten Abwurf-Fehlern.

Als Material bieten sich leichte Sperrhölzer an, beispielsweise Ceiba oder Pappel in Stärken von 1,5 mm bis 3 mm oder auch das sehr bruchfeste, aber schwerere Flugzeug-Sperrholz (Birke) in 1,5 mm.

Die Flug-Weite beträgt 4 bis 10 Meter.

Die Flügel müssen an der Ober- und Unterseite ('Bevel') profiliert werden. Das simuliert einen Anstell-Winkel der Flügel und erhöht den Auftrieb (Kapitel 4.2, 6.7, 14.2).

Hier sei noch ein Hinweis für jene Leser gegeben, die sich vielleicht an ihren ersten 'richtigen' Bumerang heranwagen möchten. Vergrößert man Polaris auf das 1,3- bis 1,4-fache und baut ihn aus Flugzeug-Sperrholz (Birke) in einer Stärke von 4 mm, so entsteht ein hervorragender Bumerang mit einer Flug-Weite von 14 bis 20 Metern. Er ist aus den o.g. Gründen wie Polaris selbst ebenfalls sehr leicht zu werfen und somit für Anfänger bestens geeignet.

14.8 Polaris

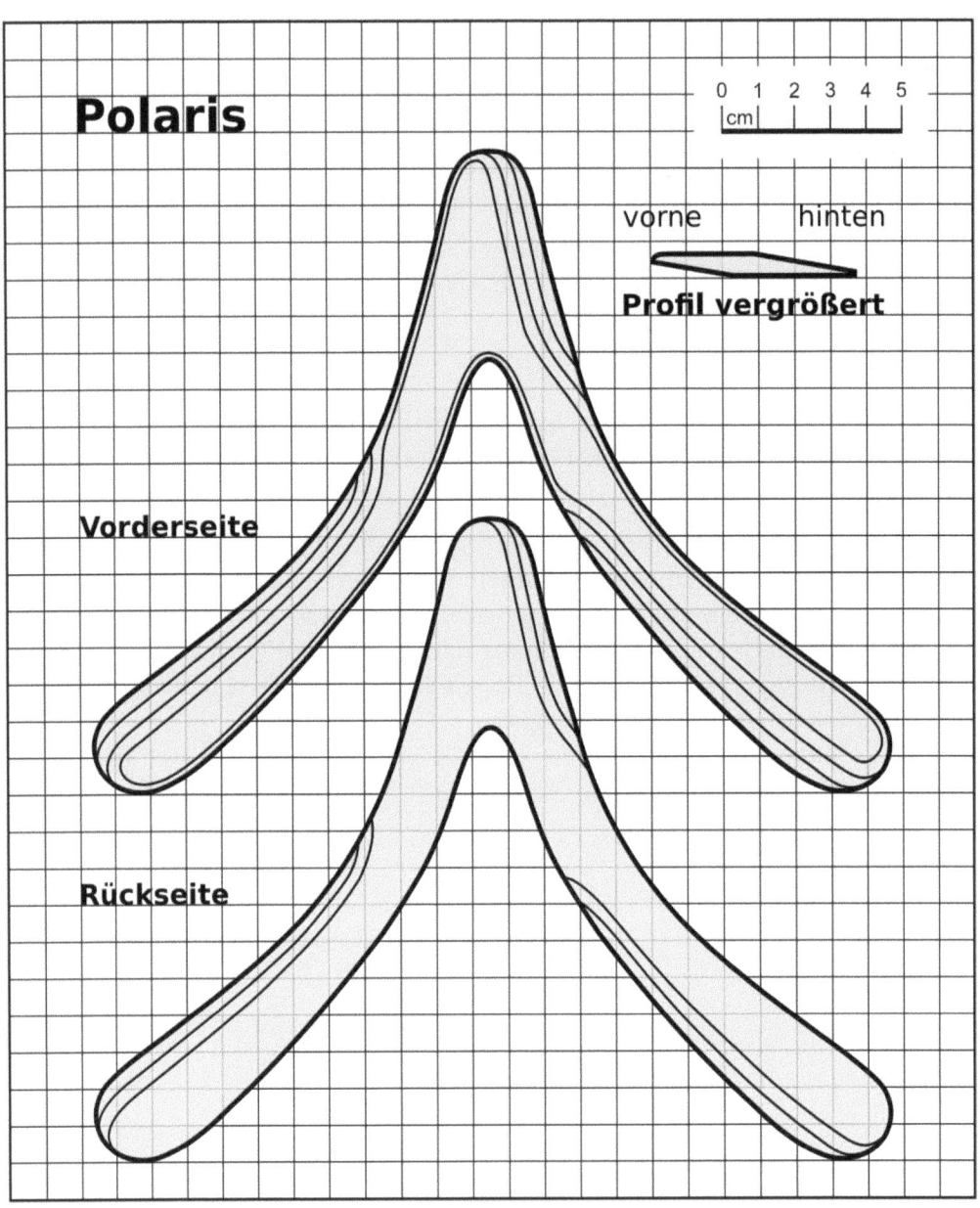

Abb. 14.6: Bauanleitung Polaris

15 Bauanleitungen Verbund-Bumerangs

15.1 Allgemeines / die Idee

Die Idee 'Verbund-Bumerang' (Kapitel 6.8, 7.5) ist mir erst während der Vorarbeiten zu diesem Buch gekommen. Ich hatte dabei die folgenden Intentionen.

- Maximale Freiheit bei der Wahl der Materialien.
- Beliebige Massen-Verteilungen auf Mittel-Teil und Flügel.
- Die Kombination der Material-Vorteile für Mittel-Teil und Flügel.
- Die Realisierung von Ring-Bumerangs mit sehr großen Ringen.
- Die Realisierung sehr ungewöhnlicher Bumerang-Formen.
- Der Bau von Bumerangs aus den verschiedensten Materialien des täglichen Lebens (z.B. 'Bierdeckel-Bumerang', Kapitel 15.7).
- Die Möglichkeit, verschiedenste Experimente zum Flugverhalten von Bumerangs durchzuführen und dabei alle Parameter einfach, dauerhaft und reproduzierbar einzustellen und unabhängig voneinander systematisch zu testen.

Alle hier vorgestellten Verbund-Bumerangs sind aufgrund ihre geringen Reichweite auch als Zimmer-Bumerangs (Kapitel 13) anzusehen.

15.2 Bauen / Material

Beim Verbund-Bumerang werden die verschiedensten Materialien kombiniert. Es ist insbesondere ein großer Vorteil, für den Mittel-Teil bzw. den Ring ein anderes Material zu verwenden als für die Flügel, da diese beiden Bumerang-Teile auch völlig verschiedene Funktionen haben. Der Mittel-Teil soll die Flügel fixieren und dabei möglichst wenig Fläche haben, aber stabil und leicht sein. Die Flügel sind für den Auftrieb, aber auch für ein gewisses Trägheitsmoment verantwortlich, das den Flug beeinflusst und stabilisiert.

Für Verbund-Bumerangs eignen sich alle Materialien aus Tab. 6.1 in Kapitel 6.2. Dabei ist zu bedenken, dass die Flügel nicht unbedingt selbst plastisch verformbar sein müssen, wenn der notwendige Anstell-Winkel am Ansatz des Flügels am Mittel-Teil (z.B. Ring) durch dessen Verformung (z.B. bei Aluminium) oder durch Keile realisiert werden kann.

Hier eine unvollständige Liste einiger Materialien für das Mittel-Teil.

- Dicker Karton (z.B. Bierdeckel), Wellpappe.
- Styrofoam (geschäumt, ab 3 mm).
- Balsa-Holz, zwei-lagig querverleimt.
- Dünnes, leichtes Sperrholz.
- Aluminium-Lochraster-Blech.

Für die Flügel bieten sich beispielsweise die folgenden Materialien an.

- Karton, nicht zu dick und möglichst steif.
- Polystyrol (ungeschäumt, unter 1 mm).
- Sehr dünnes Sperrholz (unter 1 mm).

Ein Verbund-Bumerang ist einfach und schnell 'umzubauen', um das Flugverhalten zu verändern. Die Flügel können abgenommen und anders, z.B. in einem anderen Winkel, wieder angebracht werden (Kapitel 4.8).

Darüber hinaus kann auch ein Gegenstand des täglichen Lebens zum Bumerang gemacht werden, wenn man an ihm in geeigneter Weise Flügel anbringt ('Bierdeckel-Bumerang', Kapitel 15.7).

Als Vorlage für die Form der hier verwendeten Flügel haben mir 'Solaris' (Kapitel 13.4) mit den schmaleren und 'Libra' (Kapitel 13.5) mit den etwas breiteren Flügeln gedient.

Zum Verbinden der Verbund-Materialien ist doppelseitiges Klebeband hervorragend geeignet, zur weiteren Fixierung bieten sich einseitige Klebebänder oder Klebstoffe an.

Weiteres zum Thema 'Verbund-Bumerang' finden Sie in den Kapiteln 6.8 und 7.5.

15.3 Modelle Übersicht

Modell	Material (Beispiel) (Mittel-Teil / Flügel)	Flug-weite in m	Bemerkungen
Solaris-U	Verbund-Materialien (Aluminium Lochraster-Blech / sehr dünnes Sperrholz)	1 - 4	Sehr universeller Bumerang.
Großer-Ring	Verbund-Materialien (Styrofoam / Polystyrol)	1 - 4	Sehr universeller Bumerang.
Langer-Ring	Verbund-Materialien (Balsa-Holz / Karton)	1 - 4	Sehr ungewöhnliche Form.
Bierdeckel	Verbund-Materialien (Bierdeckel / Polystyrol)	1,5 - 2,5	Sehr ungewöhnlicher Bumerang.

Tab. 15.1: Übersicht der Verbund-Bumerang-Modelle

15 Bauanleitungen Verbund-Bumerangs   15.3 Modelle Übersicht

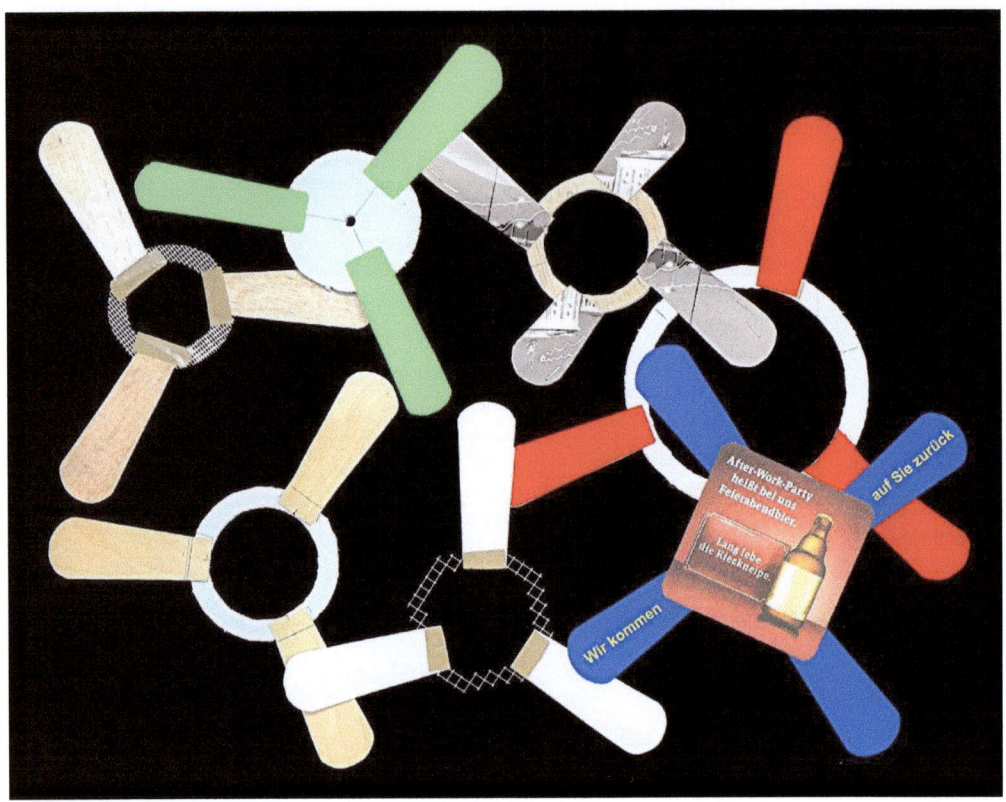

Abb. 15.1: Verschiedene Verbund-Bumerangs

15.4 Solaris-U

Solaris-U hat ein hervorragendes Flugverhalten und ist unglaublich universell. Er kann aus verschiedensten Materialien in den verschiedensten Stärken gebaut werden und zeigt trotzdem stets einen exakten und stabilen Kreis-Flug. Das liegt unter Anderem an dem großen Ring und dem Ansatz-Punkt der Flügel, die ihn zu einem 'Nur-Flügler' machen (Kapitel 11).

Als Material für den Ring bieten sich Styrofoam oder quer verleimtes Balsa-Holz an. Es sind aber auch sehr ungewöhnliche Materialen wie beispielsweise Aluminium-Lochraster (plastisch verformbar) möglich.

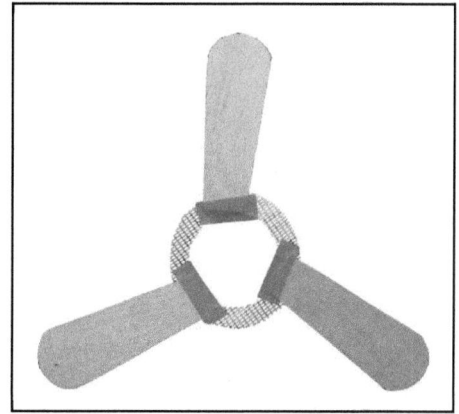

Abb. 15.2: Solaris-U mit Ring aus Aluminium-Lochraster-Blech

Für die Flügel sind Polystyrol in 0,5 mm oder Karton eine gute Wahl. Bei einem plastisch verformbaren Ring kann der Anstell-Winkel der Flügel leicht durch entsprechendes Verbiegen des Ringes realisiert werden, die Flügel können dann also auch starr sein. Somit sind beispielsweise auch dünne Sperr-Hölzer in Stärken von 0,5 mm oder 1 mm, wie man sie aus dem Modellbau kennt, möglich.

Die Flug-Weite beträgt 1 bis 4 Meter.

Wegen der recht geringen Fläche legt sich der Bumerang nur wenig flach und fliegt daher eher tief. Um dem entgegenzuwirken, kann man den Ansatz-Winkel der Flügel nach hinten versetzen (Kapitel 4.10). Das bietet sich beispielsweise bei einem Ring aus Aluminium-Lochraster-Blech an, das aufgrund der Löcher eine geringe Fläche hat (Abb. 15.2).

Solaris-U ist hervorragend geeignet, um verschiedenste Experimente zum Flugverhalten von Bumerangs durchzuführen. Als Verbund-Bumerang kann er besonders einfach und schnell umgebaut werden.

15 Bauanleitungen Verbund-Bumerangs

15.4 Solaris-U

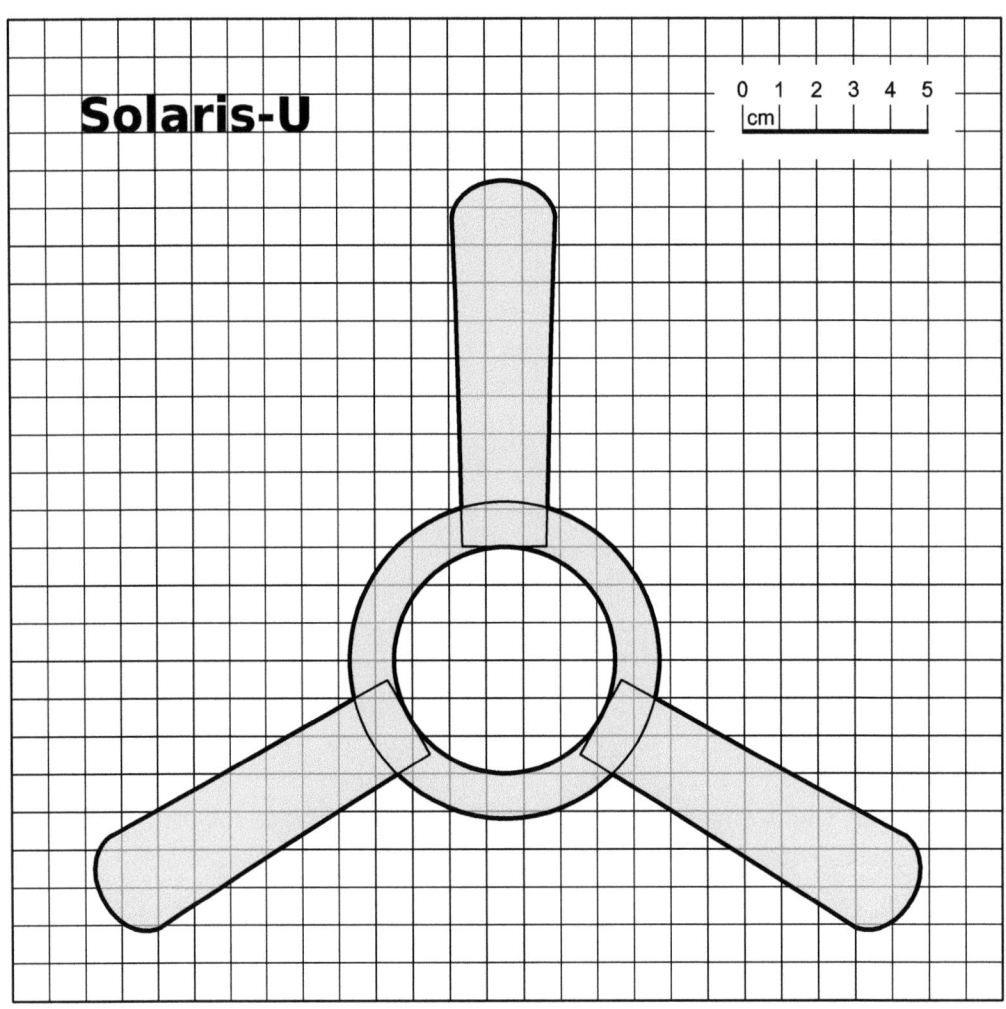

Abb. 15.3: Bauanleitung Solaris-U

15.5 Großer-Ring

Für einen Bumerang mit einem großen Ring bietet sich ein Verbund-Bumerang an. Der Ring muss leicht und recht stabil sein, muss also eine gewisse Dicke haben (Ausnahme dünnes Aluminium-Blech), um dem Bumerang eine ausreichende Stabilität zu geben. Die Flügel hingegen sollten schon des Luftwiderstandes wegen eher dünn sein.

Als Material für den Ring bieten sich Styrofoam oder quer verleimtes Balsa-Holz an.

Für die Flügel sind Polystyrol in 0,5 mm oder Karton eine gute Wahl. Bei Karton sind ggfs. kleine Gewichte notwendig, um genügend Trägheitsmoment und Drehimpuls zu erzeugen.

Die Flug-Weite beträgt 1 bis 4 Meter.

Wegen der sehr geringen Fläche legt sich der Bumerang kaum flach und fliegt daher sehr tief. Um dem entgegenzuwirken, habe ich den Ansatz-Winkel der Flügel um 30° nach hinten versetzt (Kapitel 4.10, Abb. 4.14).

Es bestünde auch noch die Möglichkeit, die Fläche zu vergrößern, indem man den Ring oder die Flügel etwas breiter macht oder die Anzahl der Flügel erhöht. Bei 6 Flügeln könnte der Bumerang dann sogar an das Steuerrad eines Schiffes erinnern und so zu einer 'Kuriosität' werden.

Die Auswirkungen des Flächen-Effektes auf einen Bumerang, also auf das Flachlegen, kann man gut mit diesem Ring-Bumerang überprüfen (Kapitel 4.2, 4.10). Er legt sich nur wenig flach und fliegt niedrig. Wenn man nun die innere Fläche (neutrale Fläche) des Ringes immer mehr vergrößert, indem man den Ring mit immer mehr Papier abklebt, so legt sich der Bumerang immer mehr flach und fliegt immer höher. Im Extremfall legt er sich fast sofort komplett flach und fliegt steil nach oben. Da das Papier kaum eine Masse hat, ist also nichts an dem Bumerang verändert worden, außer seiner (neutralen) Fläche.

15 Bauanleitungen Verbund-Bumerangs 15.5 Großer-Ring

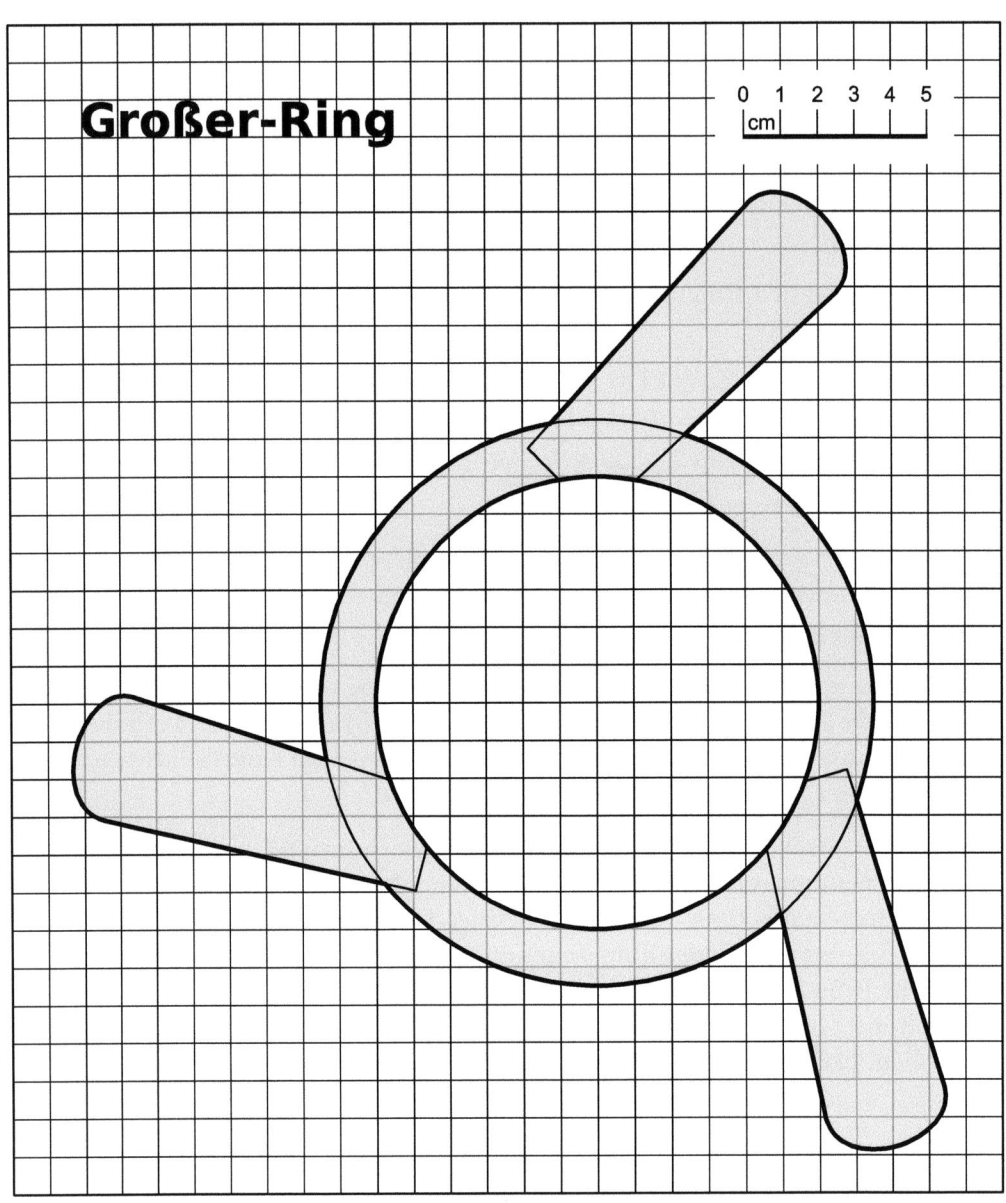

Abb. 15.4: Bauanleitung Großer-Ring

15.6 Langer-Ring

Das Schöne an diesem Bumerang ist, dass er nun wirklich nicht wie ein Bumerang aussieht.

Als Material für den Ring bieten sich Styrofoam oder quer verleimtes Balsa-Holz an. Für die Flügel sind Polystyrol in 0,5 mm oder Karton eine gute Wahl.

Die Flug-Weite beträgt 1 bis 4 Meter.

Bei der Länge der kürzeren Flügel können Sie experimentieren. Je kürzer sie sind, desto ungewöhnlicher sieht 'Langer-Ring' aus. Sind sie aber zu kurz, verliert der Bumerang im Flug an Stabilität und dreht sich um die eigene Längs-Achse.

In Abb. 15.5 sehen Sie ein Modell mit einem Ring aus quer verleimtem Balsa-Holz und Flügeln aus einer Post-Karte. Wegen der recht geringen Fläche legt sich der Bumerang nur wenig flach und fliegt

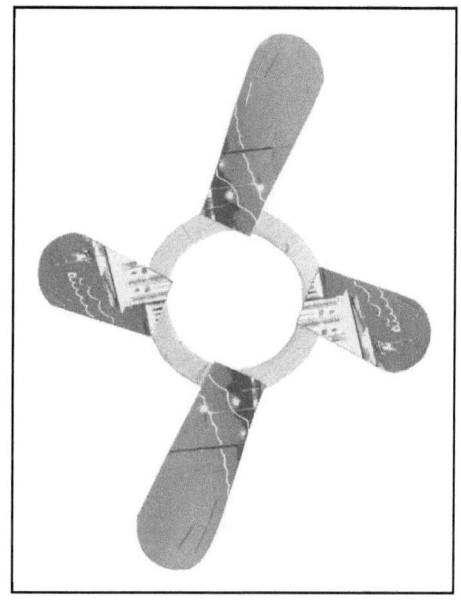

Abb. 15.5: Langer-Ring mit Ring aus Balsa-Holz

daher eher tief. Um dem entgegenzuwirken, habe ich den Ansatz-Winkel der Flügel leicht nach hinten versetzt (Kapitel 4.10). Da die Flügel recht leicht sind, habe ich am Flügel-Ende jeweils 3 Tacker-Klammern als Gewichte angebracht, um das Trägheitsmoment und damit den Drehimpuls zu vergrößern. Somit verliert der Bumerang weniger an Rotation und zeigt einen stabileren Flug (Kapitel 6.9).

15 Bauanleitungen Verbund-Bumerangs 15.6 Langer-Ring

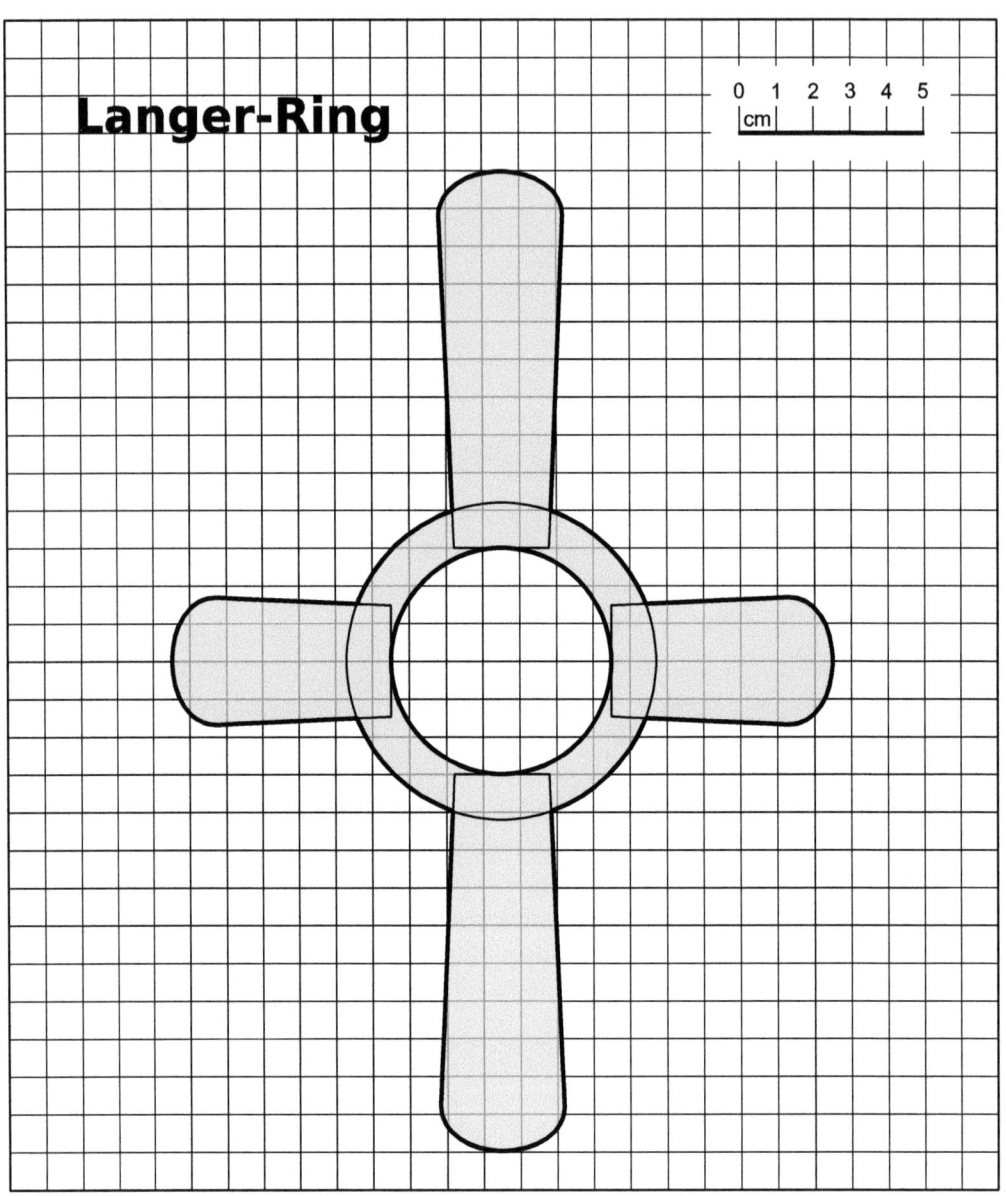

Abb. 15.6: Bauanleitung Langer-Ring

15.7 Bierdeckel

Um einen Bierdeckel zum Bumerang zu machen, müssen Flügel angeklebt werden, es wird also ein Verbund-Bumerang.

Als Material für die Flügel habe ich mich für Polystyrol in einer Stärke von 0,5 mm entschieden. Die Flügel müssen lang genug sein, um die recht große Masse zu tragen.

Die Flug-Weite beträgt 1,5 bis 2,5 Meter.

Wegen der großen Fläche des Bierdeckels in der Mitte legt sich der Bumerang stark flach und fliegt daher sehr hoch. Um dem entgegenzuwirken, habe ich den Ansatz-Winkel der Flügel um 30° nach vorne versetzt (Kapitel 4.10).

15 Bauanleitungen Verbund-Bumerangs 15.7 Bierdeckel

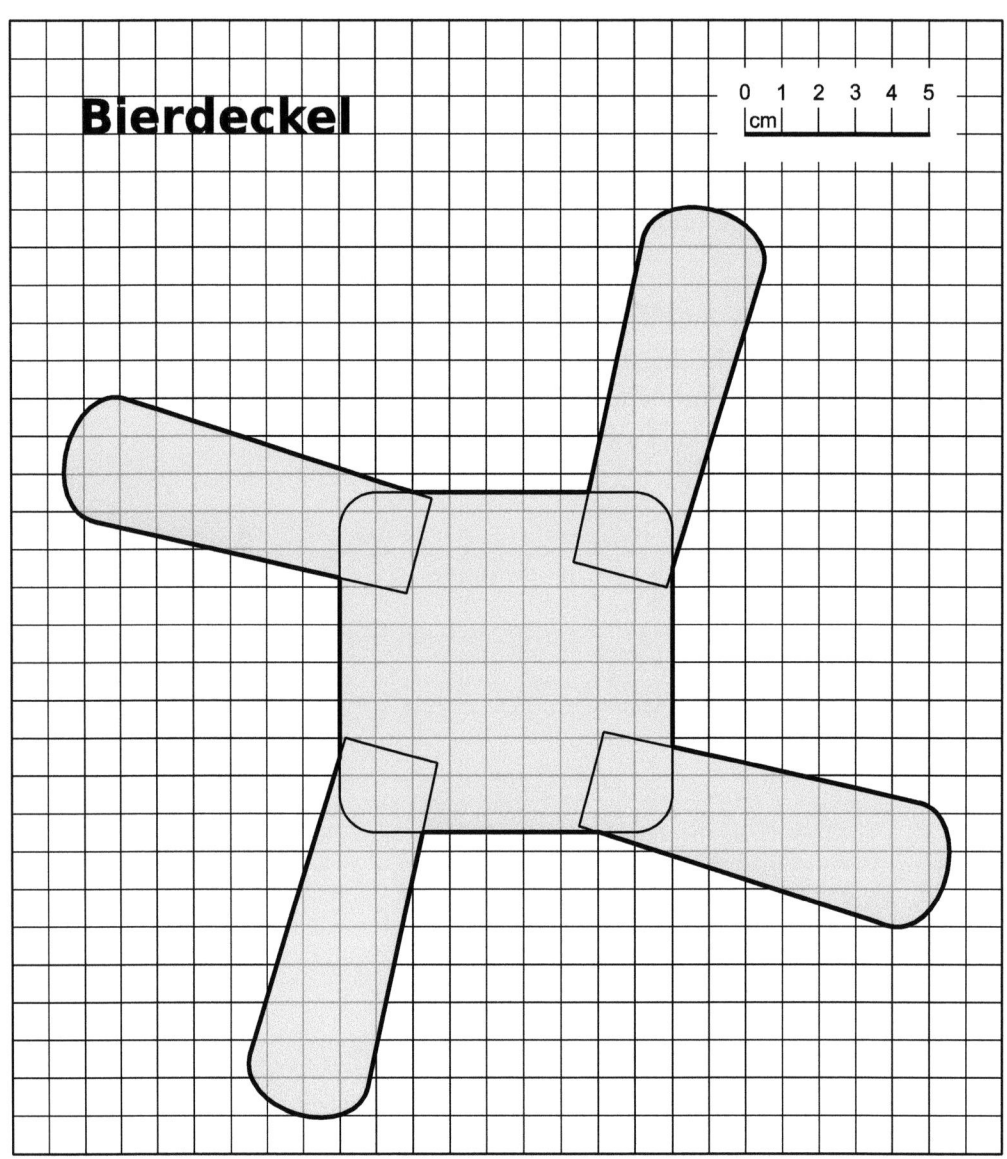

Abb. 15.7: Bauanleitung Bierdeckel

16 Nachwort und Ausblick

Es ist vollbracht. Kein nächtliches Aufspringen mehr, wenn plötzlich eine neue Idee gekommen ist.

Ich habe in das Buch alles hineingeschrieben, was mir wichtig ist. Neben viel Technik und Physik gehört dazu auch etwas zur geschichtlichen Entwicklung. Damit meine ich nicht nur die über zwanzigtausend Jahre alte Geschichte des Bumerangs, sondern auch und vor allem die Geschichte seit den 1980-ziger Jahren, in denen so viel passiert ist.

Der Kalte Krieg und insbesondere die Berliner Mauer haben mich und mein Leben mehr geprägt als jedes andere Ereignis. Mit dem Fall der Mauer war es dann nicht anders. Wegen der Freude darüber habe ich 1990 die erste Gesamt-Berliner Bumerang-Meisterschaft in beiden Teilen Berlins durchgeführt.

Das Buch enthält einige zumindest für mich neue Erkenntnisse zum Bumerang-Flug. Einige Leser mögen manches als Provokation empfinden, das macht aber nichts, im Gegenteil. Provokationen führen zu Diskussionen und diese wiederum zu neuen Erkenntnissen. Allein die Erkenntnisse sind dann am Ende von Bedeutung.

Ich hoffe, dem Leser die Welt des Bumerangs nähergebracht und sein Interesse geweckt zu haben.

Dieses Buch ist für Leser geschrieben, die nicht nur einfach Leicht- und Zimmer-Bumerangs werfen möchten, sondern auch an dem Konstruieren und dem Bauen, an der Bumerang-Physik und an Hintergrund-Informationen interessiert sind.

Ob ich es mit der Physik übertrieben habe, kann ich als Physiker leider nur schlecht beurteilen. Wenn ja, bitte ich um Entschuldigung.

In jedem Falle möchte ich möglichst bald zwei weitere Bücher herausgeben, die jeweils nur gewisse Teile dieses Buches enthalten.

Das eine mit dem Titel 'Leicht- und Zimmer-Bumerangs - Kurz und bündig' enthält neben den Bauanleitungen für die Bumerang-Modelle nur die wichtigsten physikalischen und technischen Informationen.

16 Nachwort und Ausblick

Das andere mit dem Titel 'Leicht- und Zimmer-Bumerangs - Die Baumappe' enthält lediglich die Bauanleitungen für die Bumerang-Modelle und die Wurfanleitung.

Ich hoffe, dass dieses Buch zu Diskussionen, Anregungen und möglichst viel Kritik anregt. Ich möchte daraus lernen und bald eine verbesserte Neu-Auflage herausgeben, damit dann aus dem 'Pamphlet' ein vernünftiges Buch wird.

17 Danksagung

Ich möchte an dieser Stelle zwei Gruppen von Personen danken, meinen Bumerang-Mitstreitern und meinen beiden Lebensgefährtinnen. Zur ersten Gruppe gehören Wilhelm Bretfeld, Eckhard Mawick und Erich Zeitz, zur zweiten Petra Krönert und Marion Löwig.

Wilhelm Bretfeld und seiner Ehefrau Ruth habe ich mit Zustimmung von deren Tochter Nora Bender dieses Buch gewidmet. Wilhelm Bretfeld war als 'Grandseigneur' des Deutschen Bumerang-Sportes viele Jahre lang in allen Fragen zum Thema Bumerang mein Ansprechpartner. Sein Buch, ein Klassiker, hat maßgeblich dazu beigetragen, dass für mich der Bumerang zu einem wichtigen und schönen Teil meines Lebens geworden ist.

Eckhard Mawick, der ebenfalls ein Buch über Zimmer-Bumerangs geschrieben hat, war ein unverzichtbarer Helfer auch in schweren Zeiten, z.B. als ich die 10. Deutsche Meisterschaft im Bumerang-Werfen 1989 in Berlin und ein Jahr später, aus Freude über die Wiedervereinigung, die erste Gesamt-Berliner Bumerang-Meisterschaft in West- und Ost-Berlin organisiert habe. Er hat mir während der gesamten Erstellungs-Phase dieses Buches mit Rat und Tat zur Seite gestanden und ist ein wichtiger Diskussions-Partner gewesen.

Erich Zeitz hatte schon zu DDR-Zeiten zusammen mit seiner Ehefrau Anneliese als 'Gutem Geist' eine kleine Siebdruckerei bei Bernau in Brandenburg. Er hat in zahllosen Nacht- und Nebel-Aktionen dafür gesorgt, dass so manche Zimmer-Bumerangs oder Plakate in letzter Minute gedruckt und dann von mir durch die Berliner Mauer nach West-Berlin geschmuggelt werden konnten. Das gesamte Druck-Material zur 10. Deutschen Meisterschaft und zur 1. Gesamt-Berliner Meisterschaft ist in seiner kleinen Werkstatt mit einfachsten Mitteln im Hand-Siebdruck entstanden.

Petra Krönert musste nicht nur während der Vorbereitungen zu diversen Bumerang-Veranstaltungen einen völlig aufgelösten Partner ertragen, sondern auch die ganzen Nebenwirkungen des Bumerang-Baues in der Privat-Wohnung. Dazu gehören der Feinstaub in der Küche, der sich über Stunden als Staub-Film überall ablegt, ebenso wie der Farbgestank in Wohnung und Treppenhaus und die an allen möglichen Stellen versehentlich angesägten Tischplatten.

17 Danksagung

Marion Löwig, meiner Ehefrau, geht es derzeit nicht viel besser. Es gibt zwar weniger Staub wegen der Zimmer-Bumerangs. Dafür fliegen aber jene ständig durch die Gegend und landen nicht nur hinter Schränken und Regalen, sondern mit Vorliebe auf dem Butterbrot und in der Salat-Schüssel. Hinzu kommt das regelmäßige nächtliche Aufspringen, wenn eine plötzliche Idee zu diesem Buch sofort notiert werden muss. Ohne Marion hätte ich dieses Buch niemals schreiben können.

Für all dieses Ungemach möchte ich mich hier in aller Form entschuldigen und allen Beteiligten für die schier unendliche Geduld danken.

18 Stichwort-Verzeichnis

A

Aerodynamik 17, 18
Aerodynamische Kraft 32, 35
    Anstell-Winkel 38
    Auswirkungen 44
    Beiwerte 38
    Dichte der Luft 38
    Erklärungs-Modelle 41
    Fläche 38
    Flügel 35, 37
    Geschwindigkeit 32, 38
    Neutrale Fläche 39
    Strömungs-Widerstand 37
Anfänger 14, 23, 89
Anstell-Winkel 36, 95, 98, 99, 105, 185, 192, 194, 216, 228
Arm 22, 79
Auftrieb 23, 26, 37
    Dynamischer Auftrieb 34
    Flügel flach ohne Anstell-Winkel 71
    Impuls-Modell 42
    Modell TU Berlin 43
    Senkrechte Komponente 62
    Statischen Auftrieb 34
    Zirkulations-Modell 42
Australien 11, 18

B

Bauen 89, 102
    Flügel anknicken 103
    Flügel dick mit Profil 105, 216
    Flügel einritzen 103
    Flügel einschneiden 104
    Flügel flach ohne Profil 103
    Flügel über Tischkante knicken 104
    Flügel verdehen 104
    Flug-Weite 99
    Gewichte 108
    Höhenlinien 105, 216
    Material 91
    Rohling 102, 105
    Tiefe der Profilierung 105
    Umriß-Form 102
    Verbund-Bumerangs 106, 227
    Vorderkante 105
    Werkzeuge 101
Beleuchtung 14, 132
    Akkumulator 133, 145
    Anordnung der Leucht-Mittel 138
    Arduino 138
    Batterie 133, 145
    Beleuchtungs-Stärke 135
    Berliner Mauer 132
    Candela 135
    Candela pro Quadrat-Meter 135
    Fachliteratur 134
    Flügel dick profiliert 138
    Flugverhalten 138
    Flugverhalten untersuchen 138
    Fotografieren 133, 141, 142, 143
    Gewichte 138
    GoldCap 133, 146
    Große Fläche 142
    Kondensator 133, 146
    Leichtes Material 138
    Leucht-Dichte 135
    Leucht-Dichten von Lichtquellen 136
    Leucht-Farbe 143
    Leucht-Folie 142

Leucht-Mittel 133, 194, 198, 200, 223
Leucht-Mittel für Bumerangs 137
Libra-Groß 138
Licht 133
Licht-Stärke 135
Licht-Strom 135
Licht-Technische Größen 134
Lumen 135
Lux 135
Massen von Objekten 139
Mikroprozessor-Einheit 138
Nachleuchten 142
Physiologie des Auges 134, 135
Preisgünstig 140
Raumwinkel 140, 141, 142
Stromversorgung 132
Styrofoam 133, 138
Tages-Leuchtfarben 132
Universalität 143
Wunderkerze 132, 140
Zimmer-Bumerang 133, 138, 143, 145

Berliner Mauer 152, 157, 239
Bernoulli 44
Anwendbarkeit 42
Bernoulli-Gleichung 41
Bertling, Gerhard 132, 152
Bevel 36, 95, 106, 117
Bewegung
Gegenüberstellung 45
Gleichförmigkeit 47
Physik der Bewegungen 45
Rotation 45
Translation 45
Bornholmer Brücke 163
Bretfeld, Wilhelm 19, 132, 152, 241
Broiler 11

Bumerang 11
Ältester Fund 19
Anatomie 79
Anpassungen 77
Bauen 89
Beleuchtung 132
Drei-Flügler 26, 184
Effektive und neutrale Bereiche 33
Eindrehen 62
Flacher Körper 33
Flugbahn 63, 132
Flügel-Anzahl 21
Flug-Weite 21
Form 12, 18, 21, 23, 30, 89, 104
Funktion 21, 30
Hinterkante 79
Konstruieren 111
Kreisbahn 39
Kreisel 32
Kuriosität 26
Lehrmittel 14, 27
Leucht-Mittel für Bumerangs 137
Links-Händer-Bumerang 78, 79
Manipulieren 127
Material 21, 30
Mehr-Flügler 23, 25
Nicht-Rückkehrer 20
Oberseite 102
Position beim Flug 63
Rechts-Händer-Bumerang 78, 79
Richtiger Bumerang 12, 25, 89, 215
Rückkehrer 20
Sport 11
Standard-Form 25
Typ 15, 30
Verzierung 27, 89, 106
Vier-Flügler 26, 184
Vorderkante 79

Windempfindlichkeit 34
Wurf-Technik 26
Zwei-Flügler 23, 26, 225
Bumerang-Club
Australien 18
Dachverband IFBA 19
DDR 159
Deutschland 13, 18
Bumerang-Flug 18
Bumerang-Modelle 16
Bumerang-Sport 149
Bumerang-Werfer der DDR 159

C

Coanda-Effekt 42
Cook, James 18
Copyright 16

D

Dichte 35
Dreh-Bewegung 17
Drehimpuls 45, 48, 49
Betrag 54
Richtung 54
Drehimpuls-Erhaltungssatz 49, 53, 55, 61
Fahrrad 56
Sonnen-System 57
Dreh-Kraft 37, 44, 53, 62, 63
Drehmoment 37
Betrag 54
Richtung 54

E

Effektive Fläche 34, 35
Effektive Masse 34
Effektiver Bereich 34
Erhaltungs-Größe 46
Erhaltungssatz 46
Experiment 89, 98, 107, 111

F

Figuren-Mittelpunkt 58
Flächen-Effekt 39, 40, 233
Definition 40
Flächen-Masse 33, 35
Flächen-Massen von Materialien 100
Flug-Weite und Flächen-Masse 100
Flachlegen 34, 35, 37, 49, 62, 171
Erklärung 39
Flügel 21, 35, 79
Angeknickt 36
Auftrieb 37
Flach 36
Gesamt-Auftrieb 61
Profiliert 35
Typische Bumerang-Flügel 36
Verdreht 36
Flug-Höhe 68
Abhängigkeiten 68
Anpassung 90
Flächen-Abhängigkeit 69
Flügel-Ansatz-Winkel-Abhängigkeit 69
Holz-Bumerang 90
Massen-Abhängigkeit 72
Verbiegen der Flügel 71
Flugkreis 26
Flugrichtung 39
Flugverhalten 22, 26, 60
Flug-Weite 21, 25, 59, 64, 99
Abhängigkeit vom Material 100

18 Stichwort-Verzeichnis

Abhängigkeiten 64
Anpassung 26, 64, 89
Anstell-Winkel der Flügel 99
Flächen-Masse 99
Flächen-Massen-Abhängigkeit 67
Flügel-Anstell-Winkel-Abhängigkeit 67
Flug-Weiten-Gleichung 64
Geschwindigkeits-Unabhängigkeit 65
Größen-Unabhängigkeit 66
Größere Flug-Weite 99
Kleinere Flug-Weite 99
Massen-Abhängigkeit 68
Unabhängigkeiten 64
Frost, Fridolin 156

G

Geschwindigkeit 46
Geschwindigkeits-Messungen 73
Beleuchtete Bumerangs 73
Folgerungen 76
Fotografische Aufnahmen 74
Fotos blinkender Bumerangs 74
Fotos mit Langzeit-Belichtung 74
Meß-Ergebnisse 75
Meß-Ergebnisse 'Richtige' Bumerangs 75
Meß-Ergebnisse Zimmer-Bumerangs 75
Rotations-Geschwindigkeit 73
Translations-Geschwindigkeit 73
Gesetzlose Zeit 163
Gewicht
Anbringen am Bumerang 109, 186
Anpassung der Flug-Weite 108
Beachtung der Symmetrie 110
Befestigung 110

Büro-Klammer 186
Entfernung vom Drehpunkt 109
Erhöhung der Windstabilität 110
Erhöhung des Trägheitsmomentes 184
Gewichte verschiedener Objekte 108
Notwendige Gewichte 110
Stabilisierung der Flügel 110
Verschiebung des Schwerpuktes 110
Verteilung am Bumerang 109
Glienicker Brücke 163
Gyroskop 59

H

Hartmann, Thomas 156, 164
Hess, Felix 18
Hobby-Werfen 149

I

Impuls 45
Impuls-Erhaltungssatz 47
Innere Reibung 41, 43

J

Jagd-Waffe 11
Bola 19
Kylie 20
Wurfholz 18, 19

K

Kinetische Gas-Theorie 43
Klassifikation 176
Nach Materialien 179
Nach Modellen 180

246

Knicklicht 140
   An- und abschalten 142
   Befestigung 141
   Chemisch 141
   Farben 141
   Helligkeiten 141
   LED 141
   Leucht-Dauer 141, 142
Knopfzelle
   Akkumulator 145
   Baterie 145
   Befestigung 146
   Gewicht 146
Kompressibilität 41, 43
Konstruieren 111
   Anbringen der Flügel 122
   Ansatz-Winkel der Flügel 118
   Anstell-Winkel der Flügel 116
   Auftrieb 116
   Beleuchtung 119
   Bierdeckel-Bumerang 125
   Bumerang mit Loch 123
   Bumerang-Fläche 121
   Bumerang-Form 112, 113
   Bumerang-Größe 114
   Drei-Flügler 113
   Einsatz des Bumerangs 111
   Figuren-Mittelpunkt 112, 115
   Flügel 114, 115
   Flügel-Breite 121
   Flügel-Länge 121
   Flug-Höhe 126
   Flug-Weite 118, 126
   Form der Flügel 116, 117
   Gewichte 118, 119
   Großer-Ring 124
   Günstige Merkmale 113
   Kaktus-Bumerang 124

Keile 120
Kuriosität 121, 209
Leichtes Material 119
Libellen-Bumerang 123
Luftwiderstand 115
Männchen-Bumerang 123
Masse 118
Masse der Flügel 116
Material 117, 118, 120
Material-Stärke 114
Mehr-Flügler 112
Neutrale Fläche 114, 121
Neutrale Masse 114, 119
Plastische Verformbarkeit 120
Riesen-Bumerang 115
Ring-Bumerang 113
Schwerpunkt 113, 115, 122, 123
Solaris 113, 118
Stabilität 112
Symmetrie 112
Verbund-Bumerang 120
Vergrößern von Bumerangs 115
Was mache ich, wenn...? 126
Kraft
   Einheit 12
Kreisel 17, 55, 60
   Brumm-Kreisel 17, 32, 56
   Kreisel-Physik 57
   Präzession 59, 61
   Präzession des Bumerangs 60
   Präzession, Erklärung 59
Krönert, Petra 241
Kuriosität 58
Kutschera, Matthias 159

L

LED 132, 142, 143

Ansteuerung 143
Blendgefahr 144
Diffusor 144
Durchlass-Spannung 145
Flügel beleuchten 144
Helligkeit 143
Klassische Bauform 144
Leucht-Einheit 144, 146
Licht-Stärke 144
Midi-Power 144
Nachteil 143
Raumwinkel 144
Spannung 145
Spannungsquelle 144, 145
Stromversorgung 145
Leicht-Bumerang 12, 22, 176, 215
Abgrenzung 25, 215
Bauen 26, 89
Leucht-Bumerang 158
Leucht-Diode 143
Leucht-Mittel 133
Licht 133
Lizenz-Rechte 16
Löwig, Marion 241
Luftwiderstand 215

M

Manipulieren 26, 127
Anknicken der Flügel 128
Ansatz-Winkel der Flügel 130
Auswirkungen 127
Biegen der Flügel 128
Biegen des Mittel-Teiles 128
Bumerang-Fläche 130
Bumerang-Form 130
Flugbahn 128
Flügel 103

Flug-Höhe 128
Flug-Weite 128
Geschwindigkeit 128
Gewichte 129
Größere Flug-Weite 129
Höherer Flug 128, 130
Kleinere Flug-Weite 128
Niedriger Flug 128, 130
Verdrehen der Flügel 128
Was mache ich, wenn...? 131
Zimmer-Bumerang 127
Massenverteilung 50
Material 23, 91
Aluminium-Lochraster-Blech 98, 120
Balsa Faser-Richtung 96, 186
Balsa querverleimt 97
Balsa-Holz 96, 184, 185
Bedrucken 94
Bemalen 93
Bierdeckel 93
Bilder-Karton 92
Birke 216
Blech 98
Bruchfestigkeit 97, 98
Ceiba 216
Chromo-Karton 92
Dichte 33, 94
Digital-Direkt-Druck 94
Druck-Verfahren 93
Einzelstück 94
Elastizität 97
Flugzeug-Sperrholz 97, 120, 216
Höhenlinien 98
Homogenität 94
Kanister 95
Karton 92, 184
Karton Grammatur 92
Karton kaschiert 92, 184

Karton Laufrichtung 92, 93, 184
Karton Steifigkeit 92
Leichtes Metall 98
Luftwiderstand 93, 103
Massen-Produktion 94
Natur-Holz 24
Notwendige Gewichte 95, 185
Oberflächen-Behandlung 97, 106
Offset-Druck 94
Pappel 216
Pizza-Verpackung 93
Plastische Verformbarkeit 94, 97, 98, 103
Polystyrol 26, 94, 184, 215
Sieb-Druck 94
Sperrholz 97
Sperrholz Faser-Richtung 102, 216
Sperrholz leicht 97
Sperrholz schwer 97
Stabilität 96
Standard-Material 97
Steifigkeit 93, 94, 96
Styrofoam 95, 124, 184, 185
Tetra-Pack 92, 184
Tragen von Leucht-Mitteln 95, 96, 185, 186
Verbund-Bumerang 96, 97, 98, 107, 227
Verbund-Bumerang Flügel 107, 228
Verbund-Bumerang Mittel-Teil 107, 228
Voll-Material 96, 185
Wellpappe 93, 184
Wichtige Baumaterialien 91

Mauerfall Berlin 158
Mauer-Foto Janke 157
Mawick, Eckhard 13, 24, 161, 167, 241

Meisterschaft
   1. Berliner Meisterschaft 1990 158, 160, 164, 241
   10. Deutsche Meisterschaft 1989 151, 241
   9. Deutsche Meisterschaft 1988 151
   Deutschland 18
   Gesamt-Berlin 1990 239

Modelle Leicht-Bumerangs 215
   Bauen/Material 215
   Libra-Groß 223
   Libra-Mittel 223
   Polaris 225
   Solaris 218
   Solaris-H 220
   Übersicht 182, 217

Modelle Verbund-Bumerangs 227
   Bauen/Material 227
   Bierdeckel 237
   Großer-Ring 233
   Idee 227
   Langer-Ring 235
   Solaris-U 231
   Übersicht 182, 229

Modelle Zimmer-Bumerangs 183
   Andromeda 208
   Bauen/Material 183
   Drei-Flügel 204
   Helios 196
   Kaktus 211
   Kreuz 200
   Kreuz mit Profil 200
   Libelle 213
   Libra 191
   Libra-Groß 194
   Libra-Mittel 192
   Männchen 209
   Pizza 198

Postkarte 206
Solaris 189
Übersicht 181, 187
Moran, Kevin 132
MRT Kernspin-Tomographie 57, 166

N

Nationale Volks-Armee der DDR 161
Navier-Stokes-Gleichungen 41
Neutrale Fläche 34, 35, 39
   Auftrieb und Dreh-Kraft 61
Neutrale Masse 34
Neutraler Bereich 33
Newton'sche Gesetze 46
   Aktions-Gesetz 47, 55
   Trägheits-Gesetz 46
Nur-Flügler
   Flug-Same 168
   Flugzeug 168
   Patent 168

P

Perry, Roger 132
Physikalisches Modell 41
Pizza 16
Platte im Luftstrom 40
Polar-Diagramm 35, 38, 39, 61, 106
Präzession des Kreisels 55
Profilierung 20, 79

R

Rechte-Hand-Regel 49, 54
Rotations-Bewegung 32, 49

Drehachse 49, 50, 57
Starrer Körper 49
Trägheitsgesetz 53
Rückkehr-Flug 14, 32, 60

S

Schwerpunkt 58
Sicherheitsregeln 83
   Sicherheitsabstand 12, 22, 25, 215
SI-System 135
Skalare Größe 45
Solaris 30, 168, 177
   Bauliche Anforderungen 170
   Copyright Natur 168
   Eigenschaften 169, 173
   Einsatz-Möglichkeiten 174
   Flügel 171
   Flugverhalten 173
   Form 171
   Idee 168
   Masse 172
   Material 173
   Mittel-Teil 171
   Ring 172
   Schwerpunkt 170
   Universalität 173
   Variationen 173, 175
   Vorstellung 151
Spielzeug-Kreisel 59
Starrer Körper 57
Steltzer, Michael 161

T

Tell-Schuß 14, 164
Trabbi-Bumerang 165
Trägheitsmoment 50

Beispiel-Rechnung 51
Einfache Körper 50
Massen-Verteilung 53
Satz von Steiner 51
Schwerpunkt 51
Translations-Bewegung 47
   Geschwindigkeit 39, 46
Trick-Bumerang 71

U

Uhren-Modell 34
Urban, Willi 18

V

Valentin, Ulf 132
Van-der-Waals-Kräfte 42
Vektorielle Größe 46
Vektorprodukt 55
Verbund-Bumerang 15, 176, 227
   Idee 106, 120
   Material 228
   Material Flügel 107, 228
   Material Mittel-Teil 107, 228
   Verbinden der Teile 108, 228
   Vorteile 120
Verbund-Material 27

W

Wahnsinn 163
Wende-Jahre 1989/1990 158
Werbe-Artikel 27
Werfen 78
   Abwurf-Fehler 22, 85
   Fangen 83
   Pinch-Grip 80

Platz 82
Richtiger Abwurf 80
Richtiger Griff 80
Sicheln 80
Sicherheitsabstand 83
Standpunkt 82
Wind 82
Wurfanleitung 84
Wurfanleitung kurz 84
Wurf-Flügel 80
Wurfhöhe 81
Wurfplätze 83
Wurfrichtung 82
Wetten, dass..? 164
Wettkampf-Disziplin 23
   Australische Runde 151
   Fänge in 5 Minuten 151
   Genauigkeits-Werfen 150
   Jonglieren 150
   Kombinierte Disziplinen 151
   Langzeit-Werfen 150
   Ununterbrochenes Fangen 150
   Weitwerfen 150
Wiese, Matthias 166
Wind-Kanal 41
Winkel-Geschwindigkeit 46, 49
Wirbel 38, 42, 43
Workshop 27, 167
Wurf-Technik 183, 215

Z

Zeitz, Erich 241
Zentripetal-Kraft 63
Zimmer-Bumerang 12, 22, 176, 183
   Abgrenzung 25
   Andromeda 26
   Beleuchtung 95, 185

Erlernen des Werfens 26
Mikroprozessor-Einheit 95, 185
Riesen-Bumerang 96
Windempfindlichkeit 27

Zukunfts-Planung
  Baumappe 240
  Kurzform des Buches 239
  Neu-Auflage 240

19 Abbildungs-Verzeichnis

Abb. 2.1:	Die Bola	19
Abb. 2.2:	Verschiedene Wurf-Hölzer	20
Abb. 2.3:	Verschiedene Bumerangs	21
Abb. 3.1:	Typische Mehr-Flügler	25
Abb. 3.2:	Werbe-Bumerang	29
Abb. 4.1:	Neutrale (grau) und effektive (schwarz) Bereiche an Bumerangs	33
Abb. 4.2:	Typische Bumerang-Flügel	36
Abb. 4.3:	Die Kräfte am Flügel	37
Abb. 4.4:	Das Polar-Diagramm	38
Abb. 4.5:	Umströmte Platte	40
Abb. 4.6:	Auftrieb am flachen Flügel	43
Abb. 4.7:	Das Drehmoment	53
Abb. 4.8:	Der Drehimpuls	54
Abb. 4.9:	Die Rechte-Hand-Regel	54
Abb. 4.10:	Die Präzession des Kreisels	58
Abb. 4.11:	Die Präzession des Bumerangs	60
Abb. 4.12:	Die Flugbahn eines Bumerangs	62
Abb. 4.13:	Der Bumerang im Flug	63
Abb. 4.14:	Der Ansatz-Winkel der Flügel bei 'Solaris'	70
Abb. 4.15:	Die Flug-Bahn eines Zimmer-Bumerangs	74
Abb. 4.16:	Ein Zimmer-Bumerang mit zwei LEDs	74
Abb. 4.17:	Ein 'richtiger' Bumerang mit Vergleichs-Länge	75
Abb. 4.18:	Ein Zimmer-Bumerang mit Blink-Licht	75
Abb. 5.1:	Anatomie eines zwei-flügligen Rechts-Händer-Bumerangs	79
Abb. 5.2:	Der richtige Griff	80
Abb. 5.3:	Der richtige Neigungs-Winkel	81

19 Abbildungs-Verzeichnis

Abb. 5.4:	Der richtige Anstiegs-Winkel	81
Abb. 5.5:	Die Wurfrichtung im Zimmer	82
Abb. 5.6:	Die Wurfrichtung bei Wind	82
Abb. 5.7:	Wurfanleitung kurz für einen Drei-Flügler	84
Abb. 5.8:	Wurfanleitung kurz für einen Zwei-Flügler	85
Abb. 6.1:	Typische Flügel-Formen von Leicht- und Zimmer-Bumerangs	102
Abb. 6.2:	Ein Bumerang mit profilierten Flügeln und Höhenlinien	105
Abb. 6.3:	Ein Styrofoam-Drei-Flügler mit Gewichten	109
Abb. 7.1:	Der Ansatz-Winkel der Flügel bei 'Solaris'	118
Abb. 7.2:	'Libelle'	123
Abb. 7.3:	'Männchen'	123
Abb. 7.4:	'Kaktus'	124
Abb. 7.5:	'Großer-Ring'	124
Abb. 7.6:	'Bierdeckel'	125
Abb. 9.1:	Knicklichter chemisch (unten) und in LED-Ausführung	140
Abb. 9.2:	LED in 5-mm-Ausführung mit Beschaltung	143
Abb. 9.3:	LED-Einheit mit Akkumulator	145
Abb. 9.4:	LED-Einheit mit GoldCap	146
Abb. 9.5:	Fotos beleuchteter Zimmer-Bumerangs	148
Abb. 10.1:	Bericht über die 10. Deutsche Meisterschaft in der 'Bild Berlin' vom 7.8.1989	153
Abb. 10.2:	Bericht über die 10. Deutsche Meisterschaft in der [7] 'Bumerang-Welt' von Wilhelm Bretfeld	154
Abb. 10.3:	Bericht über die 10. Deutsche Meisterschaft in der [7] 'Bumerang-Welt' von Gerhard Bertling	155
Abb. 10.4:	Bericht über ein Drachen-Fest in der [7] 'Bumerang-Welt' von Gerhard Bertling	156
Abb. 10.5:	Mauer-Foto Janke mit einem beleuchteten Bumerang (Wunderkerze)	157

19 Abbildungs-Verzeichnis

Abb. 10.6:	Bericht über die geplante 1. Gesamt-Berliner Bumerang-Meisterschaft in der 'BZ Berlin' vom 14.11.1989	159
Abb. 10.7:	Bericht über die Gründung des Bumerang-Clubs der DDR in der [7] 'Bumerang-Welt' von den Vorsitzenden der Bumerang-Clubs der DDR und West-Berlins, Matthias Kutschera und Michael Janke	160
Abb. 10.8:	Bericht über die 1. Gesamt-Berliner Bumerang-Meisterschaft in der 'TU Intern' von 06/1990	162
Abb. 10.9:	Der Tell-Schuss von Michael Janke 1990 in Berlin in der 'BZ Berlin' vom 25.6.1990	164
Abb. 10.10:	Der Bumerang-Trabbi 1990 in Berlin in der 'BZ Berlin' vom 25.6.1990	165
Abb. 10.11:	Ein Original-Trabbi-Bumerang	166
Abb. 11.1:	Flug-Same der Zanonie	168
Abb. 11.2:	Nur-Flügler von Igo Etrich, 1907	168
Abb. 11.3:	Bomber Horten H9	169
Abb. 11.4:	Bomber Northrop B2	169
Abb. 11.5:	Die Grund-Form von 'Solaris'	170
Abb. 11.6:	Verschiedene Variationen von 'Solaris'	175
Abb. 13.1:	Verschiedene Zimmer-Bumerangs	188
Abb. 13.2:	Bauanleitung Solaris als Zimmer-Bumerang	190
Abb. 13.3:	Bauanleitung Libra	191
Abb. 13.4:	Bauanleitung Libra-Mittel mit Profil	193
Abb. 13.5:	Libra-Groß mit Gewichten	194
Abb. 13.6:	Bauanleitung Libra-Groß mit Profil	195
Abb. 13.7:	Bauanleitung Helios	197
Abb. 13.8:	Pizza mit Leucht-Folie	198
Abb. 13.9:	Bauanleitung Pizza	199
Abb. 13.10:	Bauanleitung Kreuz	202
Abb. 13.11:	Bauanleitung Kreuz mit Profil	203
Abb. 13.12:	Bauanleitung Drei-Flügel	205

19 Abbildungs-Verzeichnis

Abb. 13.13: Postkarte mit Postkarten-Bumerang zum Ausschneiden 206
Abb. 13.14: Bauanleitung Postkarte 207
Abb. 13.15: Bauanleitung Andromeda 208
Abb. 13.16: Bauanleitung Männchen 210
Abb. 13.17: Bauanleitung Kaktus 212
Abb. 13.18: Bauanleitung Libelle 214

Abb. 14.1: Verschiedene Leicht-Bumerangs 217
Abb. 14.2: Bauanleitung Solaris als Leicht-Bumerang 219
Abb. 14.3: Bauanleitung Solaris-H 221
Abb. 14.4: Bauanleitung Libra-Mittel 222
Abb. 14.5: Bauanleitung Libra-Groß 224
Abb. 14.6: Bauanleitung Polaris 226

Abb. 15.1: Verschiedene Verbund-Bumerangs 230
Abb. 15.2: Solaris-U mit Ring aus Aluminium-Lochraster-Blech 231
Abb. 15.3: Bauanleitung Solaris-U 232
Abb. 15.4: Bauanleitung Großer-Ring 234
Abb. 15.5: Langer-Ring mit Ring aus Balsa-Holz 235
Abb. 15.6: Bauanleitung Langer-Ring 236
Abb. 15.7: Bauanleitung Bierdeckel 238

20 Tabellen-Verzeichnis

Tab. 4.1: Zusammenhang zwischen den Größen der Translation und der Rotation 45
Tab. 4.2: Trägheitsmomente einiger einfacher, dünner Körper 51

Tab. 6.1: Baumaterialien für Leicht- und Zimmer-Bumerangs 91
Tab. 6.2: Flug-Weite und Flächen-Masse 100
Tab. 6.3: Gewichte für Leicht- und Zimmer-Bumerangs 108

Tab. 9.1: Leucht-Dichten einiger Lichtquellen 136
Tab. 9.2: Leucht-Mittel und deren Eigenschaften 137
Tab. 9.3: Gewichte einiger Leucht-Mittel 139

Tab. 12.1: Übersicht der Bumerang-Modelle nach Materialien 179
Tab. 12.2: Übersicht der Bumerang-Modelle nach Modellen 180
Tab. 12.3: Übersicht der Zimmer-Bumerang-Modelle 181
Tab. 12.4: Übersicht der Leicht-Bumerang-Modelle 182
Tab. 12.5: Übersicht der Verbund-Bumerang-Modelle 182

Tab. 13.1: Übersicht der Zimmer-Bumerang-Modelle 187

Tab. 14.1: Übersicht der Leicht-Bumerang-Modelle 217

Tab. 15.1: Übersicht der Verbund-Bumerang-Modelle 229

21 Literatur- und Quellen-Verzeichnis

[1] Eckhard Mawick, Zimmer-Bumerangs, Books on Demand, Norderstedt 2013.

[2] Wilhelm Bretfeld, Das Bumerang-Buch, Franckh'sche Verlagshandlung W. Keller & Co., Stuttgart 1985.

[3] Lena Michaela Altherr, Wissenschaftliche Prüfungsarbeit, Erste Staatsprüfung, Johannes Gutenberg-Universität Mainz, Institut für Physik, 2010.

[4] Technische Universität Berlin, Institut für Luft- und Raumfahrt, Arbeitsgruppe Prof. Dr. Grund, Dipl.-Phys. Stephan Löffler, persönliche Mitteilung, 2016.

[5] Schlichting, Rodewald, Praxis der Naturwissenschaften - Physik, 35/5, 18(1986).

[6] Helmut Lindner, Physik für Ingenieure, Fachbuchverlag Leipzig im Carl Hanser Verlag, 2001.

[7] Bumerang-Welt, Produktion Eckhard Mawick, Herausgeber Wilhelm Bretfeld, Bumerang-Verlag. Verschiedene Referenzen, Angaben in den jeweiligen Kapiteln.